KB044111

통일한반도의 문화디자인

통일인문학 연구총서 031

통일한반도의 문화디자인

초판 인쇄 2019년 5월 24일
초판 발행 2019년 5월 31일

지은이 정영철, 정창현, 박성진, 강순원, 한용운, 정태헌, 김희정, 정진아, 도지인, 전영선
펴낸이 박찬익
펴낸곳 패러다임북 ‖ 주소 서울시 동대문구 천호대로 16가길 4
전화 02) 922-1192~3 ‖ 팩스 02) 928-4683 ‖ 홈페이지 www.pjbook.com
이메일 pijbook@naver.com ‖ 등록 2015년 2월 2일 제305-2015-000007호

ISBN 979-11-965234-3-5 (93340)

* 책값은 뒤표지에 있습니다.

* 이 책은 2009년 정부(교육부)의 재원으로 한국연구재단의 지원(NRF-2009-361-A00008)을 받아 제작되었습니다.

031

통일인문학
연구총서

통일한반도의 문화디자인

건국대학교
통일인문학연구단 기획

정영철 · 정창현 · 박성진
강순원 · 한용운 · 정태헌
김희정 · 정진아 · 도지인
전영선 지음

패러다임북

| 발간사 |

'통일인문학'은 분단된 한반도의 현실에 뿌리를 내린 인문학, 통일에 대한 새로운 패러다임을 모색하는 데에서 시작되었습니다. 기존의 통일 담론은 체제 문제나 정치 · 경제적 통합에 중점을 두거나 그것을 전제로 했기 때문에 남북관계의 변화나 국내정세의 변화에 따라 부침을 거듭해 왔습니다.

하지만 통일은 정파적 대립이나 정국의 변화를 벗어나 있어야 합니다. 통일은 특정 정치적 집단들이 다루어야 할 문제가 아니라 한반도에 살고 있는 모든 사람의 삶과 직간접적으로 연루되어 있는, 바로 그들이 다루어야 할 문제입니다. '사람의 통일'이라는 통일인문학의 모토는 바로 이와 같은 정신을 표현하고 있습니다.

통일은, 여기에 살고 있는 사람들의 삶 그 자체와 관련된 문제이자 그들이 해결해 가야 하는 문제로서, 남북이라는 서로 다른 체제에 살면서 서로 다른 가치와 정서, 문화를 가진 사람들 사이에서 소통과 치유를 통해서 새로운 삶의 체계와 양식들을 만들어가는 문제입니다.

통일인문학은 이와 같은 '사람의 통일'을 인문정신 위에 구축하고자 합니다. 통일인문학은 '사람의 통일'을 만들어가는 방법론으로 '소통 · 치유 · 통합의 패러다임'을 제안하고 이를 중심으로 한 연구를 진행하고 있습니다.

첫째, '소통의 패러다임'은 남북 사이의 차이의 소통과 공통성의 확장을 모색하는 것입니다. 이것은 '동질성 대 이질성'이라는 판단 기준에 따라 상대를 부정적으로 규정하는 것이 아닙니다. 그것은 차이의 인정을 넘어서, 오히려 '소통'을 통해서 차이를 나누고 배우며 그 속에서 민족적 연대와 공통성을 만들어가는 긍정적 패러다임입니다.

둘째, '치유의 패러다임'은 분단의 역사가 만들어낸 대립과 마음의 상처를 치유하는 패러다임입니다. 이것은 통일된 민족국가를 건설하지 못한 한민족의 분단이 만들어내는 다양한 트라우마들을 분석하고, 이런 마음의 상처를 치유하는 과정에서 상호 분단된 서사를 하나의 통합적 서사로 만들어가는 패러다임입니다.

셋째, '통합의 패러다임'은 분단체제가 만들어내는 분단된 국가의 사회적 신체들을 통일의 사회적 신체로, 분단의 아비투스를 연대와 우애의 아비투스로 전환시키는 것입니다. 이것은 남과 북의 적대적 공생구조가 만들어 낸 내면화된 믿음체계인 분단 아비투스를 극복하고 사회문화적 통합을 만들어내는 패러다임입니다.

이러한 방법론으로부터 통일인문학은 철학을 기반으로 한 '사상이념', 문학을 기반으로 한 '정서문예', 역사와 문화콘텐츠를 기반으로 한 '생활문화' 등 세 가지 축을 기준으로 사람의 통일에 바탕을 둔 사회문화적 통합을 실현하는 데 연구 역량을 집중하고 있습니다. 통일이 남북의 진정한 사회통합의 길이 되기 위해서는 정치 · 경제적인 체제 통합뿐만 아니라 가치 · 정서 · 생활상의 공통성을 창출하는 작업, 다시 말해 '머리(사상이념)', '가슴(정서문예)', '팔다리(생활문화)'의 통합을 필요로 하기 때문입니다.

그동안 통일인문학연구단은 이와 같은 새로운 패러다임 위에 새로운 연구방법론과 연구 대상을 정립하는 한편, 다른 한편으로 이와 같은 연구를 통해 생산된 소중한 성과들을 사회적으로 확산하기 위해 노력해왔습니다.

통일인문학연구단은 1단계 3년 동안 인문학적인 통일 담론을 학문적으로 체계화하고 정립하기 위해 '통일인문학의 인식론적 틀과 가치론 정립'을 단계 목표로 삼고 이론적 탐색에 주력하였습니다. 이를 구체화하기 위한 방안으로 재중, 재러, 재일 코리언 및 탈북자와 한국인들 사이에 존재하는 가치 · 정서 · 문화적 차이를 규명하는 '민족공통성 프로젝트'를 추진하여 국내외에서 주목하는 성과를 산출하였습니다.

나아가 2단계 3년 동안에는 전 단계에 정립한 통일인문학 이론을 사회적으로 확산하는 한편, 다른 한편으로 민족공통성 프로젝트를 기반으로 하여 통일의 인문적 가치와 비전을 정립하는 데 주력하였습니다. 게다가 더 나아가 '통일인문학 세계포럼' 등, '통일인문학의 적용과 확산'을 단계 목표로 삼아 교내외는 물론이고 해외에까지 통일인문학 개념을 확산하고자 하였습니다.

마지막으로 지난 6년간 쉼 없이 달려온 통일인문학연구단의 성과를 3단계 4년간에는 1차적으로 갈무리하는 방향으로 목표를 설정하였습니다. '포스트-통일과 인문적 통일비전의 사회적 실천'을 단계 목표로 설정하고, 통일을 대비하여 통일 이후의 '사람의 통합', '사회의 통합', '문화의 통합'을 위한 인문적 비전을 제시하고자 합니다.

앞으로 통일인문학연구단은 '민족적 연대', '생명 · 평화', '민주주의와 인권', '통일국가의 이념' 등과 같은 통일 비전을 연구하는 한편, 이러한 비전을 사회적으로 실현할 수 있는 방안들을 모색하고 그 실천에 나서고자 합니다.

그동안 통일인문학연구단은 통일인문학이란 아젠다의 사회적 구현과 실천을 위해 출간기획에 주력해 왔습니다. 특히 통일인문학 아젠다에 대한 단계별·연차별 연구성과가 집약되어 있는 것이 바로 『통일인문학 총서』 시리즈입니다. 현재 『통일인문학 총서』 시리즈는 모두 다섯 개의 영역으로 분류되어 출간 중입니다.

본 연구단의 학술연구 성과를 주제별로 묶은 『통일인문학 연구총서』, 분단과 통일 관련 구술조사 내용을 정리한 『통일인문학 구술총서』, 북한 연구 관련 자료와 콘텐츠들을 정리하고 해제·주해한 『통일인문학 아카이브총서』, 남북한 연구에 도움을 줄 수 있는 희귀 자료들을 현대어로 풀어낸 『통일인문학 번역총서』, 코리언의 역사적 트라우마와 그것에 대한 인문학적 치유를 모색하는 『통일인문학 치유총서』 등이 그것입니다. 오랜 시간 많은 연구진들이 밤낮을 가리지 않고 만들어 낸 연구서들이 많은 독자들께 읽혀지길 소망합니다. 바로 그것이 통일인문학의 사회적 확산이 아닐까 생각해봅니다.

마지막으로 통일인문학의 정립과 발전을 사명으로 알고 열의를 다하는 연구단의 교수와 연구교수, 연구원들께 고마움을 전합니다. 아울러 본 총서에 기꺼이 참여해주신 통일 관련 국내외 석학·전문가·학자들께도 심심한 감사를 드립니다. 또한 통일인문학의 취지를 백분 이해하시고 흔쾌히 출판을 맡아주신 출판사 관계자분들께도 감사드립니다.

사람의 통일, 인문정신을 통한 통일을 지향하며
건국대학교 통일인문학연구단장 김성민

통일의 교량자들, 통일한반도의 문화를 디자인하다

건국대 통일인문학연구단은 이번에 발행하는 연구총서를 통해 10년차 연구를 마무리하고자 합니다. 그동안 통일인문학연구단은 1단계 3년, 2단계 3년, 3단계 4년간 각 단계별 아젠다를 수행해왔습니다. 1단계에는 '통일인문학의 인식론적 틀과 가치론'을 정립함으로써 '통일인문학'의 이론적인 토대를 다졌고, 2단계에서는 '통일인문학의 적용과 확산'을 목표로 통일인문학의 이론적인 기반 속에서 남북 주민과 코리언디아스포라의 가치, 정서, 생활문화의 다양한 양상을 연구했습니다. 3단계에는 "'포스트-통일'과 인문적 통일 비전의 사회적 실천"을 위해 통일로 가는 과정에서 견지해야 할 가치와 그것이 한반도에서 어떻게 구현될 수 있는지 탐색하는 시간을 가졌습니다.

통일인문학연구단이 '포스트-통일'을 염두에 둔 연구사업을 진행한 이유는 통일이 어느 시점의 통일선언이 아니라 '통일만들기'라는 지난한 과정을 거쳐야 한다는 문제의식을 가지고 있기 때문입니다. 또한 한반도의 통일에서 정치경제적 통일만큼이나 '사람의 통일'이 중요하다고 생각하기 때문입니다. 그리고 통일이 남북의 주민, 코리언디아스포라 모두의 미래비전이 되기 위해서는 통일의 장소인 바로 이곳, 한반도의 사회개혁을 동반한 통일과정이 되어야 하기 때문입니다.

이러한 문제의식 속에서 통일인문학연구단 생활문화팀에서는 2016년에는 남북의 적대관계 속에서 분열된 코리언의 '민족적 연대'를 회복하기 위한 방안을 논의하였고, 2017년에는 한반도를 '분단생태계'라는 개념으로 재사유함으로써 분단을 고착화시키는 체제, 구조와 같은 환경뿐 아니라 분단 공간 속에 살고 있는 다양한 주체들의 역동성과 상호관계성을 드러내고자 했습니다. 2018년에는 남북 주민과 코리언디아스포라의 일상에까지 파고든 적대의식과 반공, 비민주성과 인권 유린의 문제를 구체적으로 조망하고 탈분단의 길을 모색하고자 하였습니다.

이 과정에서 우리가 주목하게 된 것은 남북관계 및 북미관계를 비롯한 분단생태계의 열악한 조건에도 불구하고 그것을 헤쳐 나가는 '주체'들의 적극적인 활동이었습니다. 이들은 민족적 연대의 주체였고, 분단과 전쟁으로 점철된 한반도에 생명평화의 문화를 만들어가는 주체였으며, 보편적 가치로서 생활 속 민주주의와 인권문제를 제기하고 그 길을 열어가는 당사자들이었습니다. 또한 통일한반도의 문화를 디자인해가는 담지자이기도 했습니다.

우리는 이들을 "통일의 교량자"로 명명하고, 이들의 활동을 추적하는 작업을 진행해왔습니다. 이를 통해 우리는 통일의 교량자들의 활동이야말로 남북, 코리언디아스포라가 함께 하는 통일한반도의 미래가 어떠한 과정을 거쳐 만들어지는지를 보여주는 구체적인 사례라는 점을 확인할 수 있었습니다. 구조와 조건이 불리한데도 불구하고 그것을 뚫고 나가는 주체들의 실천적인 행동이야말로 남북관계 및 북미관계의 부침, 정치권의 정치공학적 계산을 넘어 통일의 미래를 길어올리는 힘이었습니다.

건국대학교 통일인문학연구단 생활문화팀은 지난 1년 동안 대결과 갈등을 넘어 통일한반도의 화해와 협력의 문화를 디자인하고 "통일의 교량자" 역할을 해온 그룹의 사례와 경험을 학문적으로 정리하는 한편, 남북주민, 코리언 디아스포라가 상생과 화합할 수 있는 방안에 대해 고민해왔습니다. 이 책은 이러한 연구성과를 담은 것이자, 생활문화팀과 문제의식을 같이 하는 연구자들의 글을 함께 모은 것입니다. 이 책은 전체 3부

10편의 논문으로 구성되어 있습니다. 제1부는 "코리언의 상생, 현실과 가능성"이라는 주제 아래 3편의 논문이, 제2부는 "통일문화의 교량자들"이라는 주제 아래 4편의 논문이, 제3부는 "통일문화를 디자인하다"라는 주제 아래 3편의 논문이 수록되었습니다.

제1부 코리언의 상생, 현실과 가능성에서는 남북갈등에 이어 확산되고 있는 남남갈등의 발생사적 기원과 특징을 살펴보는 한편, 남북 교류가 가장 활성화되고 있는 분야인 문화유산 교류의 현황과 발전 가능성을 타진해보았습니다. 이는 남북관계가 갈등의 진원지가 아니라 화해와 협력의 발원지가 될 수 있는 가능성을 모색하고, 문화유산 교류를 통해 남북의 접점을 찾아보고자 하는 적극적인 노력이라고 할 수 있습니다.

먼저 정영철은 「변화하는 남북관계와 남남갈등: 대립과 갈등을 넘어」에서 남남갈등의 발생과 전개과정 및 특징에 천착했습니다. 그는 북한 및 통일문제가 오랫동안 정권의 독점물이 되었다가 1987년 소위 민주화 이후 남남갈등의 축으로 등장한 사실에 주목했습니다. 이 문제가 이분법적 대립구도와 파괴적 갈등의 구조를 가지고 있는 이유를 그는 북한 그 자체에 대한 생각의 차이가 아니라 우리 사회 내부의 정파적 이해관계와 권력경쟁 때문이라고 갈파했습니다. 정영철은 그 대안으로서 담론의 지형을 적대의 냉전담론에서 화해와 협력의 탈냉전담론으로 바꾸고, 민주주의의 증대와 보편적 가치를 사회적으로 확산할 것을 제안했습니다. 그는 담론지형 바꾸기가 화해와 협력의 언어를 만드는 일이라면, 민주주의 증대와 보편적 가치의 확산은 그것을 뒷받침할 토대를 마련하는 일이고, 이 과정은 우리를 가두었던 과거의 프레임에서 벗어나 새로운 프레임으로 세상을 보는 것이라고 주장했습니다.

다음으로 정창현은 「김정은 시대 북한의 문화유산정책 변화와 남북

교류」에서 남북화해협력 단계에서는 정치논리와 상관없는 사회문화 분야의 교류협력을 더욱 확대해나갈 필요성이 있고, 이러한 노력이 장기지속적으로 이어질 수 있는 분야로서 문화유산 분야를 꼽았습니다. 그는 특히 김정은체제가 출범한 후 북한이 세계와의 교류, 세계와의 경쟁을 강조하는 한편, 체제에 위협이 되지 않는 체육과 문화예술 분야의 교류에 적극적인 태도를 보이고 있는 점에 주목했습니다. 북한이 세계의 문화유산정책 흐름을 수용하면서 개성역사지구와 같은 유형문화유산과 더불어 아리랑과 평양냉면 등 무형문화유산의 유네스코에 등재에 적극적으로 나서고 있다는 것입니다. 정창현은 남한이 북한이 의욕적으로 추진하고 있는 역사유적과 유물들, 명승지와 천연기념물, 비물질문화유산들을 자료기지(DB)화 하는 사업을 지원하고, 이 자료를 공동으로 활용하는 방안을 추진하는 한편, 문화재의 유출방지와 해외 소재 문화재 환수 등 공동 관심사안을 추진함으로써 문화유산을 매개로 남북교류를 확대해나갈 것을 제안했습니다.

정창현의 논문이 북한의 문화유산정책의 흐름과 그에 따른 남북교류협력의 방향을 논한 것이라면 박성진의 논문은 개성 고려궁성(만월대) 조사를 통한 생생한 경험을 바탕으로 남북협력의 방안을 제시하고 있습니다. 박성진은 「개성 고려궁성(만월대) 조사를 통해 본 고고분야 남북 협력방안」을 통해 남북관계가 경색과 화해를 반복하는 가운데서도 1990년대부터 지금까지 문화유산분야의 협력이 계속되고 있는 이유로 '비정치성', '민족적' 특성을 들었습니다. 그는 2007년부터 2018년까지 8차에 거친 개성 고려궁성 남북공동발굴조사의 성과로서, 만월대 금속활자를 비롯한 원통형 청자, 용두기와 등 17,990여 점의 유물 출토와 더불어 개성과 서울에서 동시에 열린 '개성 고려궁성(만월대) 남북공동전시회'를 통한 대중들의 관심 고조를 들었습니다. 국립고궁박물관에서 열린 서울 전시에 5만 명이 몰림으로써 남북공동발굴조사의 성과를 홍보하는 기회가 마련되었고, 남북문화유산 교류협력에 대한 대중들의 관심이 고조되었다는 것입니다. 그는 앞으로 북한 문화유산에 대한 기초자료 집성과 분석, 향후 남북협력사업의 대상과 우선순위, 추진주체, 진행방법 등에 대한 학계 차원의 세부적인 설계와 「남북문화유산합의서」 마련 등 남북문화유산 교류를 한층 체계화해나갈 것을 주장했습니다.

제2부 통일문화의 교량자들에서는 "통일의 교량자들"이 통일문화를 만들어가는 역동적인 실천활동을 보여주고자 하였습니다. 부침을 거듭하는 남북관계와 북미관계 속에서도 "통일의 교량자"들은 묵묵히 포스트-통일의 길로 전진하고 있습니다. 이들이 걸어온 길은 난관으로 가득찬 길이지만, 이들은 개의치 않고 통일로 가는 새로운 길을 열어젖히고 있습니다. 과연 그 힘은 어디에서 나오는 것인지 제2부의 글들을 우리에게 중요한 시사점을 주고 있습니다.

그런 의미에서 제2부를 여는 강순원의 글은 이 책에서 아주 특별한 의미를 갖습니다. 내전으로 점철된 북아일랜드에서 아이들의 희생을 계기로 학부모들이 분연히 떨쳐 일어나 우리의 학교를 만들고 우리의 아이들을 함께 길러내자는 통합교육운동을 일으킨 사실은 우리에게 큰 울림을 줍니다. 강순원의 「분단의 벽은 학부모들의 통합교육 열망에 의해 무너질 수 있었는가? : 북아일랜드 통합교육운동에서의 학부모 내러티브를 중심으로」에 따르면 1976년 8월 10일 북아일랜드에서는 영국군대에 총을 맞은 IRA사람들이 몰고 돌진한 차에 개신교주거지 어린아이 3명이 즉사한 사건을 계기로 학부모들이 우리의 아이들을 더 이상 죽음으로 내몰리지 않을 수 있도록 하는 방안을 강구하기 시작합니다. 이들은 "모든 아이들을 함께"라는 슬로건 하에 구교계/신교계로 나누어 적대적 교육을 진행해온 기존교육에 반대하여 통합학교로 전환하고자 합니다. 하지만 정치권의 반대에 부딪혀 뜻을 이루지 못하자 직접 통합학교를 설립하는 운동으로 나아갑니다. 통합학교는 상호이해교육과 통합교육운동을 통해 사회적 폭력의 근원인 종파적 분리주의를 종식시키고 비폭력 평화, 관용과 화해의 가치를 교육하고 있습니다. 학부모들 역시 끊임없이 학습하며 자신을 변화시키고 사회를 변화시키고 있습니다. 강순원은 분단극복은 바로 이러한 자기변화를 수반할 때 가능하다고 말하고 있습니다.

다음으로 한용운은 「겨레말 통합을 위한 사전, 『겨레말큰사전』」을 통해 1933년 '한글 맞춤법 통일안'을 하나의 규범으로 언어생활을 해왔던 우리 겨레가 각각 표준어와 문화어를 언어규범으로 하여 생활함에 따라 어떤 차이가 발생하는지 보여주었습니다. 그에 따르면 북녘 철수는 남녘 말의 52%를 모를 것이고 남녘 철수는 북녘 말의 39%를 모를 것이며, 전문가로서 만날 경우에는 전문용어 가운데 66%를 모르는 상황이 될 것이라고 합니다. 『겨레말큰사전』 사업은 이렇듯 분단 70여 년 동안 차이가 발생한 남북 어휘를 조사하는 한편, 민족공통성을 회복함으로써 남북 언어 통일의 기반을 구축하고자 시작되었습니다. 한용운은 남북의 전문가들이 사전에 등재할 올림말을 선별하고 새 어휘를 조사하며 어문규범을 통일시키는 한편, 다양한 용례와 사진까지 수록하여 남북이 함께 사용할 수 있는 겨레의 큰사전을 만들어가는 작업은 결코 쉽지 않은 일이라고 말합니다. 하지만 그는 남북의 차이를 이해하는데 꼭 필요한 일이라면 하나하나 준비해야 한다는 마음가짐으로 발걸음을 내딛고 있음을 밝히고 있습니다.

정태헌은 「남북 역사학 교류와 '역사인식의 남북연합' 전망: 남북역사학자협의회 사례를 중심으로」에서 10.4선언을 통해 본격화된 남북 학술 교류, 그 중에서도 남북 역사학 교류의 경험을 반추하였습니다. 그리고 이제 학자들 간의 교류에 머물러 있던 초기단계에서 벗어나 남북 역사인식까지 인정하고 공존하는 단계로 넘어감으로써 역사인식의 남북연합의 기반을 만들어가자고 주창했습니다. 그의 이러한 주장은 2001년 〈일제조선강점의 불법성에 대한 남북공동자료 전시회와 학술토론회〉, 2003년 〈국호 영문표기를 바로 잡기 위한 남북 토론회〉를 비롯하여 2007년 시작된 〈개성 만월대 공동발굴조사〉, 2007~2010년까지 수행된 〈남북역사용어공동연구〉의 등의 성과를 토대로 하고 있습니다. 〈남북역사용어공동연구〉를 진행하면서 북에서 이 공동연구가 오히려 남북 간 역사인식의 차이를 부각시킬 수 있다는 우려가 제기되었음에도 불구하고, 남북은 서로의 공통점은 물론 차이점까지 연구해 향후 통일의 기초로 삼자는데 동의했다고 합니다. 그런 의미에서 그는 남북역사학자교류협의회의 활동이야말로 남북 역사인식의 공존과 남북연합을 모색하는 중요한 사례가 된다고 강조했습니다.

한편, 김희정은 「재일동포사회의 통일문화운동 원코리아 페스티벌」에서 1985년부터 2018년까지 34년간 개최된 원코리아페스티벌의 역정을 소개했습니다. 그에 의하면 원코리아페스티벌은 재일사회에 새로운 통일운동을 제안한 태동기(1985~1989), 통일문화운동의 실천과 아시아 공동체를 제창한 도약기(1990~1999), 동아시아공동체를 지향하며 다문화 공생과 한류붐에 기여한 발전기(2000~2010), 글로벌 통일문화네트워크를 형성하고 확산해간 확산기(2011~2017)를 거치며 발전해왔습니다. 김희정은 원코리아페스티벌이야말로 문화적 소통과 감수성을 촉진시키는 방식으로 통일문화운동의 새로운 영역을 개척해온 유의미한 사례라고 말합니다. 그의 지적처럼 원코리아페스티벌은 재일동포들의 통일인식 개선과 일본인에게 한반도 통일에 대한 공감대를 널리 확산시키는데 기여해왔습니다. 뿐만 아니라 민단과 총련으로 나뉘어 반목과 갈등을 겪고 있는 재일동포 사회의 상호적대의식 해소 및 새로운 민족공동체 의식의 재구성을 통해 통일의 미래상을 제시했다는데 큰 의의가 있습니다.

제2부에서 "통일의 교량자"들의 실천활동과 그것이 갖는 의미에 착목하였다면 3부 "통일문화를 디자인하다"에서는 어떻게 하면 한반도에 새로운 통일문화를 디자인할 것인가 하는 고민을 담은 논문을 수록했습니다. 각각의 글들은 3.1운동과 냉전기 미소음악교류, 공공디자인을 소재로 하여 분단문화를 통일문화로 재구성할 수 있는 방안을 제언하였습니다. 이는 적대와 대립의 과거를 복기하고 성찰하는 과정이자, 통일의 미래를 적극적으로 상상해나가는 과정이라고 할 수 있습니다.

정진아는 「3.1운동에 대한 분단된 기억을 통일을 위한 집합기억으로」에서 『한국사』 교과서와 『조선력사』 교과서의 3.1운동 서술을 비교, 분석한 결과 『한국사』 교과서가 3.1운동과 대한민국임시정부를 직결시키고 임시정부법통론을 강화해왔다면, 『조선력사』 교과서는 3.1운동에서 김일성 가계의 활동을 부각시키는 방식으로 3.1운동을 전유해왔음을 밝혔습니다. 그는 3.1운동에 대한 분단된 기억을 통일을 위한 집합기억으로 만들기 위해서는 먼저 『한국사』, 『조선력사』가 식민과 분단으로 인한 반쪽짜리 역사라는 점을 자각하고, 일원적이고 단선적인 역사인식에서 벗어나 역사의 다양한 측면을 이해할 수 있도록 시야를 확장해야 한다고 지적했습니다. 다음으로는 정치사, 운동사 중심으로 서술된 3.1운동을 민족적 관점에서 뿐만 아니라 개인 및 계급적 주체의 성장, 민주주의의 확산, 반제국주의적 연대라는 관점에서 재조명할 것을 제안하였습니다.

또한 3.1운동 자체에 대한 해석뿐 아니라 남북이 3.1운동을 전유하고 활용해온 역사까지 비판적으로 성찰해야 한다는 점을 강조했습니다.

다음으로 도지인은 「냉전기 미소음악교류로 본 남북문화교류 모델 제안: 1958년 차이코프스키 음악대회의 시사점」를 통해 문화가 상호경쟁의 수단이면서도 동시에 소통과 화해를 야기할 수 있는 사례로서 1958년 소련에서 창설된 차이코프스키 음악대회와 피아노 부문 우승자인 미국 출신 피아니스트 클라이번을 소개했습니다. 당시 클라이번의 감성적인 연주는 소련대중의 큰 관심과 사랑을 받아 팬덤이 형성될 정도였습니다. 그런 점에서 도지인은 1958년 차이코프스키 음악대회를 체제과시용으로 기획되었음에도 불구하고 이념과 정치의 제약을 뛰어넘은 개인들 간의 소통과 공감이라는 예기치 않은 결과를 낳은 대회로 평가했습니다. 그리고 남북 음악교류의 초석을 놓았지만 남북 대결의 장이 되었던 1985년 예술단 방문, 전통음악을 통한 공통성 회복을 시도했지만 정치성을 벗어나지 못한 1990년 범민족통일음악제의 경험을 비판적으로 계승하여 남북이 전통음악대회를 공동주최함으로써 전통유산을 바탕으로 한 문화교류의 새로운 플랫폼을 만들어가자고 제안했습니다.

마지막으로 전영선은 「통일한반도 소통을 위한 평화상징과 공공디자인」에서 우리 사회 전체가 분단 극복과 평화지향의 공공디자인을 만들고 평화의 스토리를 공유해나가자고 주창했습니다. 그는 현재 우리가 남북 화해와 통일의 상징으로서 사용하고 있는 한반도기와 아리랑이 남북 공유할 수 있는 상징성은 높지만, 한반도 평화와 미래지향적인 가치를 담기에는 제한적이라고 말합니다. 분단 극복과 화해협력의 가치를 담은 공공디자인을 적극적으로 만들어내야 한다는 것입니다. 그리고 그 상징은 만드는 데 머무는 것이 아니라 세월호 리본, 평화의 소녀상, 제주4.3을 상징하는 동백꽃처럼 사회적 공감대를 얻어 지속적으로 커뮤니케이션이 일어날 수 있는 것이어야 한다고 말합니다. 이러한 공공디자인의 조건으로서 그는 탈국가주의와 평화의 공공성, 의미를 공유할 수 있는 스토리텔링, 상징의 일상화를 제시했습니다. 전영선은 이렇게 만들어진 통일심볼이 대중 속에서 통일공간을 확장할 수 있는 새로운 담론적 실천으로서 통일문화운동이 될 것이라는 점을 강조했습니다.

이 책이 나오기까지 많은 분들의 노고가 있었습니다. 우선 건국대학교 통일인문학연구단 생활문화팀의 문제의식에 동의하고 소중한 원고를 선뜻 내어주신 정영철, 정창현, 박성진, 강순원, 한용운, 정태헌, 김희정 선생님께 머리 숙여 깊은 감사의 인사를 드립니다. 특히 정영철, 정창현, 박성진, 강순원, 한용운, 김희정 선생님은 심포지엄부터 책 출판에 이르는 전 과정을 함께 해주셨습니다. 또한 저자로 드러나지는 않았지만 이 책이 나오기까지 통일인문학연구단 생활문화팀 연구원들의 숨은 노력이 있었습니다. 연구가 결실을 맺을 수 있도록 세미나와 심포지엄의 실무를 도맡아준 신매인, 김형선 연구원, 이 책의 교정교열과 필자들과의 연락 등 빛나지 않으면서도 하나도 소홀히 할 수 없는 일을 묵묵히 감당해준 김정아 연구원의 수고에 깊이 감사합니다. 마지막으로 빠듯한 일정에도 불구하고 이 책이 맵시 있게 나올 수 있도록 수고해주신 패러다임북의 편집진께도 감사의 말씀을 전하고 싶습니다.

2019년 4월 15일

건국대학교 통일인문학연구단 생활문화팀장 정진아

| 차례 |

발간사 • 4

서문 • 8

제1부 코리언의 상생, 현실과 가능성

변화하는 남북관계와 남남갈등: 대립과 갈등을 넘어 **23**

김정은시대 북한의 문화유산정책 변화와 남북교류 **47**

개성 고려궁성(만월대) 조사를 통해 본 고고분야 남북 협력방안 **75**

제2부 통일문화의 교량자들

분단의 벽은 학부모들의 통합교육 열망에 의해 무너질 수 있었는가?: 북아일랜드 통합교육운동에서의 학부모 내러티브를 중심으로 **101**

겨레말 통합을 위한 사전, 『겨레말큰사전』 **131**

남북 역사학 교류와 '역사인식의 남북연합' 전망 : 남북역사학자협의회 사례를 중심으로 **157**

재일동포사회의 통일문화운동 원코리아페스티벌 **189**

제3부 통일문화를 디자인하다

3·1운동에 대한 남북의 분단된 기억을 통일을 위한 집합기억으로 **221**

냉전기 미소음악교류로 본 남북문화교류 모델 제안 : 1958년 차이코프스키 음악대회의 시사점 **247**

통일한반도 소통을 위한 평화상징과 공공디자인 **275**

제1부

코리언의 상생, 현실과 가능성

변화하는 남북관계와 남남갈등
: 대립과 갈등을 넘어

정영철

1. 들어가며

우리 사회는 북한, 통일을 둘러싼 갈등이 여전히 해소되지 않은 채로 심각한 사회갈등의 한 축을 형성하고 있다. 흔히 말하는 '진보'와 '보수'의 이분법적 갈등이 가장 치열하게 전개되는 영역이 바로 '북한, 통일' 분야라 할 것이다. 남남갈등은 '남북갈등'을 전제로 한 개념이다. 그간 분단, 전쟁, 그리고 통일을 둘러싼 이념적 대립은 남한 사회 내부가 아니라 남북간에 벌어졌던 갈등이었다. 시민사회의 미약, 그리고 상대적으로 정부의 강력한 권위주의적 통제가 압도적이었던 시대에 남남갈등은 지금과 같은 '사회적 문제'로 제기되지 못하였다.[1] 과거 좌-우의 갈등을 지나 '대한민국 체제'가 안착된 이후, 현재와 같은 남남갈등은 1990년대 이후의 현상이라고 할 수 있다. 물론, 이 역시 다른 여타의 분야에 비해 북한 및 통일 분야에서의 두드러진 특징이라고 할 수 있다. 민주화를 둘러싼 내부의 갈등은 지속적으로 전개되고 있었고, 통일문제를 둘러싸

1 이와 관련해 남남갈등을 해방 이후의 정국에서부터 추적한 연구로는 손호철, 「분단과 남남갈등」, 『현대 한국정치』, 이매진, 2011.

고 정부와 시민사회간의 갈등은 존재했지만, 지금과 같은 '시민사회 내부' 그리고 전 사회적인 갈등은 1990년대 이후에서야 본격적으로 드러난 현상이다. 이는 역설적으로 그 동한 한국사회가 '시민사회의 미발전 혹은 저발전'으로 인해 가장 민감한 주제인 '분단과 통일' 문제에서는 1990년대에 들어와서야 비로소 논쟁의 대상이 되었음을 말해준다.

한 사회에서 갈등은 자연스러운 과정이라 할 수 있다. 갈등이 없는 사회는 '죽은 사회'이며, 미래 발전을 위한 동력이 소진되었다고 할 수 있다. 사실, 갈등이 없다는 것은 특정세력이 공공적 집합 결정의 과정에서 배제되었음을 의미한다.[2] 그렇지만 갈등이 자연스러운 현상이라고 하여, 갈등 모두가 사회발전의 동력이 되는 것은 아니다. 보다 중요한 것은 갈등을 어떻게 관리하고, 이를 발전의 동력으로 전환시킬 수 있을지의 여부이다. 이런 점에서 우리 사회에서 벌어졌던, 그리고 현재 벌어지고 있는 '남남갈등'은 갈등의 관리와 전환에 실패하고 있다고 할 수 있다. 서로 '죽고 죽이는' 식의 이분법적 갈등, 그리고 가치관에 입각한 대화와 타협을 포기한 채로 진행되는 갈등인 것이다. 특히, 현재의 갈등은 시민사회는 물론 정치 그리고 언론 등에 의해 성치적으로 활용되고, 동원되는 '편향성의 동원' 현상으로 인해 실제보다 더욱 부풀려지거나 논쟁이 좌-우, 진보-보수로 단순화되어 갈등하는 실제의 내용은 빠진 채 상대방에 대한 공격만을 강조하는 방식으로 진행되고 있다.

현상적으로 보자면, 대북-통일정책의 패러다임이 변화하기 시작한 김대중 정부부터 본격적으로 전개되기 시작한 '남남갈등'은 그간 북한-통일 문제에 독점권을 행사하던 기존 세력의 위기감이자 동시에 새로운 패러다임에 대한 도전의 성격도 아울러 가지고 있었다. 또한, 정치권력이 '선거의 게임'에 의해 교체가 가능하게 되면서 갈등의 중심이 정치권에서

2 윤성이, 「한국사회 이념갈등의 실제와 변화」, 『국가전략』 12권 4호, 세종연구소, 2006, 164쪽.

시민사회를 내세운 '사회 영역'을 기반으로 진행되는 성격도 아울러 가지고 있다. 또한, 현재의 '남남갈등'은 표면상으로는 북한, 통일, 미국 문제 등을 둘러싼 안보와 이데올로기의 문제로 나타나고 있지만, 실상은 사회 전 분야에 걸쳐 이를 '남남'의 이름으로 정당성과 비정당성을 구분하는 '분리 전략'으로 나타나고 있다. 따라서 현재의 남남갈등은 단순히 북한, 통일, 미국 등으로 한정되지 않는 전 사회적인 영역의 문제가 되었으며, 상대방을 '적'으로 호명하고, 자신을 '애국'으로 치장하는 과도한 이데올로기적 동원이 전면에 나서고 있다. 이를 극복하는 것은 사회적 갈등의 관리와 전환이지만, 동시에 우리 사회의 건전한 토론과 민주성의 회복, 그리고 다양성의 존중이라는 진정한 '민주주의의 가치'를 실현하는 것과 관련된다 하겠다.

이 글은 현재의 남남갈등의 전개과정과 특징을 살펴보고, 이를 극복하기 위한 대안으로서 제3의 중도의 길이나 토론 및 의사소통의 중요성이 아닌 오히려 더욱 발전된 '민주주의 가치'의 확산을 주장하고자 한다. 민주주의가 참여와 다양성의 존중, 차이의 인정과 공존이라는 가치를 핵심적 내용으로 한다면, 남남갈등 역시 그러한 방향에서 해결되어야 하며, 그러한 가치의 추구만이 현재의 남남갈등을 건전한 '건설적 갈등'으로 전환시킬 수 있을 것으로 생각한다.

2. 남남갈등의 발생과 전개, 그리고 특징

1) 새로운 패러다임과 사회적 갈등의 '탄생'

북한 및 통일문제는 오랫동안 정권의 독점물이었다. 전쟁 이후, 한국사회는 북한에 대한 적대감에 기반한 '반공-안보 체제'를 구축하였고, 북한과 통일 문제에 대해 정부와 반대되는 입장은 허용되지 않았다. 여기에 오랜 권위주의 체제 속에서 시민사회의 성장이 지체되면서 의미있는 대안적 '통일 담론'이 형성될 수 없었다. 따라서 폭발적으로 등장했던 좌파적 혹은 시민적 담론은 전쟁 이후, 완전히 자취를 감추었으며 남북은 공히 '순결 사회'로서 각자의 체제를 공고히 하였다.[3] 이러한 결과는 우리의 정치에서 극단적 대결과 동시에 중도파의 몰락으로 귀결되었다. 극단적 좌-우의 대결 속에서 중도파가 설 자리는 어디에도 없었으며, 분단 정권 모두 중도파의 길을 허용하지 않았다.[4] 중도의 길은 좌-우 모두로부터 '배신' 혹은 탄압의 대상이 되었다. 이런 사회적 조건에서 '남남갈등'은 결코 가능하지 않았다. 다만, 정부에 반대하는 일부 반체제 집단의 저항만이 존재했었고, 그 마저도 북한-통일 문제에 있어서는 그 간극이 크지도 않았다.[5] 우리에게 중도의 길이 허용되지 못했던 이유는 첫째로 냉전의 질서로 인해 이념적 양극화 이외에는 그 어떤 이념도 환영받지 못했기 때문이었고, 둘째로 한국전쟁의 '죽고 죽이는' 극단적 체험 속에서 적대적 사상에 대한 그 어떤 공간도 허용되지 못했기 때문이었으며, 마지막으로 권력투쟁의 공간에서 이념 대결은 정치적 적에 대한 가장 효과적인 동원 수단이었기 때문이다.[6] 이에 따라 해방 이후, 김규식의 중도노선을 비롯하여 조봉암, 그리고 1960년의 '4.19 혁명' 이후에 등장했던 혁신계를 중심으로 했던 통일논의도 '5.16 쿠데타' 이후 별다른 저항없이 소멸하였고, 반공을 국시로 하는 군사독재 정권에 대한 저항도 '민주주의'의 문제로

3 한국전쟁은 남과 북에 이데올로기적 동질성을 거의 순수할 정도로 강요하였다. 전쟁과 그 이후의 과정에서 남북은 공식 이데올로기에 저항하는 '저항 담론'이 철저히 봉쇄되었고, 반미-반공에 기초한 사회로 성장해갔다.

4 우리의 역사에서 중도파의 좌절에 대해서는 윤민재, 『중도파의 민족주의 운동과 분단국가』, 서울대출판부, 2004.

5 지배세력은 내부의 정치권력을 둘러싼 투쟁의 와중에서도 북한 관련 문제에 대해서는 놀라울 정도로 협력하였다. 이를 보여주는 대표적인 사건이 '국회 프락치 사건' 등이었다.

6 정영철, 「남남갈등의 변화양상: 갈등의 전개양상과 특징을 중심으로」, 『대북정책에 대한 소통증진 방안연구』, 제주평화연구원, 2010, 136-138쪽.

집약되었다.[7] 따라서 남남갈등은 1980년대 이후의 시민사회의 성장 이전에는 가능하지도 않았지만, 가능했더라도 시민사회 내부의 갈등이 아니라 일부 '저항'의 성격으로서만 존재할 뿐이었다. 따라서 이 당시의 갈등을 현재적 의미에서 '남남갈등'으로 규정할 수는 없다. 사실, 이 당시의 갈등은 경쟁하는 세력간의 갈등이라기 보다는 '검사와 피의자'의 관계로 보는 것이 더 적절할 것이다.

한국 사회에서의 남남갈등은 1987년 이후, 하나의 사회현상으로 명명되었다. '남남갈등'이 개념화되기 이전의 노태우 정부 시절의 북한과 통일을 둘러싼 갈등, 김영삼 정부 시절의 갈등을 고려한다면, 개념화 이전의 갈등은 북한과 통일 문제를 둘러싼 정부와 반정부(혹은 민중, 재야 등)의 대결의 형상이었다. 그리고 본격적인 남남갈등이 하나의 개념으로 등장한 것은 바로 1997년 8월부터였다. 흥미로운 점은 '진보 언론'으로 분류되는 〈한겨레신문〉이 '남남갈등'의 용어를 가장 먼저 사용했다는 것, 그리고 김영삼 정부 말기에 이 용어가 탄생하였다는 점이다. 이는 김영삼 정부 당시 대북 정책을 둘러싼 우리 사회의 갈등이 점차 심각한 양상으로 나타나기 시작했으며, 시민사회 진영에서의 갈등도 본격적으로 전개되기 시작했음을 의미한다. 다만, 이 당시는 아직 '남남갈등'의 용어가 생소했을 뿐 아니라 그 사용빈도도 많지 않았다. 남남갈등이 개념으로서, 그리고 하나의 사회현상으로 사람들에게 인식되기 시작한 김대중 정부의 등장 이후였으며, 특히 2000년 정상회담 이후, 남북의 교류와 협력이 본격적으로 전개되면서 정치-사회적 의미로 재탄생하기 시작했다.[8]

---

7 서중석은 '한국인처럼 통일을 열망한 경우도 없었는데, 조봉암, 진보당의 평화통일운동과 4월 혁명기의 통일운동을 제외하면, 1987년 6월 항쟁 이전에는 통일논의도, 통일운동도 거의 없는 특이한 현상'이 지속되었다고 한다. 서중석, 「1950년대와 4월 혁명기의 통일론」, 『통일시론』 2권 3호, 청명문화재단, 1999, 178쪽.

8 이런 점에서 김대중 정부의 햇볕정책(포용정책)이 남남갈등의 근본 원인이라 할 수는 없다. 그러나 분명한 것은 사회적인 표출의 중대한 계기가 되었음은 분명하다.

김대중 정부로부터 시작된 새로운 남북관계 즉, 대북정책의 패러다임의 전환은 그간 북한과 통일문제에서 '독점의 정치'가 해체된다는 것을 의미하였다. 또한, 과거 정부의 주도 아래 반대파에 대한 탄압이 주류를 이루어왔다면, 이제는 언론과 시민사회를 통한 이데올로기 공세와 자신들의 기득권 방어가 중요한 무기가 되었다. 또한, 언론과 결합한 '대중의 여론'을 통한 '편향성의 동원'을 통해 자신들의 정치적 정당성의 확보와 동시에 상대방에 대한 공격이라는 형식을 취하기 시작하였다.[9] 김대중-노무현 정권에서의 화해와 협력의 패러다임으로의 대북정책의 변화에 대한 과거 권위주의 세력의 대응이었다. 이렇게 본다면, 남남갈등의 탄생은 대북정책의 패러다임 전환, 냉전 이후의 다원적 사회로의 발전 혹은 시민사회의 성장, 민주주의적 가치에 대한 다양한 목소리의 등장에 따라 나타난 민주화의 산물이자 동시에 통일 문제의 대중화에 따른 담론의 확산 결과였다고 할 수 있다. 통일이 정부의 독점물에서 벗어나는 순간, 그리고 사회적으로 통일 담론이 확산된 조건에서 더 이상 특정 세력만이 통일문제를 전유하지 못하게 되었다. 나아가 통일문제가 가장 중요한 정치적 의제로 부상하게 되었으며, 90년대 이후 본격적으로 등장한 '통일 NGO'의 활동 등에 따라 정치, 경제, 언론, 문화 등의 모든 분야에서 통일에 대한 다양한 목소리가 등장하게 되었고, 이에 따라 이념적 가치관에 따라

김재한, 「남남갈등과 대북 강온정책」, 『국제정치연구』 9집 2호, 동아시아국제정치학회, 2006, 132쪽. 또 하나 중요하게 지적해야 할 것은 '진보'로 분류되는 〈한겨레신문〉에 의해 처음 명명된 '남남갈등'은 하나의 사회현상을 설명하기 위한 것이었다면, 이후의 '남남갈등'에 정치적 색채를 입히고, 동원의 개념으로 재탄생시킨 것은 〈조선일보〉를 비롯한 '보수'의 언론이었다는 점이다. 이 점에서 '사회적 담론'의 생산과 그 의미를 규정하는 것 역시 심각한 '사회적 투쟁'을 내포하고 있음을 의미한다. 이는 '종북' 담론의 생산과 의미화의 과정에서도 유사하게 관찰된다.

9 남남갈등의 증폭은 국민들의 이념 성향보다는 이를 과장하거나 조장하는 정치인들과 정당들이 정치적 양극화와 그 동원과정에 주된 원인이 있다고 진단하다. 여기에 언론의 '상업적 전략'과 '이념적 편향'을 지적하고 있다. 채진원, 「남남갈등에서의 정치적 양극화와 중도정치」, 『통일인문학』 제69집, 건국대 인문학연구원, 2017, 168-173쪽.

서로의 주장이 경쟁하게 된 것이다. 이러한 현상은 민주주의의 다양성의 한 모습이면서, 동시에 상대방을 공격하는 주된 이념적 도구로서 동원될 수 있는 '양면의 얼굴'을 가지게 되었다.

2) 가치관 갈등과 이분법적 대립 구도의 형성

일반적으로 사회갈등은 물질적 욕구 갈등과 가치 갈등으로 구분된다. 물질적 욕구 갈등은 이해관계, 사실관계, 구조적, 상호관계 갈등으로 세분화될 수 있고, 가치 갈등은 가치관, 이념, 종교, 문화의 차이에서 비롯되는 갈등이라 할 수 있다.[10] 현재 한국 사회에서 진행되고 있는 남남갈등은 가치관과 이념적 대결 양상을 띠고 있다는 점에서 가치 갈등의 유형이라 할 수 있지만, 앞서 살펴본 바와 같이 분단을 둘러싼 기득권 대결이라는 측면에서는 이해관계 갈등의 성격이 복합적으로 얽혀있다고 할 수 있다. 문제는 이러한 갈등이 좌파, 우파, 진보, 보수라는 일반적인 용어로 정의됨으로써 정책 내용이 아니라 세계관의 갈등으로 확산시키고 단순화되고 있는 데 있다.[11] 즉, 다양한 층위에서 발생하고 있는 갈등이 내용적인 정책 경쟁이 아니라 좌-우, 진보-보수로 단순화, 이념적 가치로 포장됨으로써 '적과 아'를 가르는 기준으로 작용하거나 혹은 정치세력에 의해 동원됨으로써 정치적 '호오(好惡)' 관계에 따라 먼저 적과 아를 가르고 그에 대해 낙인을 찍는 방식으로 갈등이 확대되고 있다.[12] 이렇게 되면서 남남갈등이 이념적 대결의 성격을 가지고 있다고 하더라도, 이러한 이념

---

10 유희종 · 이숙종, 「한국 사회 갈등의 원인 및 관리에 대한 연구: 갈등유형별 특성을 중심으로」, 『한국사회』 17집, 고려대 한국사회연구소, 2016, 43쪽.

11 주봉호, 「남한 사회 남남갈등의 양상과 해소방안」, 『한국동북아논총』 제64집, 한국동북아학회, 2012, 158쪽; 다양한 갈등을 좌-우, 진보-보수로 나누는 단순화된 이분법은 과거 냉전의 시선으로 갈등을 규정하고자 하는 시도라 할 수 있다.

12 이에 대해서는 정영철, 「분단극복의 유일한 길: 연대와 협력」, 『시민과 세계』 17호, 참여사회연구소, 2010.

적 대결을 정책대결로 유인하지 못하고 제반 이슈들을 진보 대 보수의 이념대결로 재편성하여 단순화시켜왔다.[13] 결과적으로 남남갈등이 북한-통일문제, 대미관계 등의 문제가 근원에 있는 것으로 주장되지만, 실상은 전 사회적인 영역으로 '색깔론' 논쟁과 연계되어 재생산되게 되었다. 즉, 사회 전 영역에서의 찬성과 반대의 입장이 진보-보수의 구도로 단순화되고, 결국은 현 정권에 대한 찬성과 반대의 문제로 치환되는 경향을 보이게 된다. 이는 곧 현재 남남갈등이 건전한 정책 경쟁의 성격을 띠는 것이 아니라 냉전 시기의 '죽고 죽이는'식의 이분법적인 시선에 의해 전개되고 있음을 말한다.[14] 그리고 이는 '가치관 갈등' 이나 '이념 갈등' 혹은 '정체성 갈등'으로 규정하는 정치세력과 언론의 사회적 담론과 결합하여 증폭되고 있다.

남남갈등이 이분법적 대립의 성격을 띠게 된 원인은 무엇보다 분단과 전쟁을 거치면서 역사적으로 형성된 우리 사회의 강압적인 이념 동질화의 문화적 유산을 들 수 있다. 아직까지 해체되지 않고 있는 냉전의 분단 - 반공주의 틀 속에서 이념의 이질화 혹은 사회의 다양화가 진행되면서 다양한 사회적 의제들이 안보 영역의 덫을 벗어나기 어려웠다.[15] 특히, 안보의 문제는 그간 냉전 시기 동안 '도전받지 않는 영역'으로서 배타적인 성격을 띠고 있었다. 그러나 더욱 중요한 문제는 이러한 안보를 명분으로 정치와 언론 등 기존의 국가주의-권위주의적 지배 세력이 사회의 다양한 의제들을 갈등의 정쟁으로 동원하고 있는 데서 찾을 수 있다.[16] 합리적

---

13 장우영, 「이념갈등의 부침과 개혁방안 모색」, 『사회과학논총』 13집, 대구가톨릭대 사회과학연구소, 2014, 60쪽.

14 이런 점에서 남남갈들이 근본적인 가치관 차이를 반영하고 있다는 평가가 가능하다. 즉, 대북정책의 차이라기보다는 대북인식의 차이에서 비롯되었으며, 냉전 반공주의의 유지와 존속이 필요하다는 입장과 그것이 폐지되거나 근본적으로 바뀌어야 한다는 입장의 차이를 반영하고 있다. 권숙도, 「구성주의적 관점에서 본 남남갈등의 이해」, 『사회과학연구』 18권 1호, 경성대 사회과학연구소, 2012, 60쪽.

15 장우영, 앞의 글, 58쪽.

16 서문기는 현재의 갈등 구조 형성에 대한 이해에 중요한 지적을 하고 있다. 즉, "사

의사 소통을 대신하여 하나의 '정해진 답'을 강요하는 냉전의 시선 속에서 갈등이 정책 경쟁으로 전환되기는 어렵다.

결국 현재의 남남갈등은 역사적으로 지금까지 단일한 이데올로기적 지배 구조 속에서 기득권을 지켜온 세력과 한국 사회의 민주주의적 발전과 다양한 가치관의 발현이라는 새로운 조건 속에서 과거의 지배 이데올로기를 거부하는 세력이 '분단'문제를 중심축으로 하여 만들어진 것이라 할 수 있다. 문제는 이러한 새로운 사회적 현상 속에서 여전히 냉전의 구조가 해체되지 않고 있는 한반도의 현실, 그리고 정치적 이해관계에 따라 갈등을 동원하는 정치-사회 엘리트의 갈등의 '사유화'가 중첩되면서 남남갈등이 사회 전반으로 확대되었다는 점이다. 그리고 이러한 남남갈등의 확산은 정치, 경제, 사회문화, 통일외교 등 사회전반의 이분법적 시선을 강화하고 정치적 대결의 형태를 띠게 되었다.

3. 남북관계의 변화와 남남갈등의 프레임을 넘어

1) 파괴적 갈등의 구조와 편향성의 동원

일반적으로 갈등은 건설적 갈등과 파괴적 갈등으로 구분된다. 갈등이 사회발전에 긍정적인 역할을 한다고 했을 때, 이는 건설적 갈등을 의미한다. 서로의 다양한 의견이 제시되고, 이를 두고 건정한 경쟁이 벌어졌을 때 우리는 더 나은 대안을 만들어낼 수 있고, 사회발전을 위한 모두의

회갈등에 대한 통제력을 확고히하는 국가형성의 과제는 일제의 식민통치, 냉전구도와 분단상황, 군사쿠데타와 권위주의 지배 등에 의해 본질적으로 왜곡된 형태로 한국사회 내의 구조적 상흔을 안겨주었다. 이 과정에서 지배기구로서 국가조직은 갖추어지지만 그 형성과정이 사회구성원의 동의와 상관없이 외부로부터 또는 위로부터 강압적으로 이루어짐으로써 국가의 정당성이 심각하게 훼손되었기 때문에 갈등의 구조적 조건이 마련되었다고 할 수 있다." 서문기, 「한국의 사회갈등 구조 연구: 갈등해결 시스템을 모색하며」, 『한국사회학』 38집 6호, 한국사회학회, 2004, 201쪽.

참여를 강화할 수 있을 것이다. 갈등이 건설적인 방식으로 진행되기 위해서는 합리적인 의견 제시와 경쟁, 적극적인 참여와 의사소통, 이를 제도적으로 보장하는 사회적 합의 등이 있어야 할 것이다.

〈표 1〉 건설적 갈등과 파괴적 갈등

요소	건설적 갈등	파괴적 갈등
가능성	순기능	역기능
행위성	책임있는 행동, 행동의 자발성, 동태적 발전 계기	무책임한 행동, 파괴, 무질서, 불안과 긴장 조성
사기성	사기 충전, 근무의욕 증대	사기 파괴, 근무의욕 저하
통합성	작업에 필요한 에너지 응집, 충성심 향상, 갈등 후의 새로운 통합과 조화	협동 파괴, 작업에 필요한 에너지 분산, 통합과 조화 파괴, 분열성, 양극화
감정성	신뢰, 사랑, 분쟁 해결	의심, 불신, 증오, 적개심, 분쟁의 골을 깊게 함
변화성	동태적 발전, 변화의 기회	정태적이고 변화에 저항
창의성	아이디어 공개화, 자발적인 커뮤니케이션, 창의적 아이디어 제공	아이디어 폐쇄화, 비자발적 커뮤니케이션, 창의성 질식
쇄신성	이슈의 공개화와 명확화, 동태적 쇄신 역할	이슈의 폐쇄화와 모호함, 쇄신 질식
생산성	성장 촉진, 상호관계 강화, 생산성 증대	성장 장애, 상호관계 악화, 생산성 감소
합리성	참여증대, 합리성 증대	참여 제약, 합리성보다는 정치적 책략이 활보

* 천대윤, 『갈등관리 전략론』, 선학사, 2001, 46쪽.

갈등이 건설적인 방향으로 나아갈 것인지 아니면 파괴적인 결과를 도출할지는 한 사회가 갈등을 얼마나 합리적으로 관리할 수 있고, 갈등을 전환할 수 있는 사회적 힘이 있는지에 따라 결정된다. 그러나 현재의 남남갈등은 다분히 파괴적 성격을 띠고 있다. 서로 다른 집단간의 토론과 경쟁이 이루어지기 보다는 자신의 정체성, 가치관만을 배타적으로 강조하고 있다.

흔히, 현재의 남남갈등에는 북한과 미국에 대한 시선의 차이가 놓여있다고 한다. 즉, 역사적으로 형성된 북한-통일에 대한 냉전적 가치관과 미국을 둘러싼 인식이 근저에 놓여있고, 이러한 냉전의 시선을 통한 북한-미국에 대한 '시선의 정치학'이 작동하고 있다.[17] 그리고 이러한 시선의 정치를 통해 '편향성의 동원'이 발생하고 있다. 그러나 엄밀히 말해 북한에 대한 이미지가 정치적 성향을 결정짓기 보다는 자신의 주관적인 '진보'-'보수'의 이념에 따라 대북인식과 대미인식에 차이가 발생하고 있다.[18] 그리고 이는 북한 그 자체에 대한 생각의 차이가 남남갈등과는 큰 상관관계가 없다는 것을 뜻한다. 결국 남남갈등을 발생시키고 있는 대북이슈 혹은 정책은 우리 사회 내부의 정파적 이해관계나 권력 경쟁을 반영하고 있는 측면이 더욱 큰 것이다.[19] 한발 더 나아간다면, 이러한 갈등을 정파적 이해관계나 권력 경쟁의 집단들이 건설적 갈등의 방향으로 이끌어가는 것이 아니라, 이를 지속적으로 재생산하는 동원 구조를 형성함으로써 파괴적 갈등의 방향으로 이끌어가고 있다는 점이다. 그리고 여기에 정치세력 만이 아니라 권력과 유착되어 자신의 이익을 추구하는 언론, 그리고 특정 이익을 목적으로 하는 시민단체 등에 의해서 갈등이 생산, 재생산, 확대, 과장되고 있는 것이 핵심적으로 지적되어야 할 것이다.

이러한 편향성의 동원이 가능한 이유는 있는 그대로의 '사실'이 아니라 '해석된 사실' 즉, 자신들에게 유리하게 해석된 '사실'을 근거로 정치담론을 확대하는 것에 있다. 즉, 현재 나타나고 있는 '남남갈등'의 근저에는 우리 사회의 약 70 여 년간에 걸친 냉전의 구조가 해체되지 못하고 있는 것에 근본 원인을 두고 있다. 그리고 이러한 분단 구조를 바탕으로 북한

---

17 시선은 곧 이데올로기이다.

18 이상신, 「북한 이미지 결정요인 연구: 북한에 대한 인식과 남남갈등」, 『21세기정치학회보』 24권 3호, 21세기정치학회, 2014, 188쪽.

19 이상신, 위의 글, 206쪽.

및 통일에 대한 정보의 독점과 그를 통한 정치적 해석이 정치적으로 활용되고 있는 것이다. 여기서 중요한 것은 바로 이러한 '해석된 사실'을 둘러싼 갈등 이전에 이미 '사실' 그 자체에 대한 진위 여부조차 분명하게 확인하지 못한 채로 '해석'만이 남아서 자신들에게 유리하게 동원된다는 점이다.[20] 그리고 이러한 '해석'이 냉전의 담론을 뒷받침하는 강력한 근거로 재동원되고 있다. 즉, 모든 문제를 '분단'으로 환원시키거나 '북한'과의 연루 혹은 비교를 통해 정당성을 구하려는 정치적 시도 혹은 사실의 '해석'이 놓여 있는 것이다.[21] 이것이 가능한 이유의 핵심에는 아직까지 해체되지 못하고 있는 분단-냉전의 구조가 놓여 있다고 할 것이다.

2) 새로운 남북관계의 형성과 분단-냉전구조의 해체

우리 사회의 갈등이 이처럼 파괴적 갈등의 양상을 띠면서 나타나고 있는 근본원인이 그 구조적인 측면에서 냉전-분단의 구조가 온존에 있는 것이 한 편이라면, 다른 한편으로는 아직도 이를 온전히 극복하지 못하고 있는 '민주주의'의 미성숙에 있다고 할 것이다. 태극기-성조기-유엔기(그리고 일부에서는 이제 일장기까지 등장하는)가 등장하는 거리의 풍경이 보여주는 바와 같이 남남갈등의 한쪽 당사자가 보여주는 모습은 전형적인 냉전의 모습이다. 즉, 극단적 '애국주의'와 이를 뒷받침하는 동맹에 대한 극단적 태도, 그리고 사회의 모든 것을 여기에 종속시켜야 한다는 극단주

---

20 이러한 경향은 최근 '가짜뉴스'를 통해 더욱 극적으로 드러나고 있다. 특히, 언론에 의한 확인되지 않은(검증되지 않은) 뉴스가 '사실'로 전달되고 있다.

21 대표적으로 김대중 정부 시절의 '호주제 폐지'를 둘러싼 갈등을 보라. '호주제' 폐지는 그 동안 남성 중심의 가부장적 권위주의 가족제도에 대한 문제제기를 통해 얻어낸 '민주화'의 결과물이라고 할 수 있다. 그러나 이 당시에도 이를 '사회주의 가족제도'의 도입 - 북한의 가족 제도의 도입 - 으로 공격하는 모습을 볼 수 있었다. 상대방의 행위를 북한과의 '연루' 혹은 '비교'를 통해 공격하는 전형적인 사례라 할 것이다.

의의 모습이 한편에서 나타나고 있다. 문제는 이러한 것이 가능한 이유는 분명 우리 사회가 70년간 누적해 온 냉전-분단의 구조에 있다. 역사적으로 김대중 정부 시절부터 '남남갈등'이 본격화된 것은 시민사회의 확대 등의 우리 사회 전반의 변화와 더불어 이러한 냉전-분단 구조의 변화가 시작되면서, 기존의 구조를 온전시키고, 그 구조 속에서 이득을 취해왔던 정치 및 언론 등의 분단 기득권 세력의 위기감의 발로이기도 하다. 사실, 이러한 모습은 우리가 '보수'라고 칭하는 과거의 가치와 전통을 지키려는 것과는 거리가 있다고 하겠다. 오히려, 지금 보이고 있는 모습은 민주주의에 역행하는 퇴행적 모습이라 할 것이다.[22]

앞으로의 남남갈등은 지난 20여 년간의 모습과는 달라질 것이다. 그것은 최근의 한반도 정세 및 남북관계의 변화가 그간 남남갈등의 근원으로 작동되었던 구조의 해체의 방향으로 나아가고 있기 때문이다. 즉, 냉전-분단 체제의 구조가 변화되고 있으며, 따라서 남남갈등을 가능케 했던 적대적 구조가 변화하고 있다.[23] '새로운 남북관계'의 출현은 분단을 자양분으로 삼아 우리 사회를 지배했던 이데올로기 지형의 변화를 가져올 것으로 예상된다. 지금까지의 갈등이 건전한 정책 경쟁의 틀을 넘어서 '죽고 죽이는' 식의 극단적이고 파괴적인 갈등이었다면, 현재의 변화는 더 이상 이러한 갈등의 양상을 허용하지 않는 방향으로 움직이고 있다. 즉, 지금까지의 냉전-분단체제가 변화하면서, 과거 이데올로기적 정당성이 허물어지고 있으며, 어느 일방의 극단적 선택이 더 이상 정당성을 얻지 못하는 방향으로 나아가고 있다.

---

22 이와 관련 일부 '진보'의 모습도 그와 같은 평가가 가능할 것이다.

23 최근의 변화는 한반도의 분단-냉전 체제의 구조적 변화라 할 만하다. 즉, 과거의 남북관계의 변화가 구조의 해체에까지는 이르지 못한 상태에서의 변화였다면, 최근의 변화는 구조의 해체를 목적으로 하고 있다. 한반도에서 이러한 구조와 국면의 변화를 설명한 글로는 정영철, 「남북관계의 구조와 국면, 그리고 국내정치」, 『경제와사회』 115호, 비판사회학회, 2017.

사실, 남남갈등의 해소 방법으로 이야기되는 중도 통합 혹은 제3의 길의 모색은 지속적으로 실패해왔다.[24] 그것은 지난 시기의 갈등이 중도나 제3의 길을 통해 통합되는 방식으로는 해결될 수 없는 것이기 때문이었다. 갈등의 토대로 작동했던 '냉전-분단의 시선'이 구조적으로 지속되는 한, 충돌의 근원적인 지점은 항상 북한-통일-미국으로 표출되는 분단 체제의 유지 혹은 변화를 둘러싸고 벌어졌기 때문이다. 또한, 합리적 의사소통 역시 '좌-우' 혹은 '진보-보수'로의 단순화된 대립 구도 속에서는 건설적 토론이 가능하지 않다. 지금까지 진보와 보수의 합리적 소통을 통해 갈등을 해소하거나 관리하고자 했던 거의 모든 시도가 실패한 이유는 그것이 서로의 이해관계의 접점을 찾지 못해서가 아니라 근원적으로 상대방과의 공존의 태도를 갖지 못했기 때문이었다. 갈등이 냉전의 이분법적 시선에 따라 발생하는 상황에서 갈등하는 두 주장의 중간지대는 사실상 불가능한 것이었다. 오히려, 현재의 갈등은 이런 갈등구조를 낳은 구조의 해체를 통해 전혀 다른 갈등의 구조를 만들어내는 것을 통해 새롭게 변화될 것으로 보인다. 현재의 남북관계의 변화와 주변 환경의 변화가 그러한 방향으로 움직이고 있으며, 그에 따라 지금 보이는 남남갈등 역시 새로운 형태의 갈등으로 변화할 것으로 예상된다.

24 그런 점에서 합리적 의사소통을 통한 갈등 해소에 대한 다음과 같은 비판은 경청할 만하다. "소통이라는 말을 쓰면서 발생하는 역설적인 현상은 그것이 개인 의사든, 집단 의사든 의견, 의사의 소통을 더 자유롭게 하고 그 범위를 넓이기 보다 이를 제한하고 억압하는 이데올로기 효과를 만들어낸다는 것이다" 최장집, 2009년 7월 13일자 경향신문, 송정호, 「한국의 대북정책과 국내정치: 남남갈등과 국민합의를 중심으로」, 북한연구학회 하계학술회의 발표문, 2011, 46쪽에서 재인용.

4. 무엇을 할 것인가?

1) 담론의 지형 바꾸기

분단 구조의 변화는 남남갈등의 전개에도 커다란 영향을 미칠 것으로 보인다. 그러나 갈등이 단순히 구조의 변화에 따라 자연스럽게 변화되는 것은 아니며, 또한 어떠한 방향으로 변화할지도 현재로서는 예측하기 어렵다. 다만, 갈등이 사회발전의 건설적 동력이 되어야 한다면 현재의 갈등을 둘러싸고 벌어지고 있는 담론의 지형을 바꾸어야 할 것이다. 지금까지 남남갈등을 둘러싼 담론은 냉전의 담론이라 할 수 있다. 냉전의 담론은 북한에 대한 적대감에 기초하고 있는 것으로 하여, 빨갱이, 친북, 종북, 반미 등의 냉전의 이데올로기를 동원한 것이라 할 수 있다. 그리고 이러한 담론의 동원은 정치권의 편향성의 동원과 맞물리면서 정권 자체에 대해 빨갱이 정권 혹은 친북 정권, 좌파 정권 등으로 '낙인찍기'가 이루어졌다. 이러한 냉전의 담론으로서는 그 어떠한 건설적 토론도 불가능하며, '적과 아'의 구분만이 정당화된다.

사실, 전 세계적인 냉전 체제 기간에는 '냉전의 담론'이 보편적이었다. 1990년대 냉전의 해체 이후, 전 세계는 '탈 냉전의 담론'을 만들어왔으며,[25] 보편적인 담론으로 자리잡아 가고 있다. 그러나 한반도에서는 냉전이 해체되지 못함으로써 이러한 '탈 냉전의 담론'이 설 자리가 없었다. 남북 문제와 관련해서는 오히려 '남남갈등'의 공간 속에서 더욱 강화된 냉전의 담론이 자리를 잡았다. 지난 김대중-노무현 정권을 거치면서 극단적 냉전의 대립은 약화되었지만, 구조적 해체가 이루어지지 못함으로써 이명박-박근혜 정권을 거치면서 다시금 남북의 냉전이 강화되었다. 이러

25 물론, 그 이후에도 '냉전의 담론'에 뒤 이어 혐오감, 새로운 적의 규정 등의 새로운 '냉전 담론'이 등장하였고, 지금도 이슬람 및 난민 등을 겨냥한 혐오 담론이 사회적으로 확산되고 있다.

한 강화된 냉전의 대립 구도 속에서 '정보의 독점을 통한 정치'가 부활하였고, 북한에 대한 혐오감이 증대되었다.[26] 냉전의 담론은 전형적인 이분법적 시선으로서 상대방을 적으로 낙인찍고, 공존의 대상에서 배제하는 것이었다. 그런 점에서 우리 사회의 '남남갈등'은 애초부터 공존이 아니라 배제와 척결의 담론이 무성한 채로 진행되었다. 이런 냉전의 담론이 지속된다면 남남갈등의 해소나 전환은 불가능하게 될 것이다.

다행스럽게 한반도에 변화가 발생하고 있다. 최근의 변화가 이전의 변화와 다른 점이 있다면, 그것이 한반도 냉전의 구조를 해체하는 것을 목적으로 하고 있으며, 남북은 물론 북미간의 냉전체제 청산을 위한 대화와 협상이 진행되고 있다는 점이다. 이러한 냉전 구조의 해체는 곧 지금까지의 남남갈등이 근거로 하고 있었던 분단-냉전 구조의 해체에 따라 더 이상 '이분법적 갈등'이 가능하지 않게 된다는 것을 의미한다. 이러한 구조적 변화에 따라 정치권의 '편향성의 동원'이 더 이상 대중적인 설득력과 정당성을 갖기 힘들게 될 것이며, 과거의 '낙인찍기' 식의 냉전 담론이 오히려 구시대의 적폐로 인식될 가능성이 높아졌다.

더욱 중요한 것은 이러한 구조적 변화로 탈 냉전의 담론이 냉전의 담론 자리를 대체하게 될 것이며, 그에 따라 이데올로기를 우선하는 '파괴적 갈등'이 약화될 수 있는 조건을 마련한다는 점이다. 탈 냉전의 담론이 자리를 한다는 것은 곧 우리 사회가 70 여 년간 갇혀있었던 현재의 담론 지형이 변화한다는 것을 의미한다. 이런 조건에서도 냉전의 담론을 고집한다면, 그것은 갈등의 한 쪽 당사자로서가 아니라 구시대를 대표하는 것으로 인식될 것이며, 더 이상의 정당성을 갖지 못하게 될 것이다. 더욱

26 물론, 여기에는 북한의 핵과 미사일 문제도 놓여있다. 그럼에도 불구하고 더욱 중요한 것은 이를 명분으로 한 냉전적 대립으로 회귀였다. 정보의 독점을 통한 분단 정치에의 활용에 대한 짧은 글로는 정영철, 「유령처럼 떠도는 북한붕괴론, '3-3-3 가설' 부활하나: 북한 정보와 해석의 정치학」, 『프레시안』 2010년 4월 7일.

이 현재의 남북관계의 변화는 그것이 한반도 문제의 근원이라 할 수 있는 정치-군사적 적대 구조의 해체를 목적으로 진행되고 있으며, 그 자리를 대신하여 평화와 화해, 협력이 들어서고 있다.

이러한 변화는 냉전의 담론이 더 이상 설 자리가 없다는 것을 의미한다. 그럼에도 냉전이 담론 자리에 탈 냉전의 담론이 저절로 들어서는 것은 아니다. '냉전 이후'의 새로운 위협 혹은 문제로 제기되는 '난민 혐오'나 '소수자 억압' 등의 담론이 여전히 전 세계적인 의제가 되고 있듯이, 우리 사회에서도 새로운 혐오와 배제의 담론이 등장할 가능성이 높다. 따라서 냉전의 해체와 동시에 적극적인 '탈 냉전의 담론'을 사회적으로 확산시켜 나갈 필요가 있다.

2) 민주주의 증대와 보편적 가치의 사회적 확산

'탈 냉전의 담론' 만들기가 현재의 남남갈등이 의거하고 있는 구조의 변화와 그 구조로부터 비롯되는 '갈등의 언어'를 제거하고 화해와 협력의 새로운 언어를 만드는 작업이라면, 이를 뒷받침하는 가장 중요한 것은 우리 사회의 민주주의적 가치의 확산과 강화, 그리고 보편적 가치의 '사회화'라 할 것이다.

현재의 남남갈등은 분단으로 인해 '민주주의'의 가치가 훼손되고, 이를 반공-안보의 담론으로 덮었던 과거의 유산에 중요한 원인이 있다고 할 것이다. 참여와 다양성의 존중이라는 민주주의 가치 – 공존의 가치가 훼손됨으로써, 이질적인 것들에 대한 극단적 배제와 차별의 문화가 낳아온 결과인 것이다. 이런 점에서 현재의 남남갈등은 '진보-보수'라는 대립구도로 설명되어질 수 없으며, 오히려 반공-안보의 담론이 그에 저항하는 담론을 일방적으로 억압했던 역사적 산물이라 할 수 있다. 김대중 정부 시절부터 본격화된 남남갈등은 그러한 억압과 저항이 시민사회의 공간에서 표출된 것이라 할 수 있고, 한편으로는 앞서 말했듯이 반공-안보의 기득권 세력의 위기감이 드러난 것이라 할 수 있다.

이러한 판단은 현재의 남남갈등이 중립 혹은 진보와 보수의 대화 등의 제3의 길 찾기를 통해서 해소될 수 없으며, 오히려 민주주의와 평화와 정의 등의 보편적 가치를 통한 담론의 재편성을 통해서만 건전한 갈등으로 전환될 수 있음을 의미한다.[27] 그러기 위해서는 우리 사회의 민주주의적 가치 그리고 평화와 정의에 대한 보편적 가치의 확산과 강화가 든든하게 밑받침되어야 한다. 그것은 현재의 남남갈등이 공존보다는 차별과 배제, 신뢰보다는 갈등과 불신, 평화가 아닌 전쟁과 대립을 자양분으로 하고 있기 때문이다.

한반도 전쟁의 종식, 평화체제의 구축 등은 그 자체로도 중요하지만, 더욱 중요한 것은 지금까지 분단과 전쟁의 틀에 갇혔던 우리의 사상, 사고를 더욱 넓은 지평으로 해방시킨다는 것이며, 또 다른 세계를 꿈꾸게 하는 것을 가능케 한다는 것이다. 이런 상황에서는 그야말로 '보수의 가치'와 '진보의 가치'가 공정하게 경쟁할 수 있을 것이며, 민주주의적 원칙 속에서 갈등을 관리하거나 또 다른 가치를 창출해낼 수 있을 것이다. 여기에 최근 우리 사회의 세대 갈등이 보여주고 있는 것처럼 - 대표적으로 평창 올림픽에서의 여자 아이스하키 단일팀을 둘러싼 논쟁 - 보편적 가치로서의 정의, 공정, 평화 등이 중요해지고 있으며, 이를 포용하지 않는 북한-통일 정책이 정당성을 얻는 것이 힘들어지고 있다.[28]

---

27 이런 점에서 일각에서 남남갈등의 해소의 방도로 제기하는 양 극단을 제외한 중도의 모색 역시 민주주의적 역량의 강화와 보편적 가치를 통한 공존에 대한 최소한의 합의가 없는 한 불가능하다고 할 수 있다.

28 그렇다고 평창 올림픽 단일팀 논란에서 보여준 거부감(?) 혹은 문제제기를 근원적인 대북-통일 정책의 반대라고 해석해서는 안 된다. 중요한 것은 이를 계기로 변화된 환경에서 합리적이고 건설적인 정책을 더욱 적극적으로 고민해야 한다는 점이다. 과거의 틀에 얽매어서도 안 되지만, 세대간 갈등을 이유로 남북 화해와 협력에 소극적으로 대처해서도 안 된다.

더 나은 한반도를 꿈꾸게 하고, 실제 만들어가는 것이 파괴적 남남갈등을 막고 건전한 정책 경쟁으로 이끌어가는 근원적인 해결방도일 것이다. 확고한 민주주의, 신뢰와 연대, 화해와 협력의 보편적 가치의 확산과 이에 근거한 정책의 수용 등이 있어야 할 것이다. 냉전의 분단-안보-전쟁의 패러다임이 근원적으로 의심받고 있고, 해체되어가고 있는 현실의 조건에서 우리가 추구해야 할 것은 바로 우리의 민주주의적 역량을 더욱 강화하고, 보편적 가치에 대한 사회적 합의에 기반한 건전한 정책 경쟁을 이끌어나가는 것이어야 할 것이다.

5. 나가며

그간 남남갈등은 우리 사회에 수 많은 부작용을 만들어내었다. 일각의 평가에 의하면 2011년 기준으로 한국의 사회갈등 수준은 OECD 조사대상 24개국 중 5위, 사회갈등 관리지수는 34개국 가운데 27위이며, 이로 인해 발생하는 경제적 비용이 연간 최대 246조원에 이른다고 한다.[29] 남남갈등은 눈에 보이지 않는 엄청난 사회적 비용을 발생시켜왔던 것이다.

또한, 남남갈등 해소를 위한 다양한 노력도 진행되었다. 진보와 보수의 대타협과 사회적 합의(혹은 국민적 합의) 등의 이름으로 갈등하는 두 당사자간의 대화도 진행되었다. 그러나 지금까지 이러한 노력은 별다른 성과를 거두기 어려웠다. 그것은 현재의 남남갈등이 가치관 갈등과 이해관계 갈등이 복합적으로 얽히면서 대화를 통한 해소가 쉽지 않았던 데에 이유가 있다. 그러나 더 큰 원인은 갈등의 근원인 한반도의 갈등구조 자체가 온존되면서, 분단-냉전의 구조에 기댄 갈등의 뿌리를 뽑아내지 못하

29 유희정 · 이숙종, 앞의 글, 40쪽.

였기 때문이다. 이 때문에 단순히 북한-통일 정책, 미국과의 관계 등으로부터 비롯된 갈등이 전 사회적인 영역으로 '편가르기'로 확산되었고, 정권에 따른 호오(好惡)를 앞세우면서 정책이 아닌 이념적 가치 지향만으로 갈등이 지속되었다. 이는 현재의 한반도의 냉전 구조가 청산되지 못한 채, 형식적으로는 이념 갈등의 성격을 띠지만, 다른 한편으로는 한반도 냉전 구조에 따른 이해관계에 깊이 얽매인 채로 갈등이 진행되었기 때문이다. 따라서 현재의 남남갈등을 전환시키기 위해서는 현재의 구조적 변동에 따른 새로운 가치, 새로운 지향점을 가져는 방식이 되어야 한다.

다행스럽게 현재 한반도는 그 동안의 분단-냉전 체제가 균열되고 있고, 이에 기댄 갈등의 첨예화는 점차 설득력을 상실하고 있다. 그렇다고 이러한 구조의 변동이 자연스럽게 갈등을 해소시키지는 못한다. 오히려 새로운 갈등이 탄생할 수 있는 새로운 사회적 구조가 형성되고 있기 때문이다. 최근 제주도 예멘 난민 사태를 둘러싼 사회적 갈등, 여성 '문제'를 둘러싼 사회적 갈등 등에서 보이듯이, 새로운 혐오와 적대의 갈등 구조가 등장하고 있기도 하다. 이러한 갈등이 지난 날 북한과 통일 문제를 둘러싸고 벌어졌던 남남갈등처럼, 서로에 대한 '죽고 죽이기'식의 모습을 보이고 있는 우려스러운 상황이 벌어지고 있다. 그럼에도 분명한 것은 지금 우리가 문제 삼고 있는 분단-냉전 체제에 근원을 둔 '남남갈등'이 변화할 수밖에 없다는 것이다. 그것은 이를 가능케 했던 '분단-냉전 구조'의 변화가 시작되고 있기 때문이다.

앞으로의 갈등은 지금과는 다른 지점에서 생산-재생산 될 것이다. 이러한 갈등을 관리하고 건설적인 사회 발전의 동력으로 만들어내기 위해서는 당사자간의 대화와 소통만이 아니라 더욱 중요하게는 우리 내부의 민주주의적 가치의 증진과 역량의 강화가 요구된다. 또한, 보편주의적 가치에 기반하여 북한-통일 문제에 대한 민족주의적 가치와의 창조적 결합이 필요로 된다. 이미 평창 올림픽의 여자 아이스하키 단일팀 사례에서 보듯이, 오히려 갈등의 중심이 과거형의 민족주의적 가치에 대한 세대간 갈등이 부상하고 있다. 보편주의와 민족주의 등의 이분법적 가치 갈등은 결코 바람직하지 않으며, 새로운 한반도, 남북관계를 만들어가는 데 전혀 도움이 되지 않는다. 우리에게 요구되는 것은 이분법적 대립의 시선이 아니라 사회에 다양하게 존재하는 가치관과 이해관계를 조정하고 통합하는 것이라 할 것이다. 특히, 북한-통일 문제에 있어서는 필연적으로 뒤따르는 민족주의적 가치와 보편주의적 가치의 결합이라고 할 수 있다. 가장 중요한 것은 바로 이 과정에서 우리의 민주주의가 더욱 성숙해지는 방향으로의 건전한 갈등을 만들어내는 것이라 할 것이다. 그리고 이 과정은 곧 지금까지 우리를 가둬놓았던 과거의 프레임으로부터 벗어나서 새로운 프레임으로 세상을 보는 것이라 할 것이다.

참고문헌

권숙도, 「구성주의적 관점에서 본 남남갈등의 이해」, 『사회과학연구』 18권 1호, 경성대 사회과학연구소, 2012.

김재한, 「남남갈등과 대북 강온정책」, 『국제정치연구』 9집 2호, 동아시아 국제정치학회, 2006.

서문기, 「한국의 사회갈등 구조 연구: 갈등해결 시스템을 모색하며」, 『한국사회학』 38집 6호, 한국사회학회, 2004.

서중석, 「1950년대와 4월 혁명기의 통일론」, 『통일시론』 1999년 3호, 청명문화재단, 1999.

손호철, 「분단과 남남갈등」, 『현대 한국정치』, 이매진, 2011.

송정호, 「한국의 대북정책과 국내정치: 남남갈등과 국민합의를 중심으로」, 북한연구학회 하계학술회의 발표문, 2011.

유희종 · 이숙종, 「한국 사회 갈등의 원인 및 관리에 대한 연구: 갈등유형별 특성을 중심으로」, 『한국사회』 17집, 고려대 한국사회연구소, 2016.

윤민재, 『중도파의 민족주의 운동과 분단국가』, 서울대출판부, 2004.

윤성이, 「한국사회 이념갈등의 실제와 변화」, 『국가전략』 12월 4호, 세종연구소, 2006.

이상신, 「북한 이미지 결정요인 연구: 북한에 대한 인식과 남남갈등」, 『21세기정치학회보』 24권 3호, 21세기정치학회, 2014.

장우영, 「이념갈등의 부침과 개혁방안 모색」, 『사회과학논총』 13집, 대구가톨릭대 사회과학연구소, 2014.

정영철, 「남남갈등의 변화양상: 갈등의 전개양상과 특징을 중심으로」, 『대북정책에 대한 소통증진 방안연구』, 제주평화연구원, 2010.

정영철, 「남북관계의 구조와 국면, 그리고 국내정치」, 『경제와사회』 115호, 비판사회학회, 2017.

정영철, 「분단극복의 유일한 길: 연대와 협력」, 『시민과 세계』 17호, 참여사회연구소, 2010.

정영철, 「유령처럼 떠도는 북한붕괴론, '3-3-3 가설' 부활하나: 북한 정보와 해석의 정치학」, 『프레시안』 2010년 4월 7일.

주봉호, 「남한 사회 남남갈등의 양상과 해소방안」, 『한국동북아논총』 제64집, 한국동북아학회, 2012.
채진원, 「남남갈등에서의 정치적 양극화와 중도정치」, 『통일인문학』 제69집, 건국대 인문학연구원, 2017.
천대윤, 『갈등관리 전략론』, 선학사, 2001.

김정은시대 북한의 문화유산정책 변화와 남북교류

정창현

1. 서 론

북한은 민족문화유산을 3가지 종류로 나누고 있다. 첫째로 이어받아야 할 것과 둘째로 보존해 두기만 할 것, 셋째로 폐기해야 할 것이다. 북한은 이들 유산 중 첫째 유형을 민족문화의 전통으로 규정한다. 해방 후부터 민족문화유산 보호에 관심을 보인 북한은 1985년대 중반 '주석명령 제35호' 발표와 1994년 문화유물보호법 제정을 통해 문화유산 보존관리체계를 완성했다.

그러나 1990년대 중반부터 이른바 '고난의 행군'이라는 최악의 경제난을 겪으면서 문화유산 보존관리체계는 사실상 붕괴됐고, 많은 유물이 해외로 유출되기도 한 것으로 전해진다. 2000년대에 들어와 북한은 남쪽의 지원에 힘입어 일부 사찰을 중심으로 복구 및 보수를 진행했지만 여전히 지방의 문화유산은 열악한 보존상태에 있는 것으로 파악된다.

김정은체제 출범이후 북한은 '세계적 추세'를 수용해 문화유산 법제를 정비하고, 일부 문화유산의 분류체계도 변경했다. 2014년 김정은 국무위원장은 조선노동당 중앙위원회 책임일군들과 한 담화에서 "민족유산보호사업은 우리 민족의 역사와 전통을 빛내이는 사업"이라고 민족유산의 보존과 활용을 강조함으로써 남한뿐만 아니라 해외와의 문화교류가 활성화될 수 있는 길을 열어놓았다.

남과 북이 문화유산을 매개로 소통하고, 교류하기 위해서는 먼저 북한의 문화유산 정책과 그 변화과정, 문화유산의 관리체계 등에 대한 이해가 선행되어야 한다. 특히 김정은체제에 들어와 변화된 정책과 세부 내용을 파악할 필요가 있다.

2018년 남과 북은 4.27판문점선언과 9월 평양공동선언을 통해 전면적이고 다방면의 문화교류를 추진하기로 합의하였다. 정책적으로도 남북화해협력단계에서는 정치논리나 상황과 상관없이 문화유산을 매개로 한 교류협력을 더욱 확대해 나갈 필요성이 있고, 이러한 노력이 장기적이고 지속가능한 남북 협력으로 갈 수 있는 디딤돌 역할을 할 수 것이다.

이 논문에서는 북한의 전반적인 문화유산정책과 보존관리체계 속에서 민족유산보호법을 중심으로 최근 김정은시대에 변화된 정책기조와 세부 내용을 분석하고 남북교류에 주는 시사점을 도출하고자 했다.

2. 김일성 · 김정일시대 북한의 문화유산 정책

해방 후 북한의 문화유산 정책은 큰 틀의 문화정책 속에서 '애국주의 교양'과 '문화유산의 보존'이라는 측면에서 이뤄졌고, 이러한 정책은 김일성 · 김정일시대에 걸쳐 일관되게 유지, 계승되었다. 다만 시기적 과제에 따라 강조점이 조금씩 달라졌다. 북한의 사상정책 변화와 정권 교체를

기준으로 크게 여섯 시기로 세분화할 수 있다.[1]

제1기에 해당하는 해방직후 북한의 문화정책은 일제 잔재 청산과 민족문화 건설에 초점이 맞춰져 있었다.[2]

이 시기 북한은 민족문화의 건설이라는 측면에서 문화유산의 보존과 활용에 주목했다. 1945년 9월 19일 입국한 김일성은 10월 3일 평양의 대동문, 연광정, 을밀대 등을 둘러본 것을 시작으로 1946년 10월까지 평양의 주요 역사유적을 여러 차례 현지지도했다.

북조선임시인민위원회는 1946년에 「보물, 고적 명승, 천연기념물 보존령」을 제정했고, 정부 수립 후인 1948년 11월에는 「문질문화유물보존에관한규정」을 제정했다. 이 규정은 모두 8조로 이뤄져 있으며 역사상의 기념물 및 학술연구상의 귀중한 자료가 되는 유적, 건조물, 회화, 공예품, 전적 등 유물은 '조선물질문화유물조사위원회'에서 보존 관리하도록 했다.

또 1948년에는 내각에서 「조선물질문화유물조사보존위원회에 관한 결정서」를 채택했다. 이에 따라 내각 직속으로 조선물질문화유물조사위원회가 설치되었다.[3]

북한이 일찍부터 '민족문화유산의 계승 발전'을 표방하며 문화유물에 관한 법령을 제정해 민족문화 유산을 법적으로 보호, 보존하는 조치를 취한 것이다. 북한은 이 시기에 북한 전지역의 문화유물 조사와 보존, 복구에 치중하였다.

제2기에 해당하는 1950년 전쟁 때부터 1967년까지의 시기는 파괴된

---

1 정창현, 『인물로 본 북한현대사』, 선인, 2011, 46쪽; 정창현, 「북한 현대사의 시기구분」, 『남북현대사의 쟁점과 시각』, 선인, 2009 참조.

2 시기별 북한의 문화유산정책의 변화추이는 북한연구학회, 「민족문화유산 보존 · 활용 중장기 발전방안 연구」, 국립문화재연구소, 2016.12, 제2장 참조.

3 「'조선물질문화유물 조사보존위원회에 관한 규정'에 관한 승인서-내각 결정 제125호」, 『남북관계사료집』 22, 국사편찬위원회, 1995, 123쪽.

문화재의 복구와 사회주의제도 정착에 따른 사회주의 문화이론이 전면에 등장한 시기이다. 전쟁이 끝난 후 북한은 파괴된 역사유적들을 복구하는 데 주력하면서 문화유물을 주민들의 계급교양에도 활용했다. 또한 김석형 등 남쪽에서 올라간 역사학자, 고고학자들이 주력이 돼 평양 인근의 문화유물의 조사발굴에도 착수했다. 1952년 조선과학원이 설립되고, 문화유물 발굴조사 전담기관이 설치됐으며, 전문요원 양성 등을 위한 체계적인 제도개혁도 단행됐다.[4] 1957년 말까지 북한은 중앙 직영으로 유적 260개소와 명승지 12개소, 천연기념물 43개소를 지정 관리하였고, 이외의 유적들은 도 · 시 직영유적으로 등록케 하여 리(里)인민위원회를 중심으로 한 관리위원회와 주민협조로 보존 관리하도록 조치했다.[5]

이 시기에 문화유산 정책을 지도하는 노동당의 선전분야는 연안파와 갑산파가 주도했다. 1970년대에 김일성이 비판했듯이 이때 북한의 문화유산 정책에는 '민족허무주의적 경향과 복고주의적 경향'이 있었던 것으로 추정된다. 민족허무주의적 입장이란 우리 민족이 사회주의 혁명 이전에 지니고 있었던 모든 것을 봉건적이거나 자본주의적이라는 이유로 폐기해버리는 잘못된 태도를 의미하며, 1950년대에 일부 소련파와 연안파들이 '민족허무주의적 입장'이란 이유로 비판됐다. 또 복고주의적 경향이란 지난날의 것은 덮어놓고 되살리며 찬미하는 경향을 의미하며, 문학가 한설야, 무용가 최승희 등이 '복고주의적 경향'이란 비판을 받으며 1960년대에 숙청됐다.[6]

---

4 조선과학원 산하 연구소 중 8개 연구소가 분리돼 1964년 2월 17일 사회과학연구기관들의 지도적인 연구기관으로 사회과학원이 창설된다. 현재 사회과학원 산하에는 역사연구소, 철학연구소, 경제연구소, 법학연구소, 언어학연구소, 주체문학연구소, 고고민속연구소, 민족고전연구소, 주체사상연구소 등 여러 연구소가 설치되어 있다.

5 최오주, 「남북통일대비 문화재보존관리 정책연구」, 호남대 박사학위논문, 2008, 72쪽.

6 안병우, 「민족문화유산 평가의 기준과 내용」, 『북한의 한국사인식』, 한길사, 1990, 414쪽.

김일성은 민족허무주의적 경향과 복고주의적 경향 모두를 경계하고, 민족문화유산을 잘 보존하면서도 그 가운데에 진보적이고 인민적인 것을 비판적으로 계승 · 발전시켜야 한다는 점을 강조했다.[7] 김일성은 여러 차례 교시를 통해 민족문화유산을 잘 보존해야 한다는 점을 강조했는데, '허무주의를 반대하는 것과 함께 지난날의 것을 덮어놓고 다 그대로 살리려는 복고주의적 경향도 철저히 반대'해야 하며, 그럼으로써 '민족문화유산 가운데서 뒤떨어지고 반동적인 것은 버리고 진보적이며 인민적인 것은 오늘의 사회주의현실에 맞게 비판적으로 계승 발전시켜야'한다고 원칙을 제시했다.[8]

제3기는 1967년부터 1980년 노동당 6차당대회까지의 시기로 북한에서 유일사상체제 구축과 주체사상이 본격적으로 등장한 시기이다. 이 시기에는 안학궁터 등 역사유적 발굴, 조사, 정비사업이 대대적으로 진행됐다. 특히 복고주의적 경향을 반대하는 혁명주의적 민족문화 건설을 표방한 북한은 1972년에 채택한 '사회주의헌법' 제37조에서 민족문화 유산을 "사회주의 현실에 맞게 계승 · 발전"시킨다고 명문화했다.

제4기는 1980년 이후부터 김정일 사망 때까지로 민족주의에 대한 재평가와 '우리민족제일주의'가 구호로 등장하면서 민족문화유산의 보존 및 발굴이 적극적으로 추진된 시기이다.[9] 특히 1980년 조선노동당 6차당대회를 계기로 공식 석상에 모습을 드러낸 후계자 김정일의 문화유산 정책이 구체화된 시기이다. 이 시기에 북한은 상원검은모루동굴유적 출토

---

7 김일성, 「역사 유적과 유물을 잘 보존할 데 대하여」, 『김일성 저작집』 12권, 평양:조선로동당출판사, 1981, 229쪽.

8 『김일성저작집』 25권, 조선로동당출판사, 30쪽. 『문학예술사전(상)』, 과학백과사전종합출판사, 1988, 808-810쪽에서 재인용.

9 북한이 내세운 '우리민족제일주의'의 성격에 대해서는 정영철, 「북한 민족주의의 전개와 그 특징: 1980년대와 1990년대를 중심으로」, 『현대북한연구』 4권 2호, 북한대학원대학교, 2001 참조.

유물을 근거로 하여 평양을 한민족 기원 발생지라고 주장했고, 한반도 최초의 삼국통일 국가는 신라가 아니고 고려라고 주장하는 등 고조선-고구려-고려로 이어지는 역사전통성을 내세웠다.

북한은 먼저 '민족사적 정통성'을 입증하기 위해 동명왕릉(1993. 5)과 단군릉(1994. 11)을 발굴, 복원하고 단군→고구려→발해→고려→북한'으로 이어지고 있음을 부각시켰다. 우리 민족의 유구한 투쟁의 역사를 역사유적으로 증명하고, 이를 주민들에게 교양하려는 북한의 의도가 뚜렷하게 나타났다.[10]

북한의 민족주의론은 일시적이고 상황에 의존하는 미봉적인 것이 아니라 남북대화와 통일과정을 염두에 둔 것으로 볼 수 있다. 북한은 이러한 민족주의 강화의 뿌리를 민족의 오랜 역사적 뿌리인 문화유산에 두고 있는 것이다. 민족주의의 감정이 오랜 역사적 과정을 통해 형성됐다는 점을 감안하면 민족적 긍지와 자랑찬 역사에 대한 강조는 결국 민족주의의 강화로 연결될 수밖에 없었다.

이러한 사상정책적 변화에 따라 북한은 1985년 7월 11일 「조선민주주의인민공화국 주석명령 제35호」를 발표했다.[11] 북한이 "민족문화유산 보존부문에서 항구적으로 틀어쥐고 나가야 할 지도적 지침"이라고 선전하는 이 명령의 핵심은 문화유산 보호를 위해 '전사회적인 관리체계'를 제시하고 4월과 11월을 '문화유적애호월간'으로 정한 것이다.

김일성 주석은 이 명령을 통해 문화유적과 유물이 가지는 중요성, 노동당과 정부가 민족문화유산보존관리를 위해 실시한 정책과 그 결과 이룩된 성과를 개괄하고, 현실발전의 요구에 맞게 문화유산을 보존관리 하기

10 이 시기 북한학계의 성과에 대해서는 정창현, 「북한의 문화유산 정책과 관리체계」, 『통일인문학논총』 제53집, 건국대 인문학연구원, 2012, 232-235쪽 참조.

11 「[해설] 조선민주주의인민공화국 주석명령 제35호 『문화유적유물보존관리사업을 강화할데 대하여』」, 『민족문화유산』 2호, 과학백과사전출판사, 2002.

위한 사업을 더 잘 해 나가기 위한 대책들을 6개 조항으로 제시했다.

김일성은 발전하는 현실의 요구에 맞게 나라의 귀중한 문화유산을 보존관리 하기 위한 사업을 잘 하기 위하여 정연한 사업체계를 세울 것을 강조했다. 문화유적과 유물을 보존관리 하는 사업은 일부 간부들의 힘만으로는 잘 할 수 없으며 모든 기관, 기업소, 단체와 개별적 '공민'들이 전 사회적으로 동원되어야 원만히 할 수 있다는 것이다.

김일성 주석은 "문화유적과 유물을 사회적으로 보존관리 하는 정연한 사업체계를 세울 것이다"라며 이를 위해 3가지 방안을 내놓았다.

1) 도, 시, 군행정 및 경제지도위원회들에서는 각급 학교들과 기관, 기업소, 단체들에 문화유적과 유물보존관리대상을 정확히 분담해 주고 그 관리정형을 정상적으로 장악지도 하여야 한다.

2) 인민무력부, 사회안전부를 비롯하여 위수구역을 가지고 있는 기관들에서는 자기 관할구역안에 있는 문화유적과 유물보존관리사업을 책임적으로 맡아 하여야 한다.

3) 해마다 4월과 11월은 문화유적애호월간으로 하며 이 기간에 모든 기관, 기업소, 단체들에서는 문화유적유물에 대한 보수관리사업을 집중적으로 조직진행해야 한다.[12]

'주석명령 제35호'는 북한에서 '우리민족 제일주의'가 공식 제기되기 전이지만 북한 내부에서 민족 개념의 재정립과 민족주의에 대한 재평가를 기초로 문화유산에 대한 전면적인 발굴 및 개건, 보존체계의 재수립을 위한 출발점이었다. 이 명령이 나온 고조선과 고구려시기 유적에 대한

---

12 「[해설] 조선민주주의인민공화국 주석명령 제35호 『문화유적유물보존관리사업을 강화할데 대하여』」, 『민족문화유산』 2호, 과학백과사전출판사, 2002. 인민무력부와 사회안전부는 현재 인민보안성과 인민보안성으로 각각 이름이 바뀌었다.

대대적인 발굴작업이 시작됐기 때문이다.

'주석명령 제35호'를 통해 북한은 과거 리(里)인민위원회를 중심으로 한 관리위원회와 주민협조로 보존 관리되던 문화유산을 '전 사회적 관리체계'란 이으로 정식화 하고, 각 기관들이 담당해야 할 역할을 세부적으로 규정했다고 할 수 있다.

제5기는 문화유물보호법이 제정 후 교시와 명령으로 집행되던 문화유물관리가 법제화된 시기이다.

1993년 12월 김일성은 「민족문화유산을 옳게 계승발전시키기 위한 사업을 더욱 개선강화할 데 대하여」란 글을 통해 민족문화유산의 계승발전을 강조했고, 이에 따라 기존의 「역사유적과 유물보존에 관한 규정」(1992)을 대체해 1994년 4월 문화유물보호법(6장 52조)이 제정됐다. 그리고 다음해 12월 명승지 · 천연기념물 보호법(4장32조)을 채택해 유적유물과 천연기념물 등의 보존 사업을 법제화 해 '전사회적인 관리체계'로 완비했다.[13]

유물보호법 제6조는 문화유물보호관리사업을 철저히 전국가적, 전사회적운동으로 전환하며 중앙으로부터 도 · 시 · 군에 이르기까지 문화유물보호관리를 위한 지도체계를 세우고 전문관리기관 외에 광범한 군중을 망라하는 '사회적 담당관리제'를 실시한다는 것을 명문화했다.[14]

총 6장으로 구성된 이 법은 북한이 민족문화유산을 보호 관리하면서 이룩한 성과들과 경험들에 기초하여 문화재보존과 관리에서 나타나는 원칙적 문제들을 법적으로 규정한 문화보존부분의 기본법규이다. 〈표 1〉에서 알 수 있듯이 이후 여러 차례 개정이 되었지만 법률의 기본 틀은

13 북한의 명승지정책에 대해서는 이우영, 「북한 명승지 정책의 성격」, 『통일인문학논총』 제53집, 건국대 인문학연구원, 2012 참조.

14 리기웅, 「[법제해설] 『조선민주주의인민공화국 문화유물보호법』해설(1)」, 『민족문화유산』 1호, 과학백과사전출판사, 2001.

<표 1> 북한의 문화유산 관련 법제 변화

구분	문화유물보호법 (1994년)	문화유산보호법 (2012년)	민족유산보호법 (2105)	개정 민족유산보호법 (2019년)
전체	6장 52조	6장 58조	6장 62조	6장 70조
제1장	문화유물보호법의 기본	문화유산보호법의 기본	민족유산보호법의 기본	세부 내용 공개되지 않음
제2장	문화유물의 발굴과 수집	문화유산의 발굴과 수집	민족유산의 발굴과 수집	
제3장	문화유물의 평가와 등록	문화유산의 평가와 등록	민족유산의 평가와 등록	
제4장	문화유물의 보존관리	문화유산의 보존관리	민족유산의 관리와 리용	
제5장	문화유물의 복구 개건	문화유산의 복원	민족유산의 복원	
제6장	문화유물보호사업에 대한 지도 통제	문화유산보호사업에 대한 지도통제	민족유산보호사업에 대한 지도통제	

변화되지 않았고, 사회변화에 따라 지도 통제와 관련된 일부 조항이 추가되고 있다.

북한의 문화유산 정책과 관리를 맡고 있는 최고의 행정기관은 내각 산하에 있는 문화성이다. 물론 당 우위의 정치운영구조를 갖고 있는 북한의 특성상 문화성은 조선노동당의 전문부서인 선전선동부의 당적 지도를 받는다. 노동당 선전선동부가 문화유산 정책에 대한 기본방향을 설정하면 문화성이 그 방향에 맞게 행정 · 실무적으로 집행하는 사업을 총괄한다.

문화성은 문화유산의 보존 및 관리를 위해 산하에 문화유물보존관리국과 박물관, 문화유적관리소 등을 두고 있다.[15]

북한의 역사유적과 유물의 보존관리는 일차적으로 문화유적관리소와 역사 및 민속박물관들과 같은 전담 관리기관들이 담당한다. 그밖에 유적

15 문화유물보존관리국은 2015년 민족유산보호법 제정이후 민족유산보호지도국으로 개칭되었다.

유물을 가지고 있으면서 보존관리를 위임받은 개별적인 기관 · 기업소 · 단체와 공민들 그리고 사회적 담당기관들도 유적유물의 보존관리에 책임을 지고 있다.[16]

유물보호법 제6장에는 문화유물보호사업을 담당한 각급 지도기관들과 기업소의 임무, 문화유물보존사업과 관계되는 연관기관들의 임무, 문화유물보호에 관한 감독통제사업과 그 내용에 대하여 상세히 규정하고 있다.

이에 따르면 문화유물보호사업에 대한 통일적인 지도는 중앙문화유물보존지도기관이 한다. 여기서 문화유물보호사업에 대한 국가적인 지도를 맡도록 규정된 중앙문화유물보존지도기관은 문화성 산하의 문화유물보존관리국을 지칭한다.[17] 문화유물보존관리국의 임무는 전국의 문화유물에 대한 보호관리를 통일적으로 장악하고 지도하는 것이다.

또한 문화유물보존관리국은 지방인민위원회와 각 지방 해당기관과 협의해 각 지역 안의 문화유물보존관리에 대한 분담을 조직하고 문화유물보존관리계획을 세워 집행하도록 한다.

문화유물보호법이 법제화 되면서 역사유물의 소유 및 관리체계가 강화됐고, 문화유산의 대외교류도 강조되기 시작했다.

북한은 1994년 문화유물보호법을 제정한 후 역사유적에 대한 평가와 지정체계도 바꿨다. 이전에는 지정보물, 지정고적으로 지정관리 돼 왔는데, 문화유물보호법 제정이후에는 역사유적을 국보문화유물, 준 국보문화유물, 일반문화유물로 구분하기 시작했다. 이 과정에서 대동문 대신 평양성이 국보유적 제1호로 지정됐다. 1980~90년대에 안학궁터, 단군릉, 동명왕 등 새로 발굴되거나 개건된 고조선과 고구려시기 유적들이

---

16 조선민주주의인민공화국유물보호법 제23조는 "문화유물보존관리는 문화유물보존기관과 역사유물을 보관하고 있는 기관, 기업소, 단체와 공민이 한다"라고 규정했다.

17 리기웅, 「[법제해설] 『조선민주주의인민공화국 문화유물보호법』 해설(5)」, 『민족문화유산』 1호, 과학백과사전출판사, 2002.

재평가되고, 새로 역사유적으로 지정하는 과정에서 개편된 것으로 보인다. 대체로 평양과 평양 인근의 역사유적들이 앞 번호로 지정됐다.

북한은 문화유물보호법을 제정해 문화유산 보존관리체계를 완성했다. 그러나 곧바로 김일성 주석의 사망(1994년), 이른바 '고난의 행군'이라는 최악의 경제난을 겪으면서 문화유산 관리에도 소홀할 수밖에 없는 상황이 되었고, 많은 역사유적이 해외 유출되거나 피해를 입었다. 2000년대에 들어와 북한은 전국의 사찰을 중심으로 대대적인 문화유산 복구 및 수리를 진행하였다. 다만 지방의 문화유산은 여전히 열악한 보존상태에 있는 것으로 파악된다.

문화유산을 활용한 대외교류도 별반 성과가 없다가 1999년 북한이 '전방위 외교정책'으로 전환하고 2000년 북중 정상회담과 남북정상회담이 이뤄지면서 남북 간 문화유산분야 교류가 활성화되기 시작했고, 이를 기반으로 2004년 고구려고분군의 세계문화유산 등재가 성사됐다. 이러한 남북교류는 이후 남북 문화재 교류와 북한의 문화유적에 대한 접근 확보, 남북학계 간 교류 및 협력, 중국의 동북공정에 대한 공동 대응 등에 긍정적 영향을 미쳤고, 김정은시대 문화유산정책에도 그대로 반영되었다.

제6기는 2012년 김정은체제가 출범한 후 '세계적 추세'를 수용해 문화유산 관리체계가 일부 변화된 시기이다. 2012년 김정은 체제 출범이후 북한의 문화유산 정책은 문화유산 관련 법제가 개정되고, 2014년 10월 김정은이 직접 "민족유산보호사업은 우리 민족의 역사와 전통을 빛내는 애국사업"이라고 강조하면서 눈에 띄게 변화하고 있다. 북한은 역사유물들이 없어지거나 못쓰게 된 사실, 명승지의 환경파괴 현상 등 과거 남한이 지적했던 사안들을 솔직하게 시인하고, 이러한 현상을 개선하려는 적극적인 움직임도 보여주고 있다. 특히 2012년 문화유산보호법과 2015년 민족유산보호법이 제정되면서 문화유산 분류체계가 상당히 변화되었다.

3. 김정은시대 북한 문화유산정책의 변화와 특징

1) 문화유산정책 변화의 배경적 이해 – '세계적 추세' 수용과 '실리' 추구

북한은 2016년 5월 6일부터 9일까지 36년 만에 조선노동당 7차대회를 개최했다. 당대회 기간 동안 북한을 이끄는 조선노동당은 김정은 위원장의 개회사와 사업총화보고, 당대회 사업총화결정서 채택, 폐회사, '전체 인민군 장병들과 청년들, 인민들에게 보내는 조선노동당 제7차대회 호소문' 등을 통해 1980년 6차당대회이후 진행된 사업을 총화하고 향후 추진할 노선과 정책을 제시했다.

총화보고는 '주체사상 · 선군정치의 위대한 승리', '사회주의 위업의 완성을 위하여', '조국의 자주적 통일을 위하여', '세계의 자주화를 위하여', '당의 강화발전을 위하여' 등 총 5개 제목으로 나눠 결산한 후 향후 과업을 제시했고, 이 내용은 거의 대부분 사업총화결정서에 그대로 담겼다.

큰 틀에서 보면 2009년부터 2010년까지 김정은 후계자시절 내부 토론을 거쳐 마련한 정책방향, 김정은 위원장이 2012년 4월 당중앙위원회 책임일꾼들과의 담화와 4월 15일 첫 공개연설에서 밝힌 기본방향, 그후 김정은 위원장 이름으로 나온 분야별 문건('노작과 담화'), 신년사, 현지지도에서 제시된 내용 등이 압축적으로 담겨 있다고 볼 수 있다.

북한은 후계자가 결정된 후 2009년부터 2010년 상반기까지 당 · 정 · 군의 실무간부들을 중심으로 상당한 토론과 협의를 거쳐 새로운 정책방향을 확정했다. 후계자가 강조한 두 개의 키워드는 '세계적 추세'와 '실리 추구'였다. 당시 정책 마련의 기준점은 1990년대 초반 김일성 주석 시절에 나온 마지막 정책노선이었다.[18]

---

18 정창현, 「김정은 시대 북한의 권력구조와 정책 전망」, 재단법인 동아시아연구원 보고서, 2012.6.20.

이렇게 마련된 정책방향을 준비, 확정하는 단계에서 새로운 정책방향에 맞게 김정일 위원장은 북중 및 북러관계를 개선하고, 남북정상회담과 북미접촉을 추진(이른바 '포괄적 대외전략')하는 한편 내부적으로 새로운 경제노선에 맞는 '본보기단위'를 집중 현지지도하고, 새로운 경제관리체계 시험, 경제특구 확대 등 '신경제정책'(실리사회주의의 전면화)의 토대 마련에 주력했다.

2012년 김정은 제1위원장 공식 승계이후에는 당 · 정 · 군에 '유일적 영도체계'를 확립해 나가면서 각 분야별로 김정은시대의 특색을 보여주는 정책을 구체화하기 시작했다. 물론 이러한 과정은 '자주의 길, 선군의 길, 사회주의의 길'이란 3대 기본정책 방향을 계승하면서 시대적 환경변화와 '세계적 추세'에 맞게 조정하는 것이었다.

7차당대회에서 제시된 정책방향은 이러한 일련의 내부 논의와 흐름을 반영해 종합적으로 체계화 해 제시됐고, '사회주의 완전 승리'라는 장기적 목표 아래 짧게는 5년, 길게는 10년의 추진목표로 내놓은 것으로 평가할 수 있다.[19]

그러나 '당사업총화보고'나 '당대회 사업총화결정서'에는 "사회주의문화와 생활양식 고수"라는 문화정책의 방향만 제시됐을 뿐 문화유산정책을 엿볼 수 있는 대목은 빠져 있다.[20] 문화유산 관련부분은 당대회에서

---

19 정창현, 「조선노동당 7차대회에서 제시된 북한의 노선과 정책방향」, 『통일뉴스』 2016.5.13. http://www.tongilnews.com/news/articleView.html?idxno=116613

20 '당사업총화보고'에서 문화정책과 관련해 언급된 대목은 다음과 같다. "제국주의의 사상문화적침투책동을 짓부시고 우리의 사회주의문화와 생활양식을 철저히 고수하여야 하겠습니다. 제국주의사상문화는 사람들의 건전한 정신을 마비시키고 사회주의의 기초를 무너뜨리는 위험한 독소입니다. 제국주의자들의 집요하고 악랄한 사상문화적침투책동을 혁명적인 사상문화공세로 짓부시며 우리 내부에 이색적인 사상문화와 변태적인 생활양식이 절대로 침습하지 못하게 하여야 합니다. 당원들과 근로자들,청소년학생들이 우리의 사회주의민족문화가 제일이라는 높은 긍지와 자부심을 가지고 우리의것을 귀중히 여기며 적극 살려나가도록 함으로써 온 사회에 민족적정서와 아름답고 건전한 사회주의생활기풍이 차넘치도록 하여야 합니다." 『로동신문』

'총화'될 정도의 비중을 갖지 못하기 때문인 것으로 추정된다. 다만 문화유산정책은 '사회주의 문명강국' 건설이라는 정책목표 아래 하부 과제로 설정돼 있는 듯하다.[21]

〈표 2〉 노동당 7차당대회 사업총화결정서에 나타난 북한의 노선과 정책

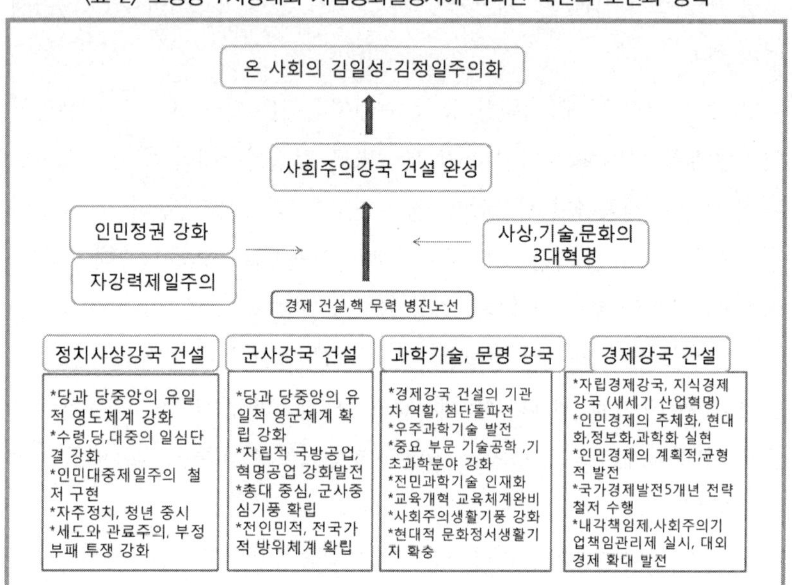

그러나 김정은시대에 들어와 문화유산정책이 소홀히 다뤄지고 있는 것은 아니다. 김정은체제 출범 첫 해인 2012년에 1994년 제정된 '문화유물보호법'을 대체하는 '문화유산보호법'을 새로 제정했고, 다시 3년 뒤인 2015년 7월 '민족유산보호법'(6장 62개항)을 공포했기 때문이다.

특히 김정은체제 들어와 3년만에 문화유산 관련 법제가 개정된 데는 김정은이 2014년 10월 24일 노동당 중앙위원회 책임일꾼(고위간부)들과

2016년 5월 7일.

21 '사회주의 문명국가'에 대한 북한 담론은 정창현, 『키워드로 본 김정은시대의 북한』, 선인, 2014, 167-175쪽 참조.

나눈 담화 「민족유산보호사업은 우리 민족의 역사와 전통을 빛내는 애국사업이다」가 직접적인 영향을 미친 것으로 평가된다.[22]

이 담화에서 김정은은 "북과 남, 해외의 온 겨레는 하나의 핏줄을 이어받은 단군의 후손들"이라며 "온 겨레가 민족 중시의 역사문제에 대한 공통된 인식을 가지며 민족문화유산과 관련한 학술교류도 많이 해 단군조선의 역사를 빛내는 데 이바지해야 할 것"이라고 밝혔다.

그는 이 담화에서 "민족유산보호지도국에서 국제기구와 다른 나라들과 교류사업도 벌여나가야 한다"며 "대표단을 다른 나라들에 보내 견문을 넓히도록 하고 다른 나라 역사학자들과 유산 부문 인사들과의 공동연구, 학술토론회도 조직하며 대표단을 초청해 우리나라의 역사유적과 명승지들에 대한 참관도 시켜야 한다"고 독려했다. 또한 "우리나라의 우수한 물질유산과 비물질유산, 자연유산들을 세계문화유산으로 등록하기 위한 활동을 계속해야 한다"며 "그렇게 하면 우리나라의 유구한 역사와 찬란한 문화, 우리 당의 민족유산보호정책을 대외에 소개선전하는 데도 좋을 것"이라고 강조했다.

민족문화의 계승 · 발전이라는 전통적인 정책기조를 재확인하면서도 민족문화유산 보호와 대외홍보를 위한 남북, 국제 교류의 중요성을 강조한 것이다. 김정은시대 북한의 정책방향이 계승을 표방하면서도 다른 한편 변화를 추구하고 있다는 점에서 문화유산정책에서도 대외교류 측면에 강조점을 두고 있다고 평가할 수 있다.

이밖에 김정은은 민족문화유산 보존관리와 관련해 역사유적유물의 원상 보존관리, 명승지 · 천연기념물 보호관리, 민족유산보호사업의 과학화 등을 제시했고, 역사박물관 등 '역사교양거점'을 활용한 교양사업, 박물관 · 유적 · 명승지 참관 · 견학 활성화 등을 거론했다. 또한 역사유적 ·

22 김정은, 「민족유산보호사업은 애국사업' 노작 발표 전문」, 『통일뉴스』 2014년 10월 30일. http://www.tongilnews.com/news/articleView.html?idxno=109569

유물의 보수, 민속공원 · 민속거리 · 역사박물관 건설, 민속놀이와 풍습 장려, 민족고전의 연구 및 출판 등을 구체적인 사업으로 제시했다.

이러한 문화유산 정책방향은 김정은체제 출범이후 강조되고 있는 '세계적 추세' 수용과 관련이 있다. "인민의 구미에 맞는 민족고유의 훌륭한 것을 창조하는 것과 함께 다른 나라의 좋은 것은 대담하게 받아들여 우리의 것으로 만들어야 한다"는 김정은의 말이 이를 잘 보여준다.

'세계적 추세'는 김정은 국무위원장이 가장 많이 쓰는 표현이다. 이 말의 의미는 "자기 땅에 발을 붙이고 눈은 세계를 보라!"라는 구절에 잘 나타나 있다. 2009년 12월 17일 김정일 위원장이 준공식을 앞둔 김일성종합대학 전자도서관에 보낸 친필명제의 한 구절이다.[23]

이 구호는 김정일 위원장의 이름으로 제시됐지만 사실상 김정은시대를 염두에 둔 것이라고 볼 수 있다. 이 구호가 나온 2009년은 새로운 후계자의 등장과 2차 핵실험의 성공으로 북한의 정세인식과 노선, 대내외 정책방향이 근본적으로 바뀌기 시작한 해이기 때문이다. '자기 땅에 발을 붙이고'는 김일성 · 김정일시대의 계승을, '눈은 세계를 보라'는 김정은시대의 지향성을 드러낸다. 특히 '눈은 세계를 보라'는 구호는 단순히 세계적인 것을 받아들인다는 차원에 그치지 않고 기존의 사고방식을 바꾸고, 모든 분야의 변화를 이끄는 기준점이 되고 있다.[24] 김일성종합대학을 비롯해 평양의 거리에는 이 구절을 새긴 구호판이 세워졌다.

북한이 개혁개방으로 나갈 수 있는 출발점인 사상과 이념의 변화는 없었다. 중국의 경우 개혁개방에 앞서 덩샤오핑(鄧小平)의 주도로 이념의 변화가 선행됐지만 북한에서는 김정은시대에도 그런 변화는 이뤄지지 않

23 북한은 이 말에 대해 "제 정신을 가지고 제 힘으로 일떠서면서도(일어서면서도) 배울 것은 배우고 받아들일 것은 실정에 맞게 받아들이며 모든 것을 세계최첨단수준으로 발전시켜 나간다는 것"이라고 설명한다. 정창현, 앞의 책, 11쪽

24 정창현, 앞의 책, 12쪽.

은 것이다. 그러나 김정일 위원장의 핵심 유훈으로 강조되고 있는 이 구호는 김정은시대에 북한이 변화를 추구할 수 있는 기준으로 작용하고 있다. '이념의 해방'은 이뤄지지 않았지만 '정책의 해방'은 가능해졌다는 것이다.

문화유산정책이 대외교류측면에 강조점이 두어진 것도 이와 관련이 있다. 해외 파견 노동자의 증가, 대학 간 교류와 유학생 확대, 인터넷 사용층의 확대 등도 '세계적 추세' 수용정책과 맥락이 닿아 있다.

문화유산분야의 해외교류 강조는 '실리' 추구와도 관련이 있는 듯하다. 김정은시대에 들어와 북한은 '우리식 경제관리방법' 확립을 강조하면서 '사회주의기업 책임관리제'를 실시하기 시작했다. 노동당 7차당대회에서도 김정은 위원장은 "공장, 기업소, 협동단체들은 사회주의기업 책임관리제의 요구에 맞게 경영전략을 잘 세우고 기업활동을 주동적으로, 창발적으로 하여 생산을 정상화하고 확대발전"시켜 나갈 것을 지시했다. 김정은 위원장은 2012년부터 지속적으로 경제관리방식의 개선을 지시했고, 이에 따라 새로운 기업경영방식과 협동농장의 포전담당제 도입이 시범적으로 실시해 왔다. 특히 김 위원장은 2014년 5월 30일 당 · 국가 · 군대기관 책임일군(간부)들과 진행한 담화 「현실발전의요구에 맞게 우리식경제관리방법을 확립할데 대하여」(5.30담화)를 통해 새로운 경제관리방법으로 '사회주의기업 책임관리제'를 제시한 바 있다.[25]

'사회주의기업 책임관리제'가 도입되면서 기업, 협동농장뿐만 아니라 각 기관들도 '독립채산제'가 도입되고, 실질적인 수익을 내는 '실리'를 추

25 김정은 위원장은 사회주의기업책임관리제를 "공장, 기업소, 협동단체들이 생산수단에 대한 사회주의적 소유에 기초해 실제적인 경영권을 갖고 기업활동을 창발적으로 해 당과 국가 앞에 지닌 임무를 수행하며, 근로자들이 생산과 관리에서 주인으로서의 책임과 역할을 다하게 하는 기업관리방법"이라고 정식화했다. 김치관, 「김정은 '5.30담화'와 상무조」, 『통일뉴스』 2015년 1월 6일
http://www.tongilnews.com/news/articleView.html?idxno=110421

구하지 않을 수 없게 됐다. 고구려고분군에 이어 개성을 세계문화유산으로 등재한 것은 문화유산보호를 위한 예산이 충분치 않은 상황에서 외부의 지원을 얻어 '실리'를 추구하려는 움직임으로도 볼 수 있다.

2) 김정은시대 변화된 문화유산정책의 세부내용

2009년 김정은이 후계자로 확정된 후 문화유산정책에 '세계적 추세'를 반영해 의미 있는 변화를 보이고 있다. 김일성 · 김정일시대 문화유산정책의 근간이 된 '주석명령 제35호'과 '문화유물보호법'의 틀을 유지하면서 세부적인 부분에서 변화를 추구하고 있는 것이다.

〈표 3〉 문화유산 범주와 관련된 법제 변화

북한연구학회, 「민족문화유산 보존 · 활용 중장기 발전방안 연구」(2016.12), 국립문화재연구소, 35쪽

문화유물보호법(1994)		
	구분: 문화유물	
	1. 역사유적	2. 역사유물
	⬇	
문화유산보호법(2012)		
	구분: 물질문화유산, 비물질문화유산	
〈물질문화유산〉 :	1. 역사유적	2. 역사유물
〈비물질문화유산〉 :	1. 국가비물질문화유산	2. 지방비물질문화유산
	⬇	
민족유산보호법(2015)		
	구분: 물질문화유산, 비물질문화유산, 자연유산	
〈물질문화유산〉 :	1. 역사유적	2. 역사유물
〈비물질문화유산〉 :	1. 구전전통과 표현	2. 전통예술
	3. 사회적관습과 예식 및 명절행사	
	4. 자연과 우주와 관련한 지식과 관습	
	5. 전통수공예(유네스코 무형유산협약에 따른 구분개편)	
〈자연유산〉 :	1. 명승지	2. 천연기념물

우선 가장 눈에 띄는 점은 문화유산의 범주가 바뀌었다. 북한은 1948

년 정권 수립이후 문화유산을 물질문화와 비물질문화로 나누고 주로 물질문화를 문화유산으로 규정해왔다. 1994년 제정된 문화유물보호법에도 역사유적과 역사유물에 관한 규정만 있었고, 비물질문화유산(구전전통과 표현, 전통예술, 사회적 관습과 예식 및 명절행사, 자연과 우주와 관련한 지식과 관습, 전통수공예 등)은 포함되지 않았다. 그런데 2012년 문화유산보호법이 제정되면서 비물질문화유산이 처음으로 법제에 포함됐다.[26] 과거 사회과학원 민속학연구소가 연구, 관할해 오던 무형문화재와 민속자료 분야가 법제화된 것이다. 새로운 문화유산보호법은 성, 건물, 탑, 비석 등 유형의 문화유산뿐만 아니라 언어, 구전문학, 무대예술, 사회적 전통 및 관습 및 관습, 명절, 전통, 수공예술, 민속놀이 등 무형유산의 발굴, 수집, 복원을 대상으로 한다. 북한은 이 무렵 내각 산하 '비물질문화유산위원회'와 문화성 산하 무형문화보호청도 신설한 것으로 보인다.

이러한 법제 정비와 기구 신설은 북한이 유네스코가 2003년 채택한 무형유산보호협약에 가입한 후 본격적으로 무형유산 제도 정비에 나선 것을 의미하며, 세계의 문화유산 정책 흐름을 수용한 조치로 평가할 수 있다. 실제로 북한은 문화유산보호법 제정을 전후해 아리랑의 인류무형유산 등재도 신청했다. 또한 남한의 지원과 남북 문화교류에서도 영향을 받았다.

북한은 2015년 문화유산보호법을 민족유산보호법으로 개정하면서 아예 비물질민족유산의 세부 구분을 유네스코 무형유산협약의 구분과 동일하게 개편했다. 과거에는 민족료리, 민속놀이, 의학, 구전문학, 무대예술 등으로 구분해 유네스코 무형유산협약의 구분과 약간의 차이가 났지만 민족유산보호법에서 완전히 동일한 구분을 택하면서 유네스코 유산 등재

26 문화유산보호법에서는 비물질문화유산을 "역사적 및 예술적, 학술적가치가 큰 언어, 구전문학, 무대예술, 사회적전통 및 관습, 각종례식과 명절행사, 자연과 사회에 대한 지식, 경험, 전통적인 수공예술, 의학, 민족료리, 민속놀이 같은 것이 속한다"라고 정의했다.

를 적극적으로 추진할 법적 근거를 구비했다.

둘째, 역사유물과 역사유적의 분류체계를 새롭게 정비했다. 북한의 국가유적유물보존위원회(위원장: 양형섭 최고인민회의 상임위원회 부위원장)[27]는 김정은이 후계자로 내정된 직후인 2009년 3월 국보급, 준국보급 유물을 추가로 지정하고, 일부 유물들은 소장박물관을 변경하는 조치를 취했다. 당시 지정된 국보, 준국보급 유물의 현황은 〈표 4〉와 같다.[29]

〈표 4〉 소장기관별 국보유물 현황(2009년 기준)

북한연구학회, 「민족문화유산 보존·활용 중장기 발전방안 연구」(국립문화재연구소, 2016.12), 43쪽.

소장 기관	국보	준국보
조선중앙역사박물관	112	66
조선민속박물관	63	56
묘향산역사박물관	6	
신의주역사박물관	5	1
해주역사박물관	5	2
원산역사박물관	5	4
청진역사박물관	1	4
개성역사박물관	4	
평성역사박물관		2
사리원역사박물관		1
함흥역사박물관		3
조선미술박물관	83	102
합 계	284	241

27 북한이 2012년 비물질문화위원회를 신설하면서 기존의 국가유적유물보존위원회는 물질문화유산위원회로 개칭됐을 가능성이 있으며, 2015년 민족유산보호법 제정으로 다시 물질민족유산위원회와 비물질민족유산위원회로 개칭됐을 수도 있다. 민족유산보호법 제53조에는 민족유산보호사업에 대한 통일지적 지도는 "내각의 지도 밑에 중앙민족유산보호지도기관이 한다"라고 규정돼 있고, 제54조에는 "민족유산보호정책을 집행하기 위하여 중앙과 각급 인민위원회에 비상설 민족유산보호위원회를 둔다"고 규정되어 있다.

28 장경희 교수는 조선중앙역사박물관에 소장돼 있는 국보유물이 112개, 준국보유물이 64개(2010년 10월 현재)로 추계했다. 장경희, 『북한의 박물관』, 예맥, 2011, 16쪽. 장 교수는 조선중앙역사박물관의 국보유물 1호를 상원 검은모루동굴에서 나온 타제

이후 북한은 2012년 문화유산보호법을 채택하면서 물질문화유산을 '역사유적'과 '역사유물'로 구분했다. 다만 과거에는 역사유적을 국보유적과 준국보유적(보존유적), 일반유적으로, 역사유물을 국보유물과 준국보유물, 일반유물으로 분류했으나 2012년 이후에는 역사유적을 국보유적과 일반유적으로 변경하고 역사유물은 기존의 체계를 유지했다.

새로 법제화된 비물질문화유산은 국가 비물질문화유산과 지방 비물질문화유산으로 나눴다.

북한의 역사유적은 2009년 기준으로 국보유적 193개, 준국보(보존급)유적 1723개가 알려져 있었는데, 분류체계가 국보유적과 일반유적으로 나뉘면서 일부 지정문화재에 변화가 있었을 것으로 보이지만 확인되지 않았다.

셋째, 북한은 2015년 새로 제정된 민족유산보호법을 통해 기존에 별도의 법으로 지정, 관리되었던 천연기념물과 명승지가 포괄적으로 민족유산의 범위 안으로 법제화 했다. 북한은 민족유산보호법 제정에 대해 "민족유산보호법이 새로 채택됨으로써 끊임없이 발전하는 시대의 요구에 맞게 주체성의 원칙과 역사주의 원칙, 과학성의 원칙에서 민족유산을 더 잘 보호하고 계승 발전시켜 나갈 수 있는 튼튼한 법적 담보가 마련됐다"고 평가했다.[29] '발전하는 시대의 요구'는 세계적 추세의 수용을 의미한다.

북한은 이러한 방향은 세계유산협약에서 자연과 문화유산을 동시에 등재하는 제도를 고려한 것으로 보인다. 천연기념물, 명승지의 보호법제를 강화하여 향후 자연유산 또는 생물권보전지역으로 등재하려는 의도가 엿보이는 조치다. 또한 북한이 2011년 5월 금강산을 국제적인 관광특구로 만들기 위해서 새로 '금강산국제관광특구법'을 제정하는 한편, 백두산, 칠

석기라고 밝혔지만 북한의 비공개 문건에는 고조선시기의 금동새김무늬말관자라고 나온다.

29 『조선중앙통신』 2015년 7월 21일.

〈표 5〉 문화유물보호법과 문화유산보호법의 문화유산 지정체계 비교

<table>
<tr><td colspan="5">문화유물보호법(1994)</td><td colspan="6">문화유산보호법(2012)</td></tr>
<tr><td colspan="2">구분</td><td colspan="3">지정체계</td><td colspan="2">구분</td><td colspan="4">지정체계</td></tr>
<tr><td rowspan="2">문화유물</td><td>역사유적</td><td rowspan="2">국보문화유물</td><td rowspan="2">준국보문화유물</td><td rowspan="2">일반문화유물</td><td rowspan="2">물질문화유산</td><td>역사유적</td><td colspan="2">국보유적</td><td colspan="2">일반유적</td></tr>
<tr><td>역사유물</td><td>역사유물</td><td>국보유물</td><td colspan="2">준국보유물</td><td>일반유물</td></tr>
<tr><td colspan="5"></td><td colspan="2">비물질문화유산</td><td colspan="2">국가비물질문화유산</td><td colspan="2">지방비물질문화유산</td></tr>
</table>

보산 등을 관광특구로 개발하려는 움직임과 맞물려 있다.

넷째, 북한은 법제 정비이후 유네스코 세계문화유산 등재와 유네스코 무형문화유산 등재에 적극 나서고 있다. 2007년 신청했다가 보류됐던 개성역사지구가 2013년 세계문화유산에 등재가 됐고,[30] 무형문화유산에도 아리랑, 김치 담그기, 막걸리 담그기, 장 담그기, 치마저고리 차림풍습, 평양냉면, 연백농악무, 씨름 등 8건의 유산을 신청해 등재에 성공했다.

이러한 북한의 변화를 통해 북한의 문화유산 법제 자체가 천연기념물과 명승을 동일한 법과 조직, 체계 하에서 관리하는 현재 우리나라의 문화재보호법 체계와 흡사해졌고, 그만큼 남북 문화유산 교류도 더욱 원활하게 추진될 수 있는 기반이 마련됐다고 평가할 수 있다.

4. 남북 문화유산교류의 방향

2018년 4월 27일과 5월 26일, 두 차례 남북정상회담이 전격적으로 판문점에서 열렸고, 9월에는 평양에서 세 번째 남북정상회담이 성공적으로 개최되었다.

30 문광선, 『세계문화유산 개성』, 역사인, 2016.

4.27 판문점선언은 '평화의 새로운 시작(출발)'을 표방했지만 내용적으로 보면 '종전선언'인 동시에 남북연합의 문을 여는 '통일선언'이다. 남북정상회담과 동시에 북미정상회담도 이어지고 있다. 70년 이상 우리를 짓누르고 있던 '냉전'이 완전히 끝나고 항구적 '평화 정착'의 길로 들어서고 있는 것이다.

판문점선언으로 새로운 시작을 알린 남북관계는 김정은 국무위원장의 서울 답방 이후 화해협력단계와 남북연합단계에서 진행될 남북 대화와 교류가 혼재돼 한 단계 높은 차원에서 진행될 것으로 예상된다.[31]

남과 북 체제의 통일은 상당한 시간이 걸리겠지만 남북 교류의 전면적인 활성화, 단계적인 경제공동체 구축을 통한 '사실상의 통일'은 예상보다 빨리 다가올 수 있다. 이러한 측면에서 보면 남과 북의 화해협력과 통일기반조성을 위해 문화유산 분야의 협력이 조속히 추진될 필요가 있다.[32]

남북 문화유산 교류를 위해서는 우선 북한의 정책적 흐름을 활용할 필요가 있다. 민족유산보호법 제정이후 북한은 역사유적과 유물들, 명승지와 천연기념물, 비물질문화유산들을 '자료기지(DB)'화 하는 사업을 추진하고, 이를 위해 기관별 정보교류를 강화하고 있다.[33] 북한의 유적, 유물, 무형, 자연, 건축 등 문화유산별 DB 구축은 남북 문화유산 교류의 토대가 되는 작업인 만큼 되고, 이 작업을 지원하고 자료를 공유하는 것이 선결되어야 한다. 또한 '민족유산 보존의 과학화'를 위해 남북 학술토론회 개최와 기술적 지원 문제가 논의돼야 한다.

---

31 정창현, 「2018년 남북 · 북미정상회담과 남북연합」, 『역사와현실』 제108호, 한국역사연구회, 2018, 13쪽.

32 남북관계의 발전단계별 문화유산 분야 교류방안에 대해서는 북한연구학회, 위의 보고서 제5장 참조.

33 일본의 『조선신보』는 2017년 3월 29일 "전국의 민족유산들의 지리적 위치와 역사적 유래, 보호 실태 등을 직관적으로 보여주는 지리정보자료 기지축성사업을 마감단계에서 다그치고 있다"라고 보도했다.

둘째, 개성 만월대 발굴사업 외에 북한이 관심이 가지고 추진하고 있는 유적 발굴사업과 복원작업으로 남북 협력사업을 확장해야 한다. 북한 학계의 역사유적 조사와 발굴작업은 지난 20년 동안 극히 미진했으나, 2000년대 들어 고구려 성곽을 비롯해 10여 기의 고구려 벽화무덤을 조사 발굴해 주목을 받고 있다. 아쉽게도 이러한 작업은 남한보다는 중국 연변대와 협력으로 이뤄졌다.[34]

특히 고구려가 평양으로 수도를 옮기면서 건설한 안학궁을 복원하려는 북한의 시도도 주목된다.[35] 남북 고고학계가 2006년 평양 안학궁성을 함께 발굴한 경험을 살려 남북이 함께 안학궁을 복원한다면 남북 문화유산 분야의 교류와 협력사업에 일대 전기를 마련할 수도 있을 것으로 전망된다. 이미 남북은 공동으로 금강산 신계사를 복원한 경험을 가지고 있다.

셋째, 더 많은 문화유산을 세계 문화유산에 등록하려는 북한의 노력을 남한이 지원하고, 함께 등재할 수 있는 무형유산에 대해서는 공동등재도 모색할 필요가 있다. 단기적으로는 북한도 거부감 없이 수용할 수 있는 시대와 성격의 유산을 선택하여 공동 등재하는 방식을 취하면서 점차 협력기반을 확장해 나갈 수 있을 것이다.[36]

넷째, 중장기적으로 남북 민족문화유산 분야의 교류협력 사업 정례화와 제도화를 통해 민족동질성 회복의 토대를 마련해야 한다. 이를 위해서는 남북이 합의한 '남북 사회문화협력 추진위원회'를 구성하여 사회문화 분야의 남북협력에 관한 기본합의를 마련 것이 중요하고, '남북 민족문화

---

34 고구려 벽화무덤에 대한 북중 공동발굴에 대해 우려의 목소리도 나오고 있다. 「남한 빠진 北-中 '북한유적' 공동 발굴… 동북공정 같은 역사왜곡에 악용 우려」, 『동아일보』 2017년 8월 2일.

35 「안학궁, 석왕사 복원공사 추진-보다 적극화 되고 있는 민족유산보호사업」, 『조선신보』 2017년 3월 29일.

36 2018년 11월 남과 북은 한반도 고유의 전통놀이인 '씨름'을 처음으로 남북 공동 인류무형문화유산으로 등재하는데 성공했다. 『내일신문』 2018년 11월 27일자.

유산 교류협력 추진위원회'와 같은 민관 합동의 거버넌스 체계를 구축해야 한다.[37]

그러나 유엔 안보리의 대북제재가 지속되는 조건에서 북한의 남북, 해외 문화유산교류는 제한성을 가질 수밖에 없는 상황이다. 다만 문화유산교류는 비정치적 영역에 속하기 때문에 비핵화문제와 남북교류가 분리돼 두 갈래로 추진될 경우 향후 활성화 될 가능성이 크다.

따라서 남북 교류가 막혀 있던 2011년에도 현존하는 북한의 59개 사찰과 6개 폐사지에 대한 상세한 사진자료가 남쪽에서 출간되고,[38] 개성 만월대 발굴사업이 이어지고 있는 사례처럼 남북 문화유산 교류와 공동조사, 공동발굴을 위한 준비작업은 정세와 관계없이 이뤄져야 할 것이다. 특히 휴전선을 반으로 가로지르는 태봉국 도성터에 대한 남북 공동발굴 사업은 남북의 화해와 협력을 상징적으로 보여주는 이벤트가 될 것이다.

정책적으로도 문화유산을 매개로 이뤄진 이러한 남북교류는 앞으로도 더욱 확대해 나갈 필요성이 있다. 문화유적 보존, 공동 발굴, 상호 교환전시, 공동학술대회 등 남과 북 사이에는 교류의 폭을 넓혀갈 수 있는 사업들이 많다. 또 세계문화유산 등재의 상호협조 및 문화재의 해외유출 방지, 해외소재 문화재의 환수, 일본의 교과서 왜곡 및 중국의 동북공정에 대한 공동 대응 등 대외적인 문제에서도 남과 북은 머리를 맞대고 협력해야 할 일들이 산적해 있다. 특히 문화유산 관련 분야의 교류는 남북의 오랜 분단의 이질감을 극복하고 민족의 동질성을 회복하는데도 기여할 것이다.

---

37 북한연구학회, 앞의 보고서, 155쪽.

38 대한불교조계종 민족공동체추진본부, 『북한의 전통사찰』 전10권, 양사재, 2011.

5. 결론

남북의 다름을 이해하고 소통하는데 역사문화유산은 가장 좋은 분야인 동시에 의미 있는 성과를 도출할 수 있는 영역이다. 그렇기 때문에 금강산 신계사와 개성 영통사 복원, 개성 만월대 발굴 등 다른 분야보다 여러 성과를 낼 수 있었다.

북한은 2012년 김정은체제가 출범한 후 세계와의 교류, 세계와의 경쟁을 강조하고 있다. 특히 체제에 위협이 되지 않는 체육, 문화예술 분야의 교류에 적극적인 태도를 보이고 있다. 북한이 세계문화유산 등재에 남북협력을 강화하고, 문화유산 관련 법제를 개정해 세계와 남한 문화재 분류에 접근성을 보여주는 것도 대외교류를 염두에 둔 조치로 평가할 수 있다.

북한은 남북관계가 막혀 있을 때는 중국과의 협력을 통해 고구려벽화무덤 등을 조사, 발굴했지만, 2018년 4월 판문점선언이후 남북관계가 정상화되면서 남북간 문화유산 분야 협력도 더 확대될 것으로 전망된다.

향후 남북 문화유산 교류를 위해서는 무엇보다도 북한의 정책적 흐름을 파악하고 활용해야 한다. 북한이 의욕적으로 추진하고 있는 역사유적과 유물들, 명승지와 천연기념물, 비물질문화유산들을 '자료기지(DB)'화하는 사업을 지원하고, 이 자료를 공동으로 활동하는 방안을 우선적으로 추진할 필요가 있다. 북한의 유적, 유물, 무형, 자연, 건축 등 문화유산별 DB 구축은 남북 문화유산 교류의 토대가 되는 작업이기 때문이다.

또한 세계문화유산 등재의 상호협조 및 문화재의 해외유출 방지, 해외소재 문화재의 환수 등 남과 북의 공동 관심 사안을 우선적으로 추진함으로써 문화유산을 매개로 하는 남북 교류를 확대해 나가는 단계적 접근도 필요하다.

참고문헌

1. 자료

『김정일선집』 6권, 평양: 조선로동당출판사, 1992.

리기웅, 「[법제해설] 『조선민주주의인민공화국 문화유물보호법』 해설(1)」, 『민족문화유산』 1호, 과학백과사전출판사, 2001.

『문학예술사전(상)』, 평양: 과학백과사전종합출판사, 1988.

「법규해설 민족유산보호법에 대하여(1)」 『민주조선』 2015년 7월 9일.

「법규해설 민족유산보호법에 대하여(3)」 『민주조선』 2015년 7월 20일.

『조선민주주의인민공화국 법전(대중용), 평양: 법률출판사, 2004.

주성호, 「법규해설 문화유산보호법에 대하여(2)」 『민주조선』 2012년 11월 14일.

최고인민회의, 「민족문화유산을 옳게 계승발전 시키기 위한 사업을 더욱 개선 · 강화할데 대하여」, 1993 (국가안전기획부, 『북한의 「민족주의」 선전 자료집』, 1995)

「[해설] 조선민주주의인민공화국 주석명령 제35호 『문화유적유물보존관리사업을 강화할데 대하여』」, 『민족문화유산』 2호, 과학백과사전출판사, 2002.

2. 연구논저

남궁승태, 「남북통일을 대비한 문화재보호 법제에 관한 연구」, 『문화정책논총』 제14집, 한국문화관광연구원, 2002.

남보라 · 서순복, 「북한의 문화유산 보호 관련 법제의 변천과 내용분석」, 『법학논총』 제21집 제3호, 조선대학교 법학연구원, 2014.

문광선, 『세계문화유산 개성』, 역사인, 2016.

박성진, 「세계유산 '개성역사유적지구'의 보존 · 활용 방안 연구」, 『현대북한연구』 16권 3호, 북한대학원대학교, 한울, 2013.

박영정 외, 『남북문화교류 사업 분석 및 발전방안 연구』, 문화체육관광부, 2013.

백학순 외(민족화해협력국민협의회), 『남북 사회문화교류 중장기로드맵 설정 및 추진전략 연구」, 통일부, 2007.

북한연구학회, 「민족문화유산 보존 · 활용 중장기 발전방안 연구」, 국립문화재연구소, 2016.12.

윤성일, 「남북한 문화재보존관리 정책과 교류협력 방안 연구」, 서강대학교 공동정책대학원 석사학위논문, 2017.

이우영 · 손기웅 · 임순희, 『남북한 평화공존을 위한 사회 · 문화 교류 · 협력의 활성화 방안』, 통일연구원, 2001.

임효재 · 양창석, 『북한의 문화재 보존실태 및 교류방안』, 국토통일원 조사연구실, 1984.

장경희, 『북한의 박물관』, 예맥, 2011.

장호수, 『북녘의 고고학과 문화재관리』, 백산자료원, 2000.

정창현, 「김정은 시대 북한의 문화유산정책」, 한국문화정책포럼 공개세미나 발표문, 2016.11.23.

정창현, 「북한의 문화유산 정책과 관리체계」, 『통일인문학논총』 제53집, 인문학연구원, 2012.

정창현, 『키워드로 본 김정은 시대의 북한』, 선인, 2014.

최오주, 「남북통일 대비 문화재보존관리정책 연구」, 호남대학교 대학원 행정학과 박사학위 논문, 2008.

개성 고려궁성(만월대) 조사를 통해 본 고고분야 남북 협력방안

박성진

1. 문화유산 분야 남북협력사업 현황과 성과

1) 현황[1]

경색과 화해가 반복되는 남북관계 속에서 문화유산과 관련된 남북협력사업은 인도지원 분야와 함께 지속적으로 이어져온 분야 중 하나로 이와 같은 연속성은 문화유산 분야 사업의 '비정치성', '민족적' 특성에 바탕을 두고 있다. 문화유산 분야의 남북협력은 1990년대부터 시작되었는데 당시에는 남북공동 학술회의, 영상물 제작, 문화유산 답사, 문화유산 현황자료 조사 등 비교적 장기적이지 않고 단순한 형태의 사업을 중심으로 진행되었다. 이후 2000년부터는 한층 발전된 남북관계를 바탕으로 기존 사업들 외에도 북측 매장문화재에 대한 공동발굴과 복원, 유물전시, 약탈

1 박성진 · 윤형준, 「고고분야 남북교류협력의 현황과 향후과제」, 통일시대를 위한 민족문화자산 남북협력, 통일부 · 문화재청 · 국립문화재연구소, 2012, 8.

유물 환수, 세계유산 등재 협력 등이 진행되어 문화유산 분야 남북교류가 본격적으로 이루어졌다.

고고분야의 남북교류는 2001년 금강산 신계사에 대한 남북공동 학술조사를 시작으로 평양, 개성, 금강산에서 2018년 까지 지속적으로 이루어졌다.

(1) 평양지역

① 평양일대 고구려 유적 조사

고구려연구재단(남)-사회과학원/문화보존지도국(북)이 남북공동조사단을 구성하여 평양일대의 고구려 유적에 대한 조사 추진한 것으로 2005년 7월 19일~7월 30일까지 평양 일대의 고구려 유적 및 백두산 정계비터/정릉사 8각 우물터/강서소묘 등을 조사하여 국내에 최초로 소개하였다. 국내에 자료가 공개되지 않았던 안악 3호분/태성리 3호분/평양성 각석 등에 대한 현장조사 및 보고서도 공개하였다.

② 평양 안학궁 남북궁동 발굴조사

2006년 고구려연구재단(남)-김일성종합대학/사회과학원/문화보존지도국(북)간 진행된 남북공동조사로 안학궁의 성벽/건물지에 대한 시굴조사 및 출토유물 조사가 이루어졌다. 1958년~1971년까지 대성산을 중심으로 자리하는 대성산성/안학궁터/고분군에 대한 발굴조사가 북측 단독으로 이루어져 평양 천도기의 왕성으로 결론을 내렸으나 일본을 중심으로 한 많은 학자들이 고구려 당시의 유적이 아닌 통일신라 혹은 고려시대 유적으로 이해하고 있는 것이 현실이다.

③ 고구려고분 보존상태 조사 및 보존지원

2006~2007년 남북역사학자협의회/국립문화재연구소(남)-김일성종합대학/사회과학원/문화보존지도국(북)이 남북공동조사단을 구성하여 평

양 일대의 고구려 고분, 특히 세계유산으로 등재된 고구려 고분의 보존현황 공동조사를 진행하였다. 이 조사에서 벽화고분 8기[진파리 1 · 4호분/안악 3호분/수산리 벽화고분/덕흥리 벽화고분] 일반고분 2기[진파리 7호분/강서소묘]에 대한 조사 및 진파리 1 · 4호분에 대한 정밀조사와 환경계측장비 설치/벽화 응급보존처리가 이루어졌다. 세계유산 등재 후 세계유산위원회에서 요구하는 정기보고 및 모니터링 등의 지속적 관리 차원의 조사로 이후 북측에서 고구려고분에 대한 공동발굴조사를 제안하게 되는 계기가 된 사업이다.

(2) 개성지역

① 개성공업지구 내 문화유적 남북공동발굴조사

남북 경협사업의 일환으로 추진된 개성공업지구의 조성 과정 중 확인된 고고유적의 보존을 위해 토지박물관(남)-사회과학원 고고학연구소(북)의 공동조사단을 구성하였으며, 2004년 4월 20일 ~ 7월 31일까지 지표/시굴/발굴조사를 실시하였다. 이 조사를 통해 삼국시대 전기 주거지 1기/고려시대 건물지 4동 및 온돌유구/고려-근대 토광묘 19기/회곽묘 13기/화장묘 2기/석곽묘 1기 등을 확인하였다.

② 개성 고려궁성 남북공동 발굴조사

2007년부터 개성일대의 문화유적의 세계유산 등재를 목표로 개성고려궁성(만월대)에 대한 남북공동 발굴/복구조사가 2015년 까지 총 7차에 걸쳐 추진되었다. 발굴조사가 시작된 2007년에는 총 120일간 조사가 진행되었으나 2011년부터 2014년 까지 약 2년 7개월간, 2015년 7차 조사 이후 현재까지 남북공동조사가 진행되지 못하는 상태이다. 발굴조사는 남북역사학자협의회(남)-민족화해협의회(북)의 주관으로 문화재청/국립문화재연구소(남)-문화보존지도국 공동으로 추진하며, 正殿인 회경전이 위치한 중심건축군 서쪽 약 33,000m²에 대한 연차조사가 진행되어 현재까지 전체 조사면적 중 약 56%(18,700m²)가 완료된 상태이다. 조사과정에서 제2정전(건덕전)을 비롯, 대형축대 2개소 · 건물지 40여동 · 대형계단 3개소 조사 및 만월대 금속활자, 원통형 청자, 용두기와 등 유물 17,900여점을 수습하였다.

2011년 추진된 긴급복구조사(5차 조사)에서는 수해로 훼손된 유적에 대한 복구조사가 이루어졌으며, 석축 붕괴구간에 대한 복구 및 회경전 중심축대에 대한 3D 스캔작업 등 유적의 보존과 기록화 작업을 추진하였다. 특히 유적에 대한 접근성이 떨어지며 유물 반출이 어려운 현실을 감안하여 유적 전체와 중요유물에 대한 3D 스캔 작업을 병행하고 있다.

2013년 6월 북측의 두 번째 세계유산인 '개성역사유적지구'의 유적군 중 '만월대'라는 명칭으로 포함되었으며, 이로 인해 기존 남북협력사업의 틀이 아닌 '세계유산'의 기준으로 접근하려는 움직임이 강한 것이 현실이다. 이러한 북측의 최근 추세는 금년 3월 북측 단독으로 현장조사를 진행한데서도 확인되는 것으로 향후 개성 고려궁성 남북공동 발굴조사가 북측 단독 혹은 국제기구(유네스코 등), 제3국과의 합작 사업으로 변화할 가능성을 시사하고 있어 우리 정부와 학계 차원의 적극적 관심이 필요한 시점이다.

(3) 금강산지역

① 금강산 신계사 남북공동발굴조사

북측 국보유적 제 95호로 6.25전쟁으로 파괴된 것을 북측이 1960년대 일부 복구하였으며 2001년 11월부터 남북공동으로 지표조사를 시작하여 2003년 11월부터 발굴조사를 추진, 2007년 까지 총 6차에 걸친 남북공동 발굴조사가 진행되었다. 발굴조사 이후 조사된 건물지에 대한 복원이 이루어진 최초의 사례이다.

〈문화유산 분야 남북협력사업 현황〉

형태	사업명	일시	사업내용
학술회의	제1회 고구려문화 국제학술회의	1993.8.11~14	- 중국 집안에서 개최 - 최초의 남북공동 학술토론회 - 북측 박시형(김일성대학 원로 교수) 참석
	동아시아 원시·고대문명의 재발견 학술회의	1994.8.4~6	- 일본 오사카 경제법과대학에서 개최 - 고조선과 고대국가에 대해 남북 역사학자들 발표
	제3회 고구려 국제학술회의	1997.7.20~21	- 일본 학습원대학에서 개최 - 고구려 고분벽화에 대한 남·북·중·일 학자 발표
	단군 및 고조선에 관한 학술토론회	2002.10.3	- 평양 인민문화궁전에서 개최 - 발표된 논문을 학술지 『단군학연구』에 게재
	제2차 단군 및 고조선에 관한 토론회	2003.10.2	- 평양 인민문화궁전에서 개최 - 학술토론 후 단군릉·동명왕릉에 대해 답사
	일제 약탈문화재 반환을 위한 토론회	2004.2.24~28	- 평양 조선미술박물관에서 개최 - 유엔교육과학문화기구에 보내는 편지 채택
	고구려고분군 세계문화유산 등재기념 토론회	2004.9.11~12	- 금강산에서 개최 - 북측에서 중국 동북공동에 대해 간접 비판함
	남북러 3국 공동학술회의	2005.2.24~25	- 러시아 블라디보스토크에서 개최 - 발표문을 『고조선·고구려·발해 발표 논문집』으로 출판함
	개성역사지구 세계문화유산 등재를 위한 토론회	2005.11.18~21	- 개성 자남산여관에서 개최 - 토론회 이후 개성에 산재한 문화유산 답사
발굴복원사업	신계사 발굴조사 및 복원사업	2004.4.6.~2007.10.13	- 현대아산, 조계종, 조불련간 금강산 문화유적 복구 협약 맺음 - 6.25로 소실된 전각을 발굴한 뒤 복원까지 완료
	개성공단 지표조사 및 시·발굴조사	2004.6.24~7.31	- 개성공단 1단계 부지에서 시행 - 조사결과 주거지·건물지·분묘 등 확인됨

	북한사찰건축문화재 실측조사	2004~2009	- 황해도 지역에 산재한 국보·보물급 사찰 실측조사 - 국립문화재연구소에서 4권의 보고서 발간함
	안학궁 발구조사	2006. 4.8~19	- 안학궁 성벽·건물지·고분·유물조사 - 『고구려 안학궁 조사보고서』 출간
	세계문화유산 등재를 위한 개성 고려궁성 (만월대) 남북공동발굴조사	2007.5.15~7.13 2007.9.7~11.16 2008.11.4~12.23 2010.3.23~5.18 2011.11.14~12.20 2014.7.22~8.16 2015.6.1.~11.30 2018.10.22~12.10	- 2007년~2018년 까지 총 8차례, 조사 진행 - 남측 남북역사학자협의회/문화재청/국립문화재연구소 북측 민족화해협희회/민족유산보호지도국/조선중앙역사박물관 - 전체조사면적(33,000평방) 중 60%(19,770평방) 완료 - 제2정전 비롯, 40여동 건물지, 대형축대·계단, 유물 17,900여점 확인
	남북공동 고구려 벽화고분 보존관리 사업	2007.5.30~6.9	- 진파리 1호분과 4호분 보존처리 - 환경측정 장비 설치, 안료 특성 파악, 변화 손상 도면 제작, 오염물질제거 등 작업 수행
영상물 제작	북한의 자연경관 및 명승고적 촬영	1997.10~1998.4	- 남측 MBC와 북측 금강산국제관광총회사 합작 - MBC 촬영팀이 백두산 촬영
	북한의 역사유물 및 풍물기행 촬영	1995.5~8	- 남측 스포츠아트와 북측 아태 합작 - SBS에서 '평양리포트'로 방영
전시회	특별기획전 고구려	2002.12.6. ~2003.3.5	- 코엑스 특별전시관에서 전시 - 311점 전시, 벽화모사도는 일본 조선대학교 박물관 소장 자료를 전시
	우리의 땅, 살아오는 고구려	2004.4.8~6.20	- 한솔동의보감 컨밴션 홀에서 개최 - 고구려 벽화고분모형도 등 227점 전시
	고구려고분군 유네스코 세계문화유산 등재기념 순회전시회	2004.10.25~12.5	- 여의도 공원, 국회도서관, 서울역사박물관, 고려대학교, 낙성대공원, 대전엑스포 공원 순회전시 - 유네스코 세계문화유산으로 등재된

			북측 벽화고분 사진 63점 야외전시
	6.15공동선언 발표 5돌과 조국광복 60돌 고구려유물 전시회	2005.5.7~8.31	- 54점의 북측 소장 진품 유물 전시 - 54점 중 15점은 국보급 유물
	북녘의 문화유산 -평양에서 온 국보들	2006.6.13~10.26	- 전시품 중 70점을 평양 조선중앙역사박물관에서 대여 - 전시 후 도록 『북녘의 문화유산』 출간
도서 출판 및 북측 문화 유산 현황 조사	중앙일보 북한문화유적 답사	1997.9~1998.9	- 11박 12일간 북측 문화유산 답사 - 결과물로 유홍준 『나의 북한 문화유산 답사기』 출간
	북한 문화재 자료 정보화사업	1998.8~10	- 경향신문과 아태가 '문화재 자료교류계약'맺음 - 1만여 점의 자료를 수집하여 홈페이지에 공개
	개성공단 지표조사	2004.4.20~5.6	- 개성공단 1단계 부지에서 각종 유물 수집 및 분묘 확인
	평양일대 고구려유적 학술조사	2005.7.20~29	- 평양 및 인근지역 고구려고분 조사 - 대성산성, 평양성, 백두산정계비 등 답사
	고구려고분 남북공동 실태조사	2006.4.19~5.2	- 평양 및 인근지역 고구려고분군 조사 - 유네스코 등록 고분의 실제 보존환경 및 상태에 대한 조사분석
	조선향토대백과 편찬	2003~2004	- 북측 각 지방을 총 망라하여 자연지리정보와 인문지리정보 수록 - 『조선향토대백과』 (전20권) 출간
문화재 환수	북관대첩비 반환	2005.10.20. ~ 2006.3.23	- 2005년 10월 20일 북관대첩비 한국 도착 후 국립중앙박물관 개관식에 일반 공개 - 2006년 3월 23일 본래의 자리인 함경북도 김책시 임명동에 다시 세워짐

2) 성과[2]

매장문화재 분야 남북교류협력은 2000년 초반부터 작년까지 지속적으로 이루어졌다. 이전시기까지 남북의 고고학자들은 서로의 존재를 인식하고 있었음에도 학술적인 교류를 제안하는데 많은 현실적 어려움이 있었다. 물론 그렇다고 해서 2000년 이후 20여년간 이루어진 교류의 성과가 만족할 수 있는 수준이 아님은 대다수의 학계 구성원들이 공감하는 부분일 것이다. 이러한 현상의 바탕에는 정치 · 군사적 현실이 반영된 남북관계의 '특수성'이 자리하고 있다는 것은 누구나 알고 있는 상식이다. 많은 사업들이 이러한 현실의 한계로 인해 학계 전반의 공감을 이끌어낼 수 있는 만족할 만한 성과를 얻어내지 못하였으며, 심한 경우 비판의 대상이 되기도 한다. 하지만 남북의 고고학계가 접촉조차 하지 못했던 이전시기를 돌이켜 본다면 지금과 같은 불확실한 성과는 보다 발전된 단계로 이행하기 위한 과정으로 이해할 수 있을 것이다. 본 장 1절의 표에서 확인되듯이 지금까지 적지 않은 조사와 교류가 이루어졌지만 역시 양적 · 질적으로 만족할 만한 수준이 아님을 알 수 있다.

다수라고 할 수는 없으나 적지 않은 남과 북의 고고학자들이 장기간에 걸친 조사와 연구를 함께 진행하였다. 특히 금강산 신계사 발굴-복원의 경우 지표조사 - 시굴조사 - 발굴조사 - 유적복원으로 이어지는 일련의 진행 과정을 통해 조사-복원에 대한 총체적 경험을 남과 북이 함께 공유하였다. 또한 개성 공업지구 조성과정에서 확인된 유적에 대해 공동조사는 개발로 인한 구제발굴의 경험을 남북이 함께 공유함으로 향후 남북경협에 따른 공업지구 건설과 국가차원의 SOC투자 시 긴급구제발굴을 진행하는데 많은 도움이 될 것이다. 뿐만 아니라 평양과 개성에서 진행된

2 박성진, 「유네스코 등재 세계유산을 통한 남북 문화교류 협력방안」, 통일문화정책포럼, 한국문화관광연구원, 2014. 3.

다양한 조사와 연구활동은 학술적 활력이 부족했던 고구려-고려에 대한 고고학적 연구에 새로운 계기를 마련했다. 그리고 개성 고려궁성 남북공동발굴조사는 가장 최근까지 추진된 사업으로 향후 개성 내 타 유적 조사 및 다양한 분야와의 협업 및 융복합연구 등 높은 확장성과 다양한 가능성을 가지고 있다. 또한 조사 실무를 문화유산 분야 국책연구기관인 국립문화재연구소가 담당하고 있어 앞으로 남북 당국 간의 공동조사와 연구를 추진하는데 좋은 사례가 될 것이다.

지금까지 진행된 매장문화재 남북공동 발굴조사는 민간-종교-공사-국립기관 등 다양한 성격의 조직들이 각각의 특성에 맞춰 진행되었다. 대부분의 사업은 북측지역에서 추진되며 북측 연구자들과의 다양한 학술적 논의를 통해 진행되어 향후 관련분야의 발전에 많은 도움을 줄 수 있을 것으로 예상되며, 남북분단으로 상이하게 발전된 고고학 분야의 소통과 통합을 위한 기초자료 습득에 많은 기여를 할 수 있을 것으로 판단된다.

2. 개성 고려궁성(만월대) 남북공동 발굴조사 추진경과 및 성과

1) 추진경과

개성 고려궁성에 대한 남북공동발굴조사는 2005년 '개성역사지구'의 세계문화유산 등재와 관련하여 추진되어 2007년 5월부터 7월까지 이루어진 시굴조사를 통해 구체화되었다. 고려궁성 '서부건축군'에 대한 1차 조사과정에서 확인된 다양한 건물지와 유물들은 고려궁성 '서부건축군'이 회경전-장화전이 위치하는'중심건축군'못지 않은 중요한 지역임을 인식시켰다. 이러한 이유로 1차 조사가 끝나갈 무렵 고려궁성의 연차 조사에 대해 남북간의 대략적인 의견 교환이 이루어졌다. 이후 남과 북은 8월초 개성 고려궁성 2 · 3차 남북공동발굴조사와 관련된 실무협의를 개성 현지에서 개최하여 2007년 9월부터 2008년 6월까지 고려궁성에 대한 2·3차 발굴조사를 추진하는데 뜻을 같이하였으며, 이후 8월 17일 '개성 만월대 남북공동 발굴조사 합의서' 를 작성하여 고려궁성에 대한 연차적인 발굴조사가 이루어지게 되었다.

궁성의 규모는 둘레 2,170m · 넓이 25만㎡로 각 성벽의 길이는 북벽 220m · 남벽450m · 동벽755m · 서벽745m로 남쪽이 넓은 형태이며, 동-서-남-북으로 동화문(東華門)-서화문(西華門)-승평문(昇平門)-현무문(玄武門)을 통하여 황성(皇城)과 연결되어있다. 하지만 아직까지 그 경계를 확정할 수 있는 명확한 고고학적 조사는 이루어지지 않은 상태이다.

1954년부터 이루어진 궁성에 대한 발굴조사는 회경전(會慶殿) 전문(前門) 주변에 대해 이루어진 것으로 별도의 조사보고 없이 책자에 간략하게 소개된 것으로 볼 때 해방 이후 '중심건축군' 주변에 대한 정비작업 과정에서 진행된 것으로 보인다.[3] 이후의 발굴조사는 모두 북한의 주도로 이루어진 것으로 「조선고고연구」등에서 조사개요를 다루고 있다.

1973~1974년 북측은 궁성에 대해 대규모의 발굴조사[4]를 실시하여 제1정전인 회경전이 포함된 '중심건축군'을 비롯하여 '서북건축군'의 배치와 대략적인 지형을 표현하였다. 남북한 모두 궁성과 관련된 이후의 연구는 대부분 이 도면을 기본으로 이루어지고 있으며, 다수의 발굴조사가 이 도면을 기준으로 이루어졌다. 하지만 도면에서 확인되는 건물의 배치는 '중심건축군'과 '서북건축군'에 한정되어 나타나며 작성된 도면 역시 건물의 배치를 확인하는 정도여서 개별 유구의 특징과 궁성의 운영시기에 따른 변화를 확인하기에는 부족한 점이 많다.

---

3 1909년 순종의 남부순행과 1936년 5월 경성여자공립보통학교 학생들의 기념사진에서 확인되는 회경전문 남쪽의 소위 '만월대 계단'으로 불리는 33층인 4개의 대형계단은 고려왕조의 멸망 이후 관리되지 않은 상태로 계단돌이 상당부분 빠지거나 밀려나온 것을 확인 할 수 있다. 현재의 회경전문 계단은 이후 정비된 것으로 추정된다.

4 조선유적유물도감편찬위원회, 『조선유적유물도감』 10, 외국문종합출판사, 1991.

이후로 이루어진 발굴조사는 1985년 궁성 동지(東池)의 못과 배수로에 대한 조사이다.[5] 조사된 유구는 화강암으로 만들어진 배수로와 암거식배수로이며 궁성의 동쪽 배수로에 해당된다. 이와 동일한 시설물이 궁성의 서쪽에서도 확인되었으며, 청자를 비롯한 막새, 암·수기와·명문와 등의 유물이 확인되었다.

〈표 1〉 고려궁성 조사현황(2007~2018)

차수	기간	성격	내용	성과
1차	07.5.~7.	시굴	'서부건축군' 시굴조사	건물지 40여동 확인 축대 및 배수로 등 확인
2차	07.9.~11.	발굴	제1건물지군 발굴조사	건물지 5동 발굴
3차	08.11.~12.	발굴	제2, 제3건물지군 발굴조사	건물지 10동 발굴
4차	10.3.~5.	발굴	'추정건덕전구역'발굴조사	건물지 5동 발굴
복구조사	11.11.~12.	복구	'서부건축군'복구조사	-
6차	14.7.~8.	발굴	제5건물지군 발굴조사	대형계단 및 배수로 발굴
7차	15.6.~11.	발굴	제6·7·8건물지군 발굴조사	건물지 20여동 발굴
8차	18.10.~12.	발굴	중심건축군서편 축대 발굴조사 및 정비현황조사	대형계단 등 발굴조사

1994년 회경전-장화전(長和殿)의 북쪽으로 위치하는 원덕전(元德殿)에 대한 발굴조사[6]가 실시되었다. 원덕전은 사방이 회랑으로 둘러진 독립된 건축군으로 본전(本殿)과 후전(後殿)으로 이루어졌으며 남쪽 회랑에는 출입시설의 기초가 위치한다. 발굴조사를 통해 원덕전터의 초석과 기단석을 확인하였으며 북쪽의 공터를 발굴조사하여 후전 건물지를 확인하였다. 또한 발굴조사 과정에서 막새, 벽전, 바닥전, 못, 구슬 자기편 등의 유물을 수습하였다.

---

5 개성발굴조, 「개성 만월대의 못과 지하하수도 시설물에 대한 조사발굴 보고」, 『조선고고연구』 제3호, 1986.

6 한인호, 「만월대 중심건축군의 원덕전터 발굴보고」, 『조선고고연구』 제92호, 1994.

1999년 궁성의 동지(東池)에 대한 발굴조사[7]를 실시하였다. 동지는 회경전의 동쪽축대에서 동쪽으로 약 130m가량 떨어진 곳에 남북으로 긴 형태로 자리한다. 못의 크기는 남북 270m · 동서 190m로 주위로 둑을 쌓아 조성하였다. 인공적인 둑을 조성한 것으로 볼 때 판축기법 등을 이용한 것으로 판단된다. 둑의 토층에 대한 설명이 비교적 상세하게 기술되어 있는 것으로 볼 때 둑을 절개하여 토층조사를 실시하였던 것으로 파악되나 별도의 도면을 제시하지는 않았다. 북한에서 발간된 자료로 볼 때 동지에 대한 조사를 마지막으로 궁성에 대한 공식적인 조사는 이루어 지지 않은 것으로 보인다. 하지만 궁성 주변을 정비하는 과정에서 소규모의 수습조사 등이 이루어졌을 가능성도 배제 할 수 없다.

1999년의 발굴조사 이후 궁성에 대한 공식적인 조사는 2007년부터 2010년까지 이루어진 개성고려궁성 남북공동발굴조사이다. 조사는 지금까지 총 4차 230일간 이루어졌다. '중심건축군' 서쪽으로 위치하는 '서부건축군' 33,000㎡에 대한 시굴조사와 그 결과를 바탕으로 약 9,600㎡에 대한 발굴조사를 실시하여 20여동의 건물지를 확인하였으며 9,000여점의 유물을 수습하였다. 특히 『고려사』에 기록된 궁성 내부의 진전(眞殿)인 경령전(景靈殿)을 확인 한 것은 발굴조사의 가장 큰 성과라 할 수 있다.

2007년 5월 15일부터 7월 13일까지 이루어진 1차 조사는 궁성의 중심인 회경전(會慶殿)의 서편구역30,000㎡에 대해 시굴조사의 형태로 진행되었다. '서부건축군' 전체에 대한 유구의 유무를 확인하였던 1차 조사는 지금까지 그 성격이 명확하지 않았던 궁성의 서쪽지역에 대한 많은 새로운 정보를 제공하였다. 조사결과 '서부건축군'의 건물은 위치한 지점에 따라 중심축선이 서로 다른 상태로 확인되며 조사구역의 북쪽으로는 대형 건물지가 위치하는 반면 남쪽으로는 소형 건물지가 조밀하게 위치하

7 리창언, 「만월대의 동지에 대하여」, 『조선고고연구』 제112호, 1999.

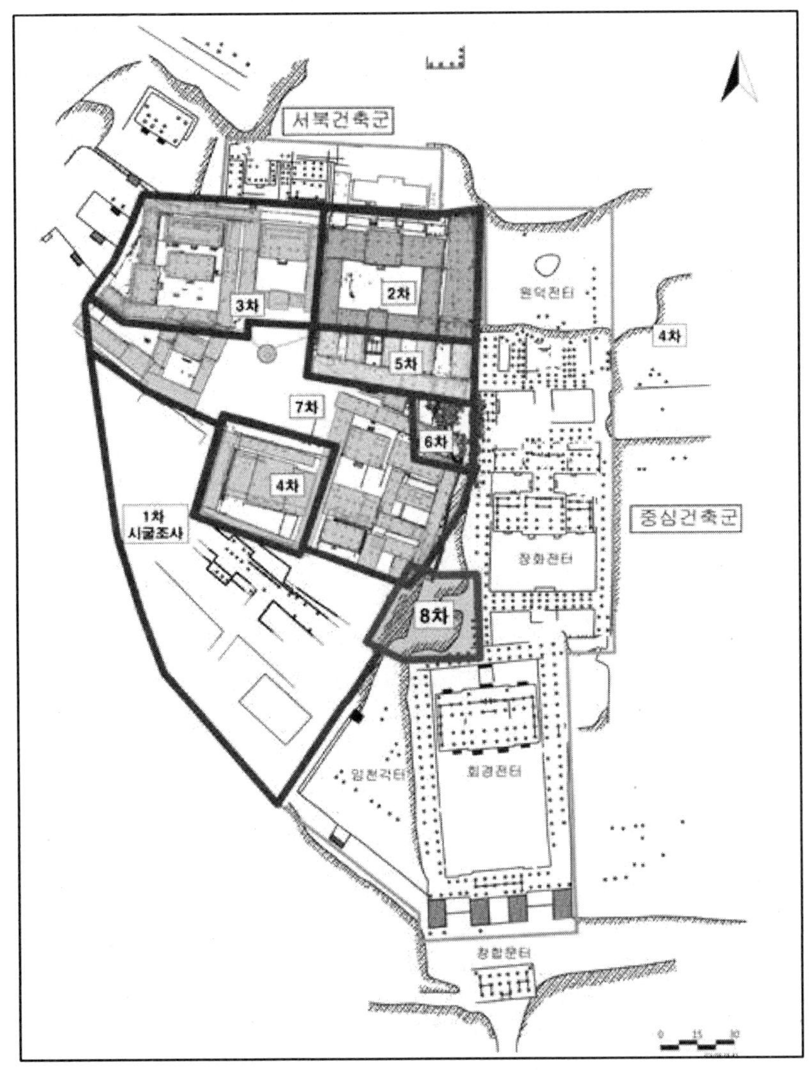

그림 1. 개성 고려궁성 남북공동발굴조사 현황도

고 있음을 확인하였다. 이러한 차이는 건물 혹은 건물군의 성격과 용도에 따른 공간의 분리 때문이었을 것으로 추정된다. 특히 '서부건축군'의 가장 서쪽에 위치하는 17호 건물지에서는 건물 내부에 5개의 예단(禮壇)

기초시설이 확인되어 기록상 5대 왕의 초상화를 봉안하였다는 경령전(景靈殿)으로 추정된다. 또한 평면형태가 '亞'자형인 건물의 본채와 좌우 곁채로 이루어진 구조적 특징을 가지는 건물을 확인하였는데 본채와 곁채간의 주칸 거리, 특히 본채와 곁채의 접속부분이 현저한 차이를 가지고 있음이 확인되었다.

2007년 9월 7일부터 11월 16일까지 이루어진 2차 조사는 '서부건축군'의 북동쪽 1건물군을 대상으로 이루어졌다. 1건물군은 시굴조사 당시 확인된 건물지 중 가장 규모가 큰 1-1호 건물지를 중심으로 하는 동서 47m, 남북 90m 규모의 건물지군이다. 전체 7개의 건물로 일곽(一廓)의 건물지군을 이루고 있으며 동 · 서 · 남쪽의 세방향으로 회랑식 건물을 배치하여 1-1호 건물지를 둘러 싼 형태이다. 북쪽은 '서북건축군' 축대를 경계로 구분되는데 건물지군의 북쪽과 남쪽으로는 계단과 문지를 두어 주변 건물지군으로의 이동이 원활하도록 하였다.

1-1호 건물지는 평면 '亞'자형으로 2개의 동으로 구성된 '亞'자형 건물을 중심으로 회랑식 건물들이 서로 연접하며 둘러싸는 형태로 건물의 좌우기단을 이용한 남북방향의 배수로는 배수와 주변 건물지군과의 공간분리 등의 기능을 담당하였던 것으로 추정된다. 조사지역을 비롯한 전체 궁성지역은 북고남저 형태의 원지형으로 인해 동서방향의 축대를 축조하여 건물을 배치하였으며 이러한 건물들이 포함된 각각의 건물지군은 중심건물 주변으로 회랑식 건물을 배치하여 주변 건물과 차단되어 있으나 다수의 계단과 석교(石橋)를 이용하여 상호 유기적인 동선으로 연결되어 있음을 확인할 수 있었다.

2차 조사에서는 '서부건축군'의 배후 축대 즉 '서북건축군'의 대지를 형성하기 위해 조성된 축대가 확인되었는데 일반적으로 '중심건축군'에서 확인된 축조기법(가로쌓기 및 심석 사용, 화계 조성 등)이 기본적으로 적용되고 있으나 '서북건축군' 축대와 같이 직선상의 석축에 치(雉) 형태의 돌출된 축대를 추가하여 변화를 주었다. 또한 원덕전 서편축대의 경우 2회 이상의 증축이 이루어 진 것으로 보이며 가장 후대에 축조된 석축은 최하단 지대석의 상부로 방형 석주를 세운 뒤 석주의 사이에 재활용된 석재 및 와전(瓦塼)을 이용하여 축조하였는데 축대 전체의 붕괴를 막기 위한 것으로 추정된다.

2008년 11월 4일부터 12월 23일까지 이루어진 3차 조사는 '서부건축군'의 북쪽 중앙에 위치하는 2 · 3건물군에 대해 이루어졌다. 2건물군은 전체규모 동서 32m, 남북 37m로 2-1호 건물지를 중심으로 하는 3동의 건물이 동 · 서 · 남쪽으로 둘러싸고 있는 일곽의 건물지군이다. 건물의 배치상태는 1건물군과 유사하며 2호 축대와 2-4호 건물지에 의해 상 · 하단으로 구분된다. 건물지군의 규모는 1건물군에 비해 작은 편이다. 건물군의 중심에 위치하는 2-1호 건물지는 정면 5칸, 측면 3칸으로 건물 내부의 초석과 여기에 연결된 인방석 및 건물지 뒷편으로 연결되는 문지 등으로 볼 때 내부에 벽이 설치된 특수한 용도의 건물로 추정된다.

3건물군은 3-1 · 3-2호 건물지를 중심으로하며 주변을 회랑식 건물이 둘러싸고 있는 형태로 동쪽으로는 3-5호 건물지, 서쪽으로는 3-4호 · 3-7호 건물지, 남쪽으로는 3-6호 건물지가 위치한다. 그리고 3-4 · 3-6호 건물지의 서쪽으로는 3-7호 · 3-8호 건물지가 위치하는데 계단이 배치되어 있는 것으로 볼 때 3건물군에서 서편 아래쪽으로 내려가기 위한 출입시설로 추정된다. 이러한 건물 배치의 특성으로 볼 때 중심건물지를 일곽의 가장 깊숙한 곳에 배치한 뒤 회랑과 건물을 이용하여 주변공간과 분리하는 경령전 일곽의 공간 배치 구조를 확인 할 수 있었다. 건물지군의 중심에 위치하는 경령전은 정면 5칸 측면 3칸의 구조로 중앙의 어칸이 양측면 협칸에 비해 넓으며, 정면 3칸에는 문을 설치하였다. 건물의 전면을 제외한 양 측면과 후면에 위치한 초석의 안팎으로는 할석으로 축조된 두께 80㎝ 내외의 석열이 확인되는데, 건물의 기둥과 내부 시설을 보호하기 위한 방화벽 혹은 지붕의 무게를 지탱하기 위한 내력벽(耐力壁)의 기초로 추정된다.

2010년 3월 23일부터 5월 18일까지 이루어진 4차 조사는 1차 조사 당시 조사지역의 중앙에서 확인된 바 있는 건물지군과 1 · 2 · 3건물군 전반에 걸쳐 이루어졌다. 조사는 '서부건축군'의 중심 건물지에 대한 평면구조 확인과 1 · 2 · 3건물군에 대한 토층조사를 중심으로 이루어졌다. '서부건축군' 중심건물지군은 현재 파괴가 심하게 이루어져 초석과 적심은 확인되지 않으며 기단 일부만이 확인되는데 중심건물 주변으로 회랑이 둘러져 있는 것을 확인 할 수 있었다.

1 · 2 · 3건물군에 대한 토층조사는 '서부건축군'의 조성방법과 현재까지의 변형과정을 확인, 유추 · 복원하기 위한 것으로 개별 건물지군에 동-서, 남-북 방향의 탐색갱을 원지반까지 설치하여 각 건물지군이 자리하고 있는 자연구릉의 본래 형태를 확인하였다. 이러한 조사를 통해 궁성 축조 이전의 지형에 대한 정보를 얻을 수 있었으며, 현재 건물지군의 아래에 위치하는 선대유구의 흔적을 밝혀 조사지역이 궁성 내부에서 오랜 기간 동안 지속적으로 사용되어졌음을 확인할 수 있었다.

5차 조사는 2011년 11월 24일부터 12월 20일까지 안전진단과 폭우로 인한 긴급 복구조사를 중심으로 진행되었다. 조사는 폭우로 인해 파괴될 위험성이 높은 1건물지군 남쪽으로 자리한 석축과 건물지 등의 유구에 대한 보존조치를 중심으로 이루어져 석축 이탈 예방과 주변 유구의 유실 여부에 대한 긴급조사가 이루어졌다.

6차 조사는 2014년 7월 22일부터 8월 16일까지 '중심건축군'과 '서부건축군'을 연결하는 5건물지군에 대해 이루어졌다. 조사결과 대형 계단 2개소와 이들 계단과 연결되는 문지가 확인되었으며, 대형 계단의 주변으로 남북 방향의 암거식 배수로를 비롯한 총 4기의 배수로가 확인되었다.

7차 조사는 2015년 6월 1일부터 11월 30일까지 '서부건축군' 2·3·4 건물지군의 남쪽지역인 5·6·7·8 건물지군 7,000㎡에 대해 이루어졌다. 조사결과 경령전 일곽과 통행하기 위한 대형 계단과 회랑, 6차 조사에서 확인된 대형 계단의 서쪽으로 이어진 보도와 문지, '중심건축군' 장화전長和殿 서쪽 축대, 우물 등의 유구와 완형에 가까운 용두장식 기와 등이 출토되었다.

8차 조사는 2018년 10월 22일부터 12월 10일까지 고려궁성 '중심건축군'의 회경전과 장화전 사이 중심축대구간 1,070㎡에 대해 이루어졌다. 조사결과 중심건축군(회경전-장화전 구역)과 서부건축군 사이 대형계단 등의 시설을 활용한 유기적 연결관계 및 자연지형을 이용한 축대 등의 축조와 건물배치를 확인할 수 있었다. 또한 기존 회경전 서쪽의 '임천각'이 자리하였을 것으로 추정했던 지역에서 대규모의 건물을 확인하였다. 그리고 조사 과정에서 도교제사 등과 관련된 것으로 추정되는 명문 자기편 등이 확인되어 고려궁성 중심권역 일원의 활용 양상에 대한 학술자료를 확인할 수 있었다.

2) 성과

개성 고려궁성(만월대)에 대한 8차에 걸친 조사를 통해 남과 북이 함께 조사하기로 한 고려궁성 '서부건축군'의 전체 면적인 33,000㎡ 중 약 60%인 19,770㎡에 대한 조사가 완료되었다. 총 490일간 진행된 발굴조사를 통해 태조 왕건에 의한 고려궁성의 건립 당시부터 사용된 것으로 알려져 있는 제2정전인 건덕전(乾德殿)으로 추정되는 건물지를 비롯하여 대형 축대 3개·건물지 40여동·대형계단 3개가 확인되었으며, 7차 조사에서 확인된 만월대 금속활자를 비롯하여 원통형청자·용두기와 등 17,990여 점의 다양한 유물들이 출토되었다.

2007년까지 상대적으로 활발히 진행된 문화유산 분야 남북교류는 2008년 이후 분야와 규모가 급격히 축소되어 사실상 개성 고려궁성(만월대) 남북공동 발굴조사 사업만이 진행되는 상황에 이르렀으며 이마저도 급변하는 남북관계에 따라 매우 한정적으로 진행될 수밖에 없었다. 그러나 2015년 추진된 7차 개성 고려궁성(만월대) 남북공동 발굴조사의 경우 사업이 시작된 2007년 이후 최장 기간인 6개월 동안 공동조사를 진행해 사실상의 사업 정례화 기반을 조성하였다. 그리고 2015년 7차조사 기간 동안 최초의 남북공동 전시와 학술토론회, 전시관람이 이루어져 한동안 답보상태에 머물렀던 남북간의 교류협력에 실질적 돌파구를 열었다. 서울과 개성에서 동시에 개최된 개성 고려궁성(만월대) 남북공동전시회를 통해 500여명의 남측 인원이 개성 전시회를 참관하는 등 어려운 남북관계 상황에서 교류협력 확대에 많은 기여를 하였으며, 이러한 여파는 이후 다른 사회문화교류의 활성화도 촉진시켰다. 특히 국회 외교통일위원회가 상임위원회 차원에서 개성 고려궁성(만월대) 남북공동 출토유물 개성 현지 전시회와 발굴현장을 방문함으로써 언론보도 활성화와 대국민 인지도 상승에 많은 기여를 하였다. 또한 국립고궁박물관에서 진행된 서울 전시의 경우, 5만 여명이 관람하여 개성 고려궁성(만월대) 남북공동발굴조사의 성과를 대중적으로 홍보하는 기회가 마련되었다.

6개월로 길어진 조사기간은 개성 고려궁성(만월대)의 발굴조사 수준과 조사여건에도 많은 긍정적 영향을 주었으며, 이러한 발전된 성과를 바탕으로 금년부터는 상시 발굴조사를 진행해 개성 고려궁성(만월대)과 관련하여 사실상 남북공동의 유적-유물 보존 · 조사 · 연구체계를 완성하는 것을 목표로 설정하기에 이르렀다. 하지만 2015년 이후 개성 고려궁성 남북공동 발굴조사는 약 3년간의 공백기를 맞이하였으며 8차 조사는 2018년 10월에 가서야 재개될 수 있었다. 이마저도 대북제재로 인해 기존 남북 양측이 합의하였던 조사면적의 1/3 가량만을 조사할 수 있었다.

이러한 상황은 현재의 2019년 초반에도 변함이 없는 상황이며 금년 상반기 이후의 북미-남북 관계의 변화가 개성 고려궁성 남북공동 조사를 비롯한 민족유산 분야의 남북교류가 활성화될 기회로 이어지기를 기대하고 있는 실정이다.

3. 고고분야 남북협력의 현안과 과제

1) 현안

최근 북측은 문화유산 분야에 과거보다 많은 투자와 관심을 보이고 있다.[8] 북측의 변화에서 가장 주목해야 할 부분은 문화유산에 대한 당국 차원의 관심이 매우 높아졌다는 것이다. 특히 2014년 10월 29일에는 김정은 제1위원장(현 국무위원장)의 민족문화유산 보호 관련 '로작'(북측 최고 지도자 명의의 저서, 논문 등)인 '민족유산보호사업은 우리 민족의 역사와 전통을 빛내이는 애국사업이다'를 단군릉 현지지도 20주년 기념 보고회에서 공개하였다. 실제 이러한 문건의 발표 이후 많은 변화가 목격되었는데 분명한 것은 문화유산 분야의 조사와 연구 등 다양한 분야에 있어서 이전시기보다 더욱 적극적인 자세로 접근하고 있다는 것이다. 향후 문화유산과 관련하여 북측 내부에서도 보다 많은 관심을 가질 것으로 판단되

8 이하의 내용은 본 논문과 큰 연관성이 없어 본문에 올리지는 않으나 최근 북측의 문화유산 분야 변화 경향을 이해하는데 중요한 부분이라 판단되어 별도로 각주 처리하여 알려드린다.
북측은 비물질문화유산(무형문화유산)에 대한 관심 증가와 이를 전담하는 전문부서를 신설(2012. 8.)하였으며, 문화유산 관련 법령 개정[문화유산보호법] 및 조직[민족유산보호지도국]개편(2012. 11)을 진행하였다. '개성역사유적지구' 유네스코 세계유산 등재(2013. 6.)와 함경북도 칠보산 유네스코 세계생물권보호지역 등록(2014. 7.), 조선-프랑스 개성성 공동발굴조사 전시 개최(2014. 9./평양 조선민속박물관), 비물질문화유산 등록 및 '아리랑', '김치만들기' 인류무형유산 등재 등 문화유산 분야에서 매우 활발한 움직임을 보이고 있다.

며, 남측을 비롯한 세계 각국과 문화유산 교류를 활발히 진행할 것으로 예상된다. 실제로 개성지역의 경우 프랑스, 독일 등 유럽권 국가들과의 협력이 진행된바 있으며, 2010년 이후 평양의 고구려 고분을 중국과 일본과 공동조사 하였다. 2013년 11월 개성 현지 남북간 실무협의 당시, 북측 관계자는 고려궁성(만월대)이 세계유산으로 등재된 '개성역사유적지구'에 포함된 유적인 관계로 발굴중단으로 인한 훼손을 방지하기 위해 남북공동조사가 불가능한 경우 단독으로 복구 및 조사를 추진하겠다는 의사를 전달한 바 있다. 또한 2013년 6월의 중국측 보도에 따르면 평양 중앙발굴팀과 프랑스 · 캄보디아 인원으로 구성된 연합발굴팀이 20여일간 개성지역에 대한 발굴작업을 진행하였으며, 향후 세계 각국이 개성지역에 대한 발굴작업을 적극적으로 진행하게 될 것이라고 하였다.

개성 고려궁성(만월대) 남북공동 발굴조사는 어려운 남북관계 상황에서도 정례화의 기반을 조성했다고 평가할 수 있으나, 여전히 매년 남북간의 합의를 통해 사업이 추진되며 정세 변화에 따라 사업의 추진과 중단이 반복되고 있는 것이 현실이다. 그리고 향후 발굴조사의 정례화 및 장기화에 따른 예산 확보 역시 필수적으로 고려되어져야 한다. 개성 고려궁성(만월대)과 같은 규모의 발굴조사가 상시적으로 진행되기 위해서는 이전 2개월간의 진행에서 소요된 예산의 5배 이상이 요구된다. 또한 조사와는 별도로 유적의 보존을 위한 팬스 등의 시설물 설치에도 상당한 비용이 소요될 것이다. 그리고 향후 사업의 상시화-정례화에 따른 남측 조사단의 상설조직화도 반드시 진행되어야 할 것이다. 남북간 협력사업의 특성상 사업에 대한 남북간의 협의가 완료된 후 약 한달간의 준비기간을 가진 뒤 발굴조사가 추진되는데 이 기간 동안 전문성이 보장된 신규인력을 확보한다는 것은 사실상 불가능하다. 따라서 현재와 같이 남북공동 발굴조사가 언제 다시 추진될지 알 수 없는 상황이라 하더라도 다시 발굴조사에 착수할 수 있도록 항상 준비해야할 것이다.

작년 2018년은 고려건국 1100주년으로 관련 학계 등에서 다양한 남북 공동 사업을 구상한 바 있으나 실제 통일왕조 고려의 역사를 함께 살펴보는 사업은 거의 진행된 바가 없는 상황이다. 올해 2019년은 개경천도 1100주년으로 2018년도에 마무리하지 못했던 다양한 사업들을 다시 점검해 진행하기에 적절할 듯하다. 특히 고려궁성은 그 상징성으로 인해 고려건국과 개경천도와 관련된 다양한 남북공동 사업과 행사들을 준비할 필요가 있다. 가장 일반적으로는 '개경천도 1100주년 기념 남북공동 특별전시 및 남북공동 학술토론회'가 될 것이다. 향후 북미-남북관계가 개선되어 현재의 대북 재제 국면이 풀린다면 양측의 충분한 논의를 바탕으로 추진해야 할 것이다.

2) 과제

세계유산 등재와 더불어 상당부분 국제화가 진행된 문화유산 분야에 대한 보다 더 체계적인 접근이 이루어져야할 것으로 판단된다. 이를 구체화하기 위해서는 남북관계가 소강상태인 현 시점에서 학계와 정부 차원의 다양한 준비가 필요한데 구체적으로는 북측 내 문화유산에 대한 기초자료의 집성과 분석, 향후 문화유산 분야 남북협력사업의 대상과 우선순위, 추진 주체, 진행 방법 등에 대한 학계 차원의 세부적인 설계가 필요하다.

지금까지의 고고분야 남북협력은 발굴조사를 중심으로 진행되어져 왔으나 앞으로는 보다 다양한 접근이 요구된다. 특히 각기 다른 형태로 발전된 남과 북의 고고학적 성과들을 공유하여 양측 모두가 공감할 수 있는 고고학적 인식을 확대해 나가는 작업이 학계를 중심으로 이루어져야 할 것이다. 이러한 작업은 역사학계가 추진해 왔던 역사용어와 관련된 남북간 협력사업의 사례를 활용할 수 있을 것이다.

그리고 지금까지의 다양한 성과를 바탕으로 학계 차원의 「남북문화유산합의서」 체결 요구도 앞으로는 필요할 것이다. 향후 남북의 당국간 회담에서 문화유산분야에 대한 합의가 몇 차례 누적될 경우 현재 타 분야에 비해 문화유산 분야의 교류협력 성과가 월등하게 축적되어있기 때문에 향후 「남북문화유산합의서」가 체결될 가능성이 매우 높을 것으로 판단된다. 이 합의서는 문화유산의 보존관리를 기본으로 북측 문화유산의 세계유산 등재를 위한 국제 협력, 관광자원화 등 다양한 내용을 포함할 수 있을 것이다. 그리고 「남북문화유산합의서」가 체결된 이후, 남북공동으로 후속과제를 기획하여 실행해나가며 실현가능한 사업을 목록화하고 수행기구를 구성하여 단계적으로 추진해 나갈 수 있을 것이다.

2000년 이후 남북간 협력사업이 진행되는 과정에서 문화유산 분야가 보여준 생명력과 성과로 인해 현재 남북협력사업에서 문화유산 분야, 특히 매장문화재가 차지하는 위치는 매우 독보적인 것으로 평가받고 있다. 현 시점에서 돌이켜 봤을 때 이러한 성과와 평가는 타 분야 협력사업의 부진으로 인한 상대적 현상임은 부정할 수 없을 것이다. 하지만 분명한 것은 문화유산 분야의 남북협력이 지향하는 바가 남북으로 나누어지기 이전 과거 '우리'였던 기억에 대한 물질문화를 함께 찾아낸다는 것이며, 이러한 부분은 남북간의 협력사업이 가고자 하는 방향과 일치한다는 것이다.

지금과 같은 남북관계의 미묘한 시점에 앞으로의 일을 이야기하고 설계한다는 것이 무의미한 것일 수도 있다. 하지만 분명한 것은 기본적으로 지금까지의 남북관계는 상대적으로 불규칙적인 긴장과 이완, 반목과 화해가 반복되는 구조 속에서 조금씩 발전해 온 것이 현실이다. 따라서 지금 시점에서는 현실과 미래에 대한 비관적인 자세 보다 지금의 상황과 앞으로 다가올 상황, 그리고 앞으로 학계가 바라보고 나가야 할 지점을 향해 조금씩이라도 움직여야 할 것이다.

참고문헌

『개성 고려궁성』, 국립문화재연구소, 2009.

'개성역사지구의 세계유산 등록을 위한 북남공동 학술토론회와 유적 답사' 학술대회 자료집, 2005.

개성발굴조, 「개성 만월대의 못과 지하하수도 시설물에 대한 조사발굴 보고」, 『조선고고연구』 제3호, 1986.

고려대학교 · 남북역사학자협의회, 「민족공동자산 교류협력 추진방안」, 2013.

『고려사』 권1, 태조2년 정월

고유섭, 『松都의 古蹟』, 열화당, 1977.

국립문화재연구소, 『개성일대 문화유적 연혁자료집』, 국립문화재연구소, 2013.

김창현, 『고려 개경의 구조와 그 이념』, 신서원, 2002.

리창언, 「만월대의 동지에 대하여」, 『조선고고연구』 제112호, 1999.

박성진, 「'개성역사유적지구' 한반도 중세문화의 정수, 세계가 인정하다」, 『통일한국』 제355호, 2013.

박성진, 「유네스코 등재 세계유산을 통한 남북 문화교류 협력방안」, 『통일문화정책포럼』, 한국문화관광연구원, 2014. 3.

박성진 · 윤형준, 「고고분야 남북교류협력의 현황과 향후과제」, 『통일시대를 위한 민족문화자산 남북협력』, 통일부 · 문화재청 · 국립문화재연구소, 2012. 8.

박용운, 『고려시대 開京의 연구』, 一志社, 1996.

북한연구학회, 「민족문화유산 보존 · 활용 중장기 발전방안 연구」, 2016.

前間恭作, 1963 「開京宮殿簿」 『朝鮮學報』 26

정찬영, 「만월대 유적에 대하여(1)」, 『조선고고연구』 1989-1, 1989.

정호섭, 「민족공동 문화유산 관련 남북교류협력의 역사와 평가」, 민족문화자산 남북공동보존 학술심포지엄 『통일시대를 위한 민족문화자산 남북협력』, 통일부 · 문화재청 · 국립문화재연구소, 2012.

조선유적유물도감편찬위원회, 『조선유적유물도감』 10, 외국문종합출판사, 1991.

한인호, 「만월대 중심건축군의 원덕전터 발굴보고」, 『조선고고연구』 제92호, 1994.

제2부

통일문화의 교량자들

분단의 벽은 학부모들의 통합교육 열망에 의해 무너질 수 있었는가?
: 북아일랜드 통합교육운동에서의 학부모 내러티브를 중심으로

강순원

1. 서 론

북아일랜드 통합교육은 종파적, 계급적, 성차별적 교육모순을 해결하기 위한 교육개혁운동일 뿐만 아니라 사회민주화를 위한 평화운동이자 종파적 분리주의를 극복하기 위한 사회개혁운동으로 평가된다.[1] 지금은 그 강도가 아주 약화되었지만 필자가 북아일랜드 방문을 시작할 즈음 통합교육은 북아일랜드교육이 지향해야 할 지당한 방향으로 평가될 정도였

1 Brewer, J., Civil Society and Peace in Northern Ireland. *Oxford University Press*, 2011; Duffy, T., "Peace education in a divided society: Creating a culture of peace in Northern Ireland". *Prospects*, 30(1), 2000, pp.15-29.; Thompson, J. F., "Building peace one student at a time: Northern Ireland's school integration". *Journal for the Study of Peace and Conflict*. 2006, pp.1-19.

다.[2] 이후 통합학교관계자를 만나거나 학교를 방문하여 이야기를 하다보면 이구동성으로 말하는 요지가 통합학교 형성과정에서 제일 중요한 것은 지역 학부모들의 열망과 추진노력이라는 점이다. 즉, 자녀들을 위해 지역사회의 폭력적 갈등이 종식되기를 바랐고, 지역사회분단과 교육적 분리주의의 근원인 종파분리주의 학교가 아닌 통합학교를 자기 지역에 세우기를 원하여 그들의 희망과 노력으로 오늘의 통합학교가 만들어졌다는 이야기다.[3] 그래서 모든 통합학교의 학교운영위원회(Board of Governors)에는 반드시 초기 학교설립에 참여했던 학부모(founding parents)나 그들이 만든 재단(trust)의 대표자가 당연직 위원으로 참여한다면서 누가 그 범주의 위원인지를 꼭 보여준다. 이것을 이해하기 까지 상당한 시간이 걸렸고 이해한 후에는 왜 이들이 '나의 학교, 내 아이(my school, my baby)'라고 하는지 그 감정을 알게 되었다.

어떻게 이런 일이 가능할까? 대부분의 나라 그리고 북아일랜드에서도 학교설립은 국가나 민간교육 법인이 하는 것이지 지역의 학부모들이 모여 우리 마을에 학교 짓자 해서 학교가 만들어진다는 것은 상상할 수가 없다. 더구나 학교가 없는 것도 아닌데 말이다. '기존의 학교는 종파학교여서 우리 아이들의 미래를 위해 적합하지 않으니 우리는 종파를 초월한 통합학교를 만들겠다. 그러니 정부는 우리가 할 수 있게 지원해라', 이런 대안적 교육활동 요구가 매일같이 폭동이 일어났던 상황에서 가능했다는 것 자체가 믿어지지 않았다. 이런 의지를 가진 초기 학부모들은 힘을 합해 청원하고, 공개강좌를 하고, 또 교육부에 찾아가 애원하며 기금마련을 위해 무수한 노력을 하고, 학교건물이 없어 컨테이너 건물을 가져다 그것

---

2 강순원. 「Corrymeela Community활동을 통해서 본 북아일랜드 평화교육의 실제」, 『신학연구』, 38집, 1997, 33-55쪽.

3 Mcaleavy, G., Donegan, T. & O'Hagan, C., "Visioning new modes of integrated and shared schooling in Northern Ireland". *European Journal of Education*, 44(4), 2009, pp.539-558.

을 장식하여 사용하기도 하고 아니면 폐교된 건물을 개보수하여 쓰기도 하면서 자기 학교를 만들어갔다. 이 과정에서 개신교와 가톨릭 양쪽의 학부모들이 모여 학교설립과 이후 방향에 대해 토론도 하고, 운동도 같이 하고, 각기 다른 전통의 음식도 나눠 먹으면서 자녀들뿐만 아니라 자신들도 함께 성장하는 즐거움과 희망을 가졌다. 학교설립에 대해 불확실한 상황에서도 소수의 학부모들이 자기 자녀를 보내면서 공유된 미래(shared future)를 확신하며 만든 학교는 세간의 이목을 집중시켰고 문을 열자마자 학생들로 넘쳤다고 한다.[4] 1981년 첫 통합중등학교인 라간 콜리지(Lagan College)가 설립된 이래 현재까지 한 개의 학교만이 폐교했고 대부분의 통합학교가 지역사회에 잘 안착하였다.

지난 20여 년간 북아일랜드를 드나들면서 가졌던 통합학교 관련 질문을 2년 동안의 집중연구를 통해 해소할 수 있게 되면서 특히 설립주체 학부모들을 대상으로 한 본 연구에서는 아래의 의문점을 중심으로 이야기를 풀어 갔다. 왜 통합학교 설립에 참여하였는가? 어떤 사람들이 주로 참여하였는가? 이 지역에 왜 새로운 통합학교가 필요했는가? 학교설립과정에서 어려움은 무엇이고 어떻게 극복하였는가? 자기 자녀들을 위한 대안교육이었음에도 불구하고 왜 교육비용을 국가가 반드시 부담해야 한다고 생각했는가? 교육에 대해 전문성도 없는 상태에서 어떻게 통합교육학교로 지정되는 성과를 이루어냈는가? 이 학교만의 특성은 무엇이고 이것이 공고화되는 과정은 무엇이었는가? 통합학교 간의 상호교류나 협력은 어떻게 이루어지고 있는가? 통합학교의 교육성과를 어떻게 측정할 수 있는가? 북아일랜드 정부는 통합교육을 법제화하고도 왜 종파학교의 압력에 휘둘려 결국 통합교육확대를 주저하는가? 분쟁이라는 어려운 시기를 견디고도 발전한 통합교육이 오히려 갈등 후 사회라는 오늘날 더 더디게

4 Dunn, S., "The role of education in the Northern Ireland conflict". *Oxford Review of Education*, 12(3), 1986, pp.233-242.

진행되고 오히려 정부가 이에 역행하는 정책을 펼치는 이유가 어디에 있을까? 35년이 지난 지금 북아일랜드 통합교육운동의 정치사회사적 의의를 어떻게 찾을 수 있는가?

그동안 만난 통합교육관계자들은 학교장을 비롯하여 50명이 넘지만 그 중에서 연구대담자로 본 연구에 관여하게 되는 사람은 1970-80년대부터 통합교육운동을 주도하고 학교설립에 관여했으며 지금도 학교운영위원으로 참여하거나 지역 평생교육운동에 관여하고 있는 설립학부모(founding parents) 7명으로 제한했다. 그들은 모두 본인의 이름을 밝히는데 동의했고 인터뷰하는 과정 내내 자신들이 가지고 있던 사진이나 팜프렛 등 관련 자료를 기꺼이 제공하였다. 그와 더불어 관련 학교 방문을 최소 2회 이상 실시하였다. 인터뷰기간은 2016년 1월 15일부터 7월 15일 사이에 이루어졌고, 인터뷰는 학교나, 그들의 집, 카페, 혹은 NICIE (Northern Ireland Council of Integrated Education, 북아일랜드통합교육협회)에서 이루어졌다. 연구 대담자는 다음과 같다.

이름	설립학교/연도	직업/현재활동
어윈Eoin	Hazelwood Integrated College, 1985	얼스터대학 교수_퇴임
세실Ceciile	Lagan College, 1981	ACT창간멤버 치과의사_퇴임
안Anne	All Childrens' Integrated Primary School, 1986	여성운동가/지역사회 통합운동
팀Tim	Oakgrove Integrated Primary School, 1991	공무원_퇴임
버니Bernie	Oakgrove Integrated College, 1992	사회복지사_퇴임
에릭Eric	Drumragh Integrated College, 1995	Omagh 초등통합학교장_퇴임
톰Tom	Enniskillen Integrated Primary School, 1989	Erne Integrated College 교장_퇴임

연구방법은 기억과 자료에 의한 내러티브이다. 이들은 말하고 싶어 했고 자신들의 활동에 대해 의미를 부여하고 싶어 했다. 이들의 내러티브가

북아일랜드 통합교육의 살아있는 역사를 만들 수 있다는 기대감 속에서 이들은 적극적으로 이야기했다. 그들의 이야기는 동료들의 다른 자료나 인터뷰를 통해 점검하는 삼각기법도 연구방법으로 사용하였다.

2. 북아일랜드 통합교육의 역사적 함의

아일랜드는 AD400년경 St. Patrick이 기독교를 정착시킨 이래 셀틱 기독교가 발전해왔다. 섬나라인 아일랜드는 해상강대국인 영국, 스페인을 비롯하여 바이킹문화의 영향도 받아왔지만 전반적으로 가톨릭문화에 지배되어 있었다. 하지만 영국왕 헨리8세가 성공회를 중심으로 종교지형을 재편하는 과정에서 9년 전쟁(1594-1603)이 일어났고, 승리한 잉글랜드는 잉글리시와 스코티시들을 아일랜드로 이주시켜 식민사업과 함께 반가톨릭 · 앵글리칸 종교의 확산에 경주하였다. 이러한 식민화과정은 가톨릭에 근간한 아일랜드의 전통적인 지배계급구조를 와해시키고, 특히 스코틀랜드와 가까운 얼스터지역(오늘의 북아일랜드)에 처치 어브 아일랜드와 프레스비테리안(장로교)과 메쏘디스트(감리교) 등 프로테스탄트(개신교)를 중심으로 한 지배세력을 편성하게 만들었다. 이것이 1921년 분단 후 가톨릭-아이리시 내셔널리즘 대 개신교-영국 유니온니스트의 대결구조를 가져왔고 특히 '가톨릭 기반의 북아일랜드 독립이 곧 아일랜드로의 통일'이라는 이념을 지향하는 IRA(Irish Republican Army, 아일랜드공화군)의 사상적 근거로 작용하였다. 이에 대항하는 유니온니스트 민병대는 선조들이 일군 이 땅은 영국의 일부라는 명분을 가지고 반IRA활동에 주력하였다. 1949년 완전 자유국가로 독립한 아일랜드공화국과 국경이 그어진 북아일랜드에서는 아이리시 내셔널리즘에 기반한 IRA와 신교기반의 유니온니스트 민병대(para-militaries)간의 내전이 일상의 삶을 위협하는 분

쟁기(the Troubles, 1968-1998)로 이어진다.[5]

폭발과 죽음, 아우성과 공포로 가득찼던 분쟁기 동안에 북아일랜드내의 피해규모를 보면 사상자만도 10만 명을 넘는다. 1968년부터 1998년까지 공식적으로 집계된 사망자가 3,466명으로 10세 미만의 어린이가 37명이나 있고 여성도 321명에 달한다. 사망자 중 민간인 비율이 50%를 넘는다. 1969년 이래 2007년까지 영국군은 총30만 명이 주둔했었으며 영국군도 505명이나 사망했고 30,000여명이 부상당했다. 이 때 영국군인에 의한 희생보다 민병대의 공격에 의한 희생이 훨씬 더 컸다는 사실은 양 진영 간 갈등과 반목이 어떠했는지를 단적으로 보여준다. 당시 북아일랜드 인구가 약 120만이라는 점을 감안하면 가구당 10명 중에 1명꼴로 피해를 입고 살았다고 볼 수 있다. 이로 인해 북아일랜드는 사람 살기에 적합하지 않는 유럽의 오지로 평가될 정도였다. 실업률은 거의 80%에 육박했고 젊은이들은 다 떠났다.[6]

폭력은 응징을 낳고 응징은 또 다른 응징을 낳는 폭력의 악순환 속에서 급기야 1976년 8월10일 영국군대에 의해 총을 맞은 IRA사람이 몰고 돌진한 차에 치여 벨파스트 시내 개신교주거지의 어린아이 3명이 그 자리에서 즉사하는 사건이 벌어졌다. 현장에서 이 사건을 목격한 가족과 친지들은 죽음의 고리를 끊고 절망을 넘어 희망을 찾자는 평화동맹peace rallies을 이어가자고 절규하였다. 이어 '평화의 사람들peace people'이라는 집회를 통해 우리 아이들이 더 이상 죽음으로 내몰리지 않게 되는 세상을 만들자는 호소는 퍼져 나갔다. 이를 주도한 베티 윌리암스와 코리건 맥과이어가 그 해 노벨평화상을 타게 되면서 북아일랜드 이슈가 또

5 Millar, F., *Northern Ireland: A Triumph of Politics. Interviews and Analysis 1998-2006*, Dublin: Irish Academic Press. 2009.

6 McKittrick & McVea, *Making Sense of the Troubles, A History of the Northern Ireland Conflict*, London: Viking Penguin Books. 2012.

한 번 세계인의 주목을 받게 되었고 폭력종식의 목소리는 이후 여성들이 중심이 되는 평화운동의 한 축으로 작용하게 된다. '평화의 사람들'이 지향한 아이들을 살리자는 평화운동은 자연스럽게 종파적 분리주의를 극복하고 통합으로 나아가자는 학부모들을 결집시키면서 1972년부터 일고 있었던 "모든 어린이들을 다함께(All Children Together, ACT)" 교육운동은 한층 고양될 수 있었다.

Declaration of the Peace People 평화의 사람들 선언

우리는 이러한 평화운동으로부터 세계에 단순한 메시지를 전달한다.
우리는 정의롭고 평화로운 사회 건설을 희망하며 그렇게 살고 싶다.
우리는 우리 자신들을 위해 가정과 일터에서 그리고 공원에서 기쁘고 평화로운 삶을 원했듯이 우리 아이들을 위해서도 그렇게 원한다.
우리는 그러한 일이 엄청난 헌신과 노력 그리고 용기를 필요로 함을 인지하고 있다.
우리는 또한 우리 사회에 갈등과 폭력의 원인이 되는 문제점들이 많다는 것을 알고 있다.
우리는 매일 반복되는 폭격과 방화가 그러한 일을 더 어렵게 만들고 있다는 사실도 인지하고 있다.
우리는 폭격, 방화를 비롯한 폭력의 사용을 거부한다.
우리는 우리 사회에 빚어지는 이와 같은 비극이 나쁜 기억으로 남고 계속 경고되는 이러한 상황 속에서 평화로운 사회를 건설하기 위하여 우리의 이웃과 매일매일, 자신이 할 수 있는 일을 통해 더불어 헌신하고자 한다.

구교계와 신교계가 따로따로 학교교육을 제공하는 적대적 상황에서 '모든 아이들을 함께(ACT)'를 슬로건으로 내세운 가톨릭학부모들이 1972년부터 통합교육을 논의하기 시작했다. 하지만 종파분리주의에 기반한 기존의 학교들이 통합교육에 대해 거세게 저항했다. 심지어 데니스 폴 신부는 통합교육을 '영국의 더러운 정치적 술수(UK dirty political trick)'라며 가톨릭계의 단결을 호소했고 개신교측 역시 종교교육을 포기한 처사라며 강력히 반발했다.[7] 학부모들은 정계에 호소하고 청원하며 교육이 달라져야 아이들의 미래가 있다, 언제까지 아이들이 서로 등을 돌리고

살게 할 것인가, 세계가 달라졌다며 바로 이웃을 보고 우리도 바꾸자고 설득했다.[8]

당시 영국정부는 이미 11세 시험의 폐지를 공약으로 한 교육개혁에 진입한 상태였기 때문에[9] 모든 능력의 어린이가 함께 라는 선발고사폐지를 환영했고 또한 종파분리주의에 근간한 학교를 전환하여 지역사회의 한 학교로 통합한다는 교육이념이 국제적인 흐름과 일치한다는 관점에서 이를 환영했으나 북아일랜드 의회는 입장이 달랐다. 정치권은 철저히 종파주의적 이해집단과 정치적 이해를 같이 했다. 아일랜드 역시 가톨릭에 근거한 학교교육의 문제점을 극복하기 위한 다함께 교육을 Educate Together 운동이 시작되었던 터였다.[10] 1970년대 북아일랜드를 둘러싼 이러한 교육변화에도 불구하고 북아일랜드교육의 정치적 환경은 훨씬 더 수구적 입장으로 고착되었다. 종파주의에 기반한 테러와 방화 및 일상의 공격은 학교교육 자체를 더욱 더 기존 질서에 편입하게 만들고 있었다. 학교교육을 바꾸자는 것은 당시의 분위기에서는 적의 편에 편입한다는 것을 의미할 정도로 정치화되어 있었던 것이다.[11] 이러한 복잡한 환경 속에서 다행히 1978년 서로 다른 종교적 배경의 어린이들이 다함께 교육하자는 던리쓰(Dunleeth) 법안이 웨스터민스터에서 가결되었으나, 그 해

---

7 Dunn, S., "The role of education in the Northern Ireland conflict". *Oxford Review of Education*, 12(3), 1986, pp.233-242.

8 Bardon, Jonathan. *The Struggle for Shared Schools in Northern Ireland: The history of All Children Together*. Belfast: Ulster Historical Foundation. 2009.

9 Halsey et al., 강순원 편역, 『우리 시대를 위한 교육사회학 다시 읽기』, 한울 아카데미, 2012.

10 Drudy, S. & Lynch, K., *Schools and Society in Ireland*. Dublin: Gill & Macmillan. 1993.

11 Dunn, S. & Morgan, V., "A fraught path'-Education as a basis for developing improved community relations in Northern Ireland". *Oxford Review of Education*. 25(1-2), 1999, pp.141-153.

스토먼트의 북아일랜드 의회는 이를 부결시켰다. 기존의 지역학교를 종파별로 분리하는 것이 아니라 통합·운영하도록 개혁한다는 ACT의 교육철학은 분리주의를 기본으로 하는 종파학교의 비타협주의와 정치권의 비협조로 인해 불가능해졌다.[12] 이러한 북아일랜드 환경에서 통합교육의 방향이 옳다면 이제는 그런 학교를 신설하는 길밖에 없었다.

> 교육부는 던리쓰법에 따라 기존 학교를 통합학교로 전환하려는 계획을 세웠었는데 의회에서 이것이 부결되자 통합교육개혁은 물 건너갔다. 그래서 우리가 라간을 먼저 만들고 이를 인정하는 재정지원자율학교(grant-maintained school)로 가려고 하자 그 때에서야 교육부는 어떻게 할지 고민했고, 84년에 라간에 지원을 결정하고는 이후엔 그 틀에 따라 통합학교를 하겠다고 했다. 즉 북아일랜드 교육제도를 통합교육의 틀로 전환하는 것이 아니라 부모들이 청원하여 요건을 만들어오면 그 통합학교를 인가하는 형식으로 나갔던 것이다. /세실

통합학교 신설과정에 참여한 주도세력이 상대적으로 용기있는 중산층 학부모들이었다는 비판이 있지만,[13] 당시 북아일랜드의 반통합교육 환경하에서는 불가피한 것으로 이후 신설통합학교의 물꼬를 트는 역할을 하였고 이후 일반학교와 마찬가지로 국가지원을 받게 되면서 계급적 편향성을 띠지 않게 되었다는 것이 증명되었다.[14] 라간 설립과정엔 ACT 멤버와 학부모들뿐만 아니라 통합교육으로 전환해야 북아일랜드에 평화가 있

---

12 Pickett, L., "Integrated schools in Northern Ireland: Education for peace and reconciliation". *Childhood and Education*, 84(6), 2008, pp.351-369.; Smith, Alan, "Religious segragation and the emergence of integrated schools in Northern Ireland". *Oxford Review of Education*, 27(4), 2001, pp.559-575.

13 O'Conner., & Tell, C., "In Northern Ireland: Schools of reconciliation". *Educational Leadership*, 56(7), 1999, pp.56-60.

14 Gallagher, T., Smith, A. & Montgomery, A., "Integrated education in Northern Ireland". report 1 & 2 & 3. University of Ulster UNESCO Center. 2003.

다고 주장한 연합당(Alliance) 정당대표인 던리쓰 의원을 비롯하여 교육부 장관인 맥가이버 의원 등도 참여했다. 다양한 능력과 신앙적 배경을 가진 어린이들이 다함께 공부하는 통합교육(an integrated, all-ability education) 학교인 라간에는 28명의 학생이 첫 등록자였는데, 학생 수가 계속 증가하여 현재 라간은 1,200명이 넘는 대형 콜리지로 발전했다.[15] 1981년 설립 이후 초기엔 통합교육에 대한 몰이해와 종파분리주의 학교의 반발로 4년 동안 그 이상의 통합학교 설립이 이루어지지 않다가 1984년 벨파스트통합교육트러스트(BELTIE)가 발족되면서 북벨파스트에 헤이즐우드 초등학교와 콜리지가 세워지고 남동쪽에 포지초등학교가 각각 1985년에 설립되었다. 이후 3개가 더 세워져 7개의 통합학교가 설립되자 이러한 통합학교를 관장하고 신설을 지원할 중앙기구로 북아일랜드통합교육협회 NICIE가 1987년 설립되었다. 이후 영국교육법(UK Education Act)의 개혁과 나란히 1989년 개정된 북아일랜드 교육법령(NI education order)을 통해 통합교육의 장려가 성문화되었고, 법적으로 통합학교는 국가지원을 받게 되었다.

북아일랜드 분쟁기 동안의 평화를 향한 교육적 고투는 상호이해교육(Education for Mutual Understanding, EMU)과 통합교육운동으로 모아진다.[16] 비록 서로가 다른 종파학교에 다니지만 같은 지역사회에서 종파학교의 벽을 넘어 아이들을 서로 만나게 하면 미래사회의 같은 시민으로서 편견이 극복되고 평화를 이룰 수 있게 된다는 EMU와 함께, 통합교육운동은 사회적 폭력의 근원인 종파적 분리주의를 근본적으로 종식시키기

15 www.lagancollege.com

16 강순원. 「1998년 벨파스트 평화협정과 북아일랜드 평화교육의 상관성 -상호이해교육(EMU)에서 민주시민교육(CE)으로」, 『비교교육연구』 제13권 제2호, 2003, 221-244쪽; Dunn, S. & Morgan, V., "A fraught path'-Education as a basis for developing improved community relations in Northern Ireland". *Oxford Review of Education*, 25(1-2), 1999.

위해 모든 아이들을 한 학교에서 함께 배우게 하여 분열의 씨앗을 애초에 만들지 않는다는 비폭력적 평화교육을 지향한다.[17] 실제로 벨파스트평화협정에서는 "화해와 상호이해를 증진시킬 수 있도록 … 적극적 지원을 아끼지 않으며 … 화해과정의 본질은 … 통합교육이나 혼합주거(mixed housing) 등을 촉진시키는 조치를 포함하여 관용의 문화를 증진시키는 것이다."라며 통합교육의 평화문화적 가치를 강조하고 있다.

북아일랜드의 교육은 지역사회차원에서뿐만 아니라 정치사회적 차원에서 근본적으로 두 종교집단 사이의 분리가 그대로 반영된 사회적 시스템이다.[18] 주거공간이 종파별로 분리되었기 때문에 학교 역시 종파학교로 분리되었다. 종파분리교육을 통해 두 집단의 아이들은 서로의 다름에 대한 불관용을 학습하고, 상대방에 대한 부정적인 고정관념을 주입받는다. 아이들은 사회적 관습과 역사에 의해 학교를 선택해볼 기회도 갖지 못하고 반강제적으로 분리되어 교육을 받아왔으며, 이것이 강화되어 다른 진영에 대한 적대자상을 자연스럽게 수용하였고 이것이 상대 집단에 대한 혐오범죄로 이어져도 이런 것들이 사회통념상 문제시되지도 않았다. 그렇기 때문에 교육의 분단화가 극복된다는 것은 곧 사회적 분단화를 해체할 수 있는 시작점이라 전제해도 과언이 아니다.[19]

이런 맥락에서 북아일랜드 통합교육운동의 의미를 찾을 수 있으며, 그 과정에서 나타난 다양한 한계와 성과들이 갈등과 분단의 사회에서 화해와 통합된 사회로 나아가는 방향을 제시해준다고 볼 수 있다.

---

17 강순원. 「분단극복을 위한 북아일랜드 통합교육운동의 역사적 성격」, 『비교교육연구』, 제25권 제6호, 2015, 79-100쪽.

18 Smith, Alan, "Religious segragation and the emergence of integrated schools in Northern Ireland". *Oxford Review of Education*, 27(4), 2001, pp.559-575.

19 Abbott, L., "Norther Ireland's integrated schools enabling inclusion: A new interpretation?". *International Journal of Inclusive Education*, 14(8), 2010, pp. 843-859.

3. 통합교육 형성과정에서의 학부모 주체론

1974년 학부모들이 시작한 ACT는 북아일랜드 교육구조를 통합교육이념의 틀로 변혁하는 데는 실패했으나 이에 대한 반성으로 직접 통합학교 만들기로 전환하여 1981년 라간 콜리지를 설립하였다. 이후 통합교육운동은 사회통합운동과 연동되어 현재까지 63개의 초중등학교, 전체 학교의 약 7%가 통합학교로 운영되고 있다.[20] 종파분리주의에 근거한 북아일랜드 교육방향을 비폭력, 관용과 평화 그리고 화해의 교육철학으로 나아가게 하는데 있어서 전 사회의 평화운동진영과 함께 한 통합교육운동은, 각기 평화교육운동으로,[21] 분단극복운동으로,[22] 비폭력교육운동으로,[23] 지역사회협력 교육운동으로,[24] 오늘날 분단극복 시민교육으로[25] 평가되면서 다른 목소리로 존재를 알린다.

1) 우리 아이들을 위해 분단을 넘어 평화로

북아일랜드에 오면 아직까지도 상위 그라마 스쿨이 어디어디고 그것이

---

20 www.nicie.org

21 McGlynn, Claire. "Education for peace in integrated schools: a priority for Northern Ireland?", *Child Care in Practice*, 10(2), 2004, pp.85-94.

22 Gallagher, T., "Balancing difference and the common good: Lessons from a post conflict society". *Compare*, 35(4), 2005, pp.429-442.

23 Donnelly, Caitlin, "Constructing the ethos of tolerance and respect in an integrated school: The role of teachers". *British Educational Research Journal*. 30(2), 2004, pp.263-278.

24 Hayes, Bernadette C. & McAllister, Ian. "Education as a mechanism for conflict resolution in Northern Ireland". *Oxford Review of Education*, 35(4), 2009, pp.437-450.

25 Abbott, L., *op.cit.*, 2010, pp.843-859; Wylie, K., "Citizenship, identity and social inclusion: Lessons from Northern Ireland". *European Journal of Education*, 39(2), 2004, pp.237-248.

가톨릭학교인지 개신교학교인지가 아주 중요하다. 학교운영비를 국가에서 100% 지급하는 데도 가톨릭교회가, 개신교 교회가 교육에 대한 운영권을 포기하지 않는다. 오늘날도 가톨릭가정의 90% 이상이 가톨릭 학교에 다니고 개신교 가정의 90%이상이 개신교 학교에 다닌다.[26] 지역사회도 예를 들어 벨파스트를 동서남북으로 나누어 보자면, 동은 주로 개신교 노동계급이, 서는 가톨릭 노동계급이, 남은 개신교 중산층과 일부 가톨릭 중산층이, 북은 가난한 지역으로 양진영이 섞여 사는데 일상에서의 크고 작은 분쟁과 폭격이 주로 이 지역에서 일어난다. 물론 큰 싸움은 지역을 안 가리고 언제 어디서고 일어나서 엄청난 피해를 발생시킨다. 이러한 폭력적 대립이 극심했던 1968년에서 1998년까지 30년, 즉 한 세대에 걸쳐 그 피해는 갓난이에서부터 노인에 이르기까지 전 연령, 전 사회에 파급되었다. 이 때 민간인 희생자들 절반이 벨파스트에서 발생했는데 특히 1971년에서 77년까지 해마다 수백 명이 폭격으로 숨졌다. 여성들도 총을 들었고 심지어는 아이들도 총을 들고 싸웠다. '적을 죽이지 않으면 적이 내 가족을 죽인다. 그러니 적을 죽이는 것이 내 민족을 위한 애국주의적 행동이다.'라는 생각을 서로 분단된 지역사회에서 종파분리주의 학교를 통해 더욱 더 심화시켰다.

> 나는 1952년 벨파스트 샨킬로드에서 태어나서 잠시 캐나다에서 살다가 1965년에 다시 돌아와서도 샨킬로드에서 살았습니다. 집안이 개신교라 1969년에 개신교 여학교, 당시는 남녀공학이 없었습니다, 에 다녔는데, 학교를 오가다가 펄스 로드에서 오는 가톨릭 학생들 간에 매일 싸움이 일어났어요. 당시 특히 그 지역상황은 최악이었지요. 샨킬과 펄스는 도로 하나를 두고 가톨릭 지역, 개신교 지역이니 버스를 탈래도 마주치고 시장을 가더라고 마주치는데 그냥 넘어가질 않아요. 늘 티격

26 Duffy, T., "Peace education in a divided society: Creating a culture peace in Northern Ireland". *Prospects*, 30(1), 2000.

태격했죠. 그게 문화였어요. 괜히 화가 나고 싸워야만 했던 거지요. 그런 환경에서 남자친구가 생겼는데 그가 가톨릭였어요. 나는 정말 이해가 안되었어요. 캐나다하고는 너무나 문화가 달랐고 왜 이래야 하는지 정말 이해할 수가 없었어요. 이게 뭐예요. 사람 사는 건가요? 아휴... 1972년에 나는 캐나다를 여행하고, 남자친구는 스페인을 여행하던 중 남자친구의 집에 개신교사람들이 총격을 가하였데요. 16살 동생이 총을 가까스로 피하여서 죽음은 면했으나 집안은 쑥대밭이 되었고, 그 길로 바로 다음날 남편집 온 식구들은 무서워서 시골로 이사했답니다. 안 Anne

당시 지역 상황은 가톨릭=아이리시 내셔널리스트 대 프로테스탄트=영국계 유니온니스트로 나뉘었고 학교는 종파별로 나뉘어서 운영되고 있었기 때문에 크게 보면 초등은 가톨릭여학교와 남학교, 개신교 여학교와 남학교 두 종류로만 나뉜다. 중등은 여기서는 포스트 프라이머리라고 하는데 여기는 11세 시험결과를 가지고 그라마로 진학하는 사람과 무시험으로 세컨더리 스쿨로 가는 그룹으로 나뉜다. 그러니 가톨릭 그라마 여학교, 가톨릭 그라마 남학교, 가톨릭 세컨더리 여학교와 가톨릭 세컨더리 남학교 그리고 개신교 그라마 여학교, 개신교 그라마 남학교, 개신교 세컨더리 여학교, 개신교 세컨더리 남학교 이렇게 나뉘어져 있다고 볼 수 있다. 종파별, 성별, 능력별 분절화가 북아일랜드 교육제도의 특성으로 되어 있는데, 그 결과 영국 4대 왕국 중 북아일랜드의 학업성취도가 가장 높게 평가되는 것은 이러한 차별화의 결과라고 설명한다.[27] 이것이 사회적, 정치적 갈등의 원인이라고만 볼 수는 없지만 이러한 교육제도가 정치사회적 갈등을 유지하고 재생산하는 기능을 함에는 틀림없다고 믿은 소수의 학부모들이 우리 아이들의 미래를 위해, 그리고 폭력을 줄이기 위해 성격이 다른 학교를 만들자고 움직이기 시작했다.[28] 1970년대 영국이나

27 Gallagher, T., Smith, A. & Montgomery, A., *op.cit.*, 2003.

아일랜드 교육개혁 상황들을 바라보면서 북아일랜드 내 교육분단화의 문제를 자녀교육에서 심각하게 고민했던 학부모들이 모여 공부하면서 만든 단체가 ACT였다.[29]

> 저희는 남편과 저 둘 다 가톨릭였습니다. 저희는 홀리우드에서 살면서 자녀를 가톨릭학교에 보냈는데 너무나 엄격하고 교리가 답답해서 아이들도 엄청 힘들었고 저희도 불만이었습니다. 거리도 멀었고. 사실 근처에 좋은 감리교 학교가 있었고 목사님도 좋았는데 저희가 가톨릭이라 선택할 수 없는 상황이었죠. 저나 남편이나 직장 일을 하는 바쁜 사람이었지만 아이들 문제에 관한 한 어찌 할 수가 없었어요. 그런 중에 동네(뱅고어)에 교육문제를 함께 이야기할 베티를 만난거죠. 베티 덕분에 저도 확 깨었고 이대로는 안되겠다고 생각했죠. 물론 홀리우드나 뱅고어가 벨파스트 근교 중산층 지역이어서 깨인 학부모들이 상대적으로 많았던 점도 있었지요. 그래서 거의 매주 만나 우리 강령도 만들고 향후 전략도 세우고 했는데 아마도 베티가 잉글랜드 경험이 있어서 통합교육이념을 가져오기가 훨씬 수월했다고 봐요. 전 더블린 출신이기 때문에 그쪽 분위기는 알고 있어서 Educate Together 움직임에 관심을 가졌지만 워낙 그 당시엔 진척이 없던 터라 같이 함께 할 뭐가 없었습니다. ..../ 세실

ACT의 핵심은 베티 벤튼이 한마디로 이야기한 그 이상도 이하도 아니다. 베티는 "아이들-우리 아이들에 대해 이야기하지 않으면서 평화나 화해에 대해 말하는 것은 불가능하다고 생각한다. 그들이 우리 미래의 희망이고 내일의 시민이지 않은가. 그러나 지금처럼 분리되어 성장한다면 어

---

28 Mcaleavy, G., Donegan, T. & O'Hagan, C., "Visioning new modes of integrated and shared schooling in Northern Ireland". *European Journal of Education*, 44(4), 2009, pp.539-558.

29 Bardon, Jonathan, *The Struggle for Shared Schools in Northern Ireland: The history of All Children Together*, Belfast: Ulster Historical Foundation. 2009.

떻게 하나의 지역사회, 하나의 공민이 되겠는가?"라며 통합교육 없이는 북아일랜드의 미래도 평화도 존재하지 않는다고 말한다.[30] 통합교육이야말로 총과 칼이 아닌 비폭력적 방법으로 평화를 이룰 수 있는 가장 강력한 수단이다. ACT는 우리 아이들의 미래를 위해 가장 평화적인 방법에 의해 사회를 변화시키기 위한 수단으로, 당시엔 공유된 미래shared future를 위해 통합교육을 실시하고자 했던 것이다. 그들은 이 이념이 북아일랜드 사회에서 가장 적합한 모형이라고 믿었기에 북아일랜드 의회가 이것을 지지할 것이라고 확신하였다. 1976년 앤 맥과이어 자녀 사망사건은 학교교육 문제는 아니었지만 아이들의 문제라는 점에서 통합교육운동에 적지 않은 동력으로 작용했다. 하지만 여전히 종파학교가 주류인 지역 환경에서 아이들은 종파별 이념에 따라 가톨릭은 가톨릭 민족주의자로서의 길로, 개신교는 프로테스탄트 유니온니스트의 길로 사회화되었고 그 아이들은 각 진영의 미래전사로서 준비하도록 양육되었다. 그 과정에서 사회적 비용이나 피해는 계속 증가했다.

> 난 원래 여기 퀸스 출신인데 졸업 후 잉글랜드로 가서 취업해서 살았다. 아이들이 넷인데 1973년 이곳 엔지니어로 와달라고 해서 왔다. 여기 폴리테크닉이 가깝기 때문에 이곳에 그냥 자리잡았는데 살다보니 너무나 우범지대였다. 아이들은 다 그라마 스쿨로 진학을 했는데 나갔다 돌아올 때면 늘 버스정류장에 나가서 기다렸다 데려와야 되었다. 이런 환경이 끔찍했다. 그래서 아이들은 바뀌어야한다고 생각했는데 바로 그 때 라간이 생겼다. 라간을 보내려고 갔더니 대기자가 너무 많고 지역에서도 보내기가 멀어 우리도 만들자고 했다. 그래서 부모들이 의견을 모았고 준비모임을 했는데 그 때 BELTIE가 적극적으로 후원해 주었다. 학부모들도 후원금을 모으기 위해 안한 것이 없다. /어윈

30 Bardon, Jonathan, *Op. cit.*, 2009. 재인용.

라간이 위치한 남벨파스트가 중산층지역이라고 본다면 헤이즐우드가 위치한 북벨파스트는 가난한 노동자계층 지역으로 늘 불안한 갈등지역이었다. 여기서 가난한 지역민들이 중심이 되어 우리 아이들은 다른 환경에서 살게 하고 싶다는 학부모들에 의해 이른바 민중적 통합학교인 헤이즐우드 초등과 중등이 1985년에 동시에 설립된 것이다. 이어 1987년에는 에니스킬렌 폭탄테러로 지역사회가 패닉에 빠진 상태에서 종파적 분리주의를 넘어 평화를 이룰 수 있는 유일한 길이 통합교육이라고 믿고 주민들은 학교설립에 매진했다.

> 에니스킬렌 초등은 말도 못하게 어려웠죠. 1987년 11월에 시티센터에서 영국군인 추모식 중에 북아일랜드공화군(PIRA)이 폭탄을 던져 재향군인 11명이 사망을 하자 개신교주민들의 분노는 이루 말할 수 없었죠. 그 때 슬라이고에서 보트놀이하던 자녀 폴을 IRA가 배를 폭파시켜 잃게 된 존 맥스웰이 이런 일이 또다시 일어나지 않게 하자며 통합학교 제안을 했죠. 이게 뭔 짓이냐? 아이들이 뭔 죄냐? 우리 세대로 이런 비극은 끝내자. 당시 저는 개신교 그라마학교 교사였는데 바로 합류했죠. 아내는 가톨릭이고 전 개신교라 아이들 학교 선택의 문제가 늘 골치 아팠죠. 에니스킬렌 초등통합학교는 바로 이러한 폭탄테러 직후 이 지역에서 평화를 위해 만들어졌다는 의미에서 특히 정치적 의미가 더 크지요. / 톰

통합학교는 지역에 따라 계급기반의 선택이라기보다는 북아일랜드 상황에 대한 인식과 아이들의 미래를 고려한 특히 혼합혼(mixed marriage) 학부모들이 주도적이었다고 한다. 북아일랜드에서 혼합혼 부부는 자녀들의 학교선택에 아주 고민이 많다. 안의 경우도 그렇고 팀과 버니도 그렇고, 톰과 에릭의 경우 모두 다 혼합혼 부부이다. 정책적으로는 혼합주거를 갈등해소의 한 대안으로 이야기 하지만 혼합혼은 개인의 선택이라 정부가 나서서 장려할만한 일은 아니다. 오랜 전통으로 굳어진 결혼식의

주관에서부터 가족친지들과의 관계 특히 자녀학교선택 등에서 혼합혼은 사회적 어려움이 많았다고 한다.[31]

> 블라디 선데이로 이미지화된 데리에는 의사, 회계사, 요리사, 가정주부, 실업자, 교사 등 다양한 구성원이 참여했어요. 가정형편이 어땠는지는 알 수는 없으나 초등학교를 보내는 젊은 부부가 중심이라 경제적 여건이 그리 좋지는 않았을 것 같아요. 우리도 평범한 가정이고. 제가 기억하는 초기 참여자들을 보면 다 그저 그래요. 단적인 특징을 꼽으라면 많은 부부가 혼합혼(mixed marriage)으로 종교가 서로 달라 자녀를 어느 학교로 보내야할지 고민하던 차라 통합학교는 고민이 없었던 거지요. 저희만 해도 저는 프로테스탄트고 버니(아내)는 가톨릭이거든요. 가톨릭학교를 보내야할지 개신교학교를 보내야할지 정말 고민스럽죠. 우리 아이들도 고민을 안하고 부부도 좋고, 또 아이들이 성장해 가면서는 섞여서 살아야 하는데 우리 아이들을 위해서 통합학교 이외 다른 선택은 없어요. 이게 평화지요. /팀

북아일랜드에서 통합교육은 미래의 아이들을 위한 정치사회적 갈등해소교육으로 비친다. 그래서 참여 학부모들은 다음과 같이 통합학교를 바라보았다: 우리 아이들을 폭력이 난무하는 환경에서 성장하게 할 수 없다. 미래는 오늘과 다르다. 갈등은 우리 세대에서 끝내야 한다. 이러기 위해서는 서로 적대자상을 심어주는 종파적 분리주의학교를 거부하고 다함께 모여 일상적으로 만나고 함께 미래를 일구어가는 그러한 통합교육의 장을 건설해야 한다. 이것은 가장 평화적인 비폭력적 문제해결 방안이다.

---

31 Northern Ireland Mixed Marriage Association(2015). *Both Sides Now*. Belfast: Nova. Northern Ireland Mixed Marriage Association, 2015.

2) 통합교육의 국가적 책임은 당연하다

북아일랜드 교육시스템을 통합교육 이념에 맞춰 개혁하려던 방안이 좌절되면서 이것을 구체적으로 실천하는 단위들이 개별화되었다. 그래서 1981년 라간 콜리지 설립이 가시화되었을 때 너필드 같은 비영리 재단의 후원 위에 학부모들이 모금과 직접 충당하는 방법 등을 통해 학교운영자금을 조달해 갔다. 이 과정에서 학부모나 통합교육 지지자들은 통합교육을 북아일랜드 교육섹터의 하나로 인정해 줄 것을 요구했고 그것이 1989년 북아일랜드 교육법령에 성문화되면서 교사인건비를 비롯한 학교운영비 일체를 정부로부터 조달받는데 성공하였다. 그래서 오늘날 북아일랜드에는 개신교계의 Controlled school, 가톨릭계의 grant maintained school, 그리고 비종파적 integrated school, 마지막으로 교수언어를 아이리시로 하는 Irish medium school등의 섹터가 있는데 이러한 학교들은 모두 정부로부터 100% 지원을 받는다.[32]

> 이 지역은 특히 실업이 가장 큰 문제였다. 그러니 종교적 분리주의가 더 극성을 부렸다. 중산층은 상대적으로 마일드한 이념을 가질 수 있지만 가난한 사람들은 자칫 더 극단화될 소지가 많다. 그래서 이 지역은 거의 끊임없는 싸움, 큰소리, 상징적 국기 등이 난무했다. 결국 거리를 두고 한쪽은 개신교 유니온니스트, 다른 한쪽은 가톨릭 내셔날리스트, 이렇게 나뉘는 판국에 내 처도 우리가 여기서 계속 살아야 하느냐고 하소연할 정도였다. 하지만 내가 살던 런던도 마찬가지였다고 생각했다. 거기도 가난한 지역은 마약이 들끓어 아이들을 거기로부터 보호해야 하는 의무가 가장 컸다. 바로 이러한 문제를 가지고 염려했기에 나는 우리 시대로 이러한 분열을 끝내고 싶었다. 가능하면 빨리. 그래서 그것이 교육이라고 생각했고 통합교육운동에 매진했다. 당시 나는 소위 엘리트였기 때문에 할 일이 많았다. 그러다보니 지금까지 역할이 주어

---

32 www.education-ni.gov.uk.

진 것 같다. 라간과 달리 나는 처음부터 이곳은 가난한 지역이기 때문에 무엇보다 학비를 내지 않고non fee paying 다함께 시작하는 것이 중요하다고 생각했다. 이 점이 다른 지역의 통합학교운동과 다른 점이다. 우리는 가난한 지역이기에 단체들의 도움도 어느 정도 받을 수 있었고 주민들도 라간이 중산층 운동이라는 느낌을 가지는 것과는 달리 힘을 합쳐 지역의 무상 통합학교로 설립하자는 취지에 찬동했던 것이다. 이것은 대단한 것이었다. 지금 생각해도 너무나 신나는 일이다. 힘든 줄 모르고 여기까지 왔다. / 어윈

이러한 민중적 통합학교 설립이 가능했던 것도 초기 중산층 주도의 통합학교설립이 성공했고 이것을 제도화하는 과정에서 모든 아동들의 학교교육에 대한 정부책임을 성문화했기 때문이다. 자칫 교육비를 내는(fee-paying) 민간교육활동으로 규정될 수도 있었을 통합교육운동을 제도적 틀로 안착시킨 힘이 바로 학부모들로부터 나왔다. 이들은 이를 위해 교육부에 달려가 로비도 하고 시위도 하고 때론 협조도 하면서 결국 통합학교를 하나의 공식적인 교육섹터로 안착시켜 지금은 누구나 통합교육이념을 존중하면 다 입학할 수 있는 학교로 열어 놓았다. 오늘도 통합학교를 만들 수 있는 힘의 근원이 바로 학부모 선택권이다.[33]

이곳은 특히 가난한 지역이어서 우리는 시작부터 무상교육을 강조했고 그것은 일관적인 우리의 입장이다. 우리가 교육과정을 달리 한다는 것도 아니다. 국가 교육과정 범위 안에서 공생교육을 하자는 취지인데 왜 학부모들이 별도의 교육비를 내야 하는가? / 어윈

가난한 소위 우범지대인 북벨파스트의 헤이즐우드뿐만 아니라 오마 역시 기본적으로 통합교육은 국가교육과정 안에서 통합교육이념을 지키는

33 Mcaleavy, G., Donegan, T. & O'Hagan, C., "Visioning new modes of integrated and shared schooling in Northern Ireland". *European Journal of Education*, 44(4), 2009, pp.539-558.

것이기 때문에 국가지원은 당연하다고 주장한다. 단지 종파적 분리주의 학교들의 눈치를 보는 교육청이나 교육부가 통합학교에 대한 지원을 꺼려할 뿐이다.

> 오마 역시 대부분 우리 같은 혼합혼의 젊은 부부들로 10-12명이 처음 모여 학교를 시작했어요. 이 모든 과정의 중심에 에델과 알리스터가 있었고. 그들이 자녀들도 보냈고 학부모로서도 아주 적극적으로 참여했습니다. 정말로 좋은 사람들로 우리가 행운이었죠. 제1대 교장인 모린 바클러와 두 명의 교사가 부임하게 되었죠. 모린이 처음 부지가 선정된 장소를 가보니 텅 빈 들판에 말 한 마리가 서 있더랍니다. 6주 후엔 완전히 바뀌어 거기다 가건물 두 채를 짓고 아이들이 뛰어놀게 한 거죠. 알리스터가 워낙 건축을 전공한 사람이라 컨테이너를 들여오고, 가구를 옥션에 가서 싸게 사오고, 필요한 급식은 학부모들이 돌아가며 하고, 청소도 하고, 이러한 과정을 거쳐 학교가 빠르게 안정되어 갔죠. 처음 33명으로 시작한 학교가 이제 334명의 비교적 큰 학교로 성장했고 평판도 좋은 편입니다. 하지만 보시다시피 아직도 가건물입니다. 정부가 학교건물을 지을 예산을 주질 않아요. 학생 수가 이렇게 많은 데도 말입니다. 이게 다 종파학교 우선 정책의 결과입니다. 그런데 학부모들이 이를 게의치 않아요. 통합교육이 중요하지 시설은 이 정도면 된다는 겁니다. / 에릭

대부분의 특히 초등통합학교의 경우엔 대기자가 아주 많다. 라간이나 헤이즐우드, 드럼라, 쉼나 등 통합콜리지들도 대기자가 아주 많다. 라간은 현재 가장 들어가기 어려운 콜리지 중 하나이다. 현재 북아일랜드 학부모들의 학교선호도 조사에 따르면 70% 이상의 학부모들이 자녀를 통합학교에 보내겠다고 답하고 있다. 하지만 여전히 오직 7%의 학교만이 통합학교이다. 실제 학부모선택권을 이야기하지만 북아일랜드 정치권이나 교회는 여전히 종파적 분리주의의 수혜자들로 통합교육 의미나 성과를 부정하고 있다.[34]

3) 학부모들 평생학습자로 거듭나다

1970년대 북아일랜드 상황에서 통합교육개념을 창안하여 구체적 정책으로 발전시킨 집단은 교육부관료도 아니고 교육학자들도 아니고 정치가들도 아니었다. 아이들의 문제를 염려하던 지역의 이른바 아줌마들 모임이었다. 이들은 동네에서 만나 자녀들의 이야기와 주변의 종파적 분리주의 학교의 문제점을 이야기하면서 영국이나 아일랜드에서 벌어지고 있는 종합교육개혁이나 Educate Together 운동에 대해 논의했다. 이러한 모형을 북아일랜드의 상황에 맞게 수정하여 정치적 세력화한 개념이 북아일랜드 통합교육이다.

> 1970년대 당시 북아일랜드 오피스(NIO)는 아무런 힘도 없었어요. 영국정부는 강하게 통합학교로 전환시키려 했는데 그럼에도 북아일랜드 의원들이 반대하여 못하게 되었지요. 당시 국제적 환경은 통합교육이나 종합학교에 우호적이었어요. 잉글랜드에서 공부하고 온 사람들은 통합교육에 우호적이었던 데 반해 가톨릭은 나름대로 고집스럽게 자기 영역을 지키고자 했죠. 이것이 바로 우리에겐 힘든 과정이었고 가톨릭에 비해 신교측 협력을 얻어내기 쉬웠던 측면도 있었어요. 영국에서는 11세 시험 폐지를 노동당이 주도하여 성과를 얻고 있던 정책이었기 때문에 그들에게 통합교육은 종합교육과 큰 차이가 없었을 겁니다. 영국은 11세 시험 폐지가 중요했겠지만, 우리의 경우엔 조기선발고사 폐지와 더불어 두 종파간의 대화와 협력, 상호이해 이것이 사회적 분열의 온상이라고 생각했기에 이것을 극복하기 위해선 한 학교에서 함께 공부하고 생활해야 하는 것이 더 중요했지요. / 세실

초기 주창자들이 중산층 지식인들로 세계적 동향에 노출된 사람들이라는 이점이 있었지만 이것보다는 10여 년간의 투쟁 과정에서 북아일랜드

---

34 강순원, 앞의 글, 2015, 79-100쪽.

모형으로 정책된 통합교육의 진정성이 수용되었다고 봐야 한다.

> 잉글랜드 출신인 제게 통합교육은 잉글랜드의 종합교육과 일차적으로는 큰 차이가 없어요. 하지만 북아일랜드의 통합교육은 분단사회의 특수성이 반영된 개념입니다. 북아일랜드는 종파적으로도 분단되었고, 남학교와 여학교로 분단되었고, 그라마와 세컨더리로 분단되었지요. 이 모든 분단을 극복하자고 하는 개념이 통합교육입니다. / 팀

북아일랜드의 통합교육의 특수성은 시대적 소산이기도 하지만 이것을 학교운영방안으로 발전시킨 세력이 바로 학부모들로 이들은 끝없이 공부하였다. 그리고 학교가 설립된 이후에는 학교운영위원으로 참여하면서 계속해서 자기 학교를 새롭게 발전시킬 방안을 연구하는 중이다.

> 학교설립에 필요한 재단 설립의 필요성 때문에 준비위가 중심이 되어 1991년 Foyle Trust를 만들었고 이것은 이후 콜리지를 만들고 ... 재단에서는 재단 몫 학운위 6명을 파견하는 역할이 주어졌기 때문에 이 책임 하에서 설립학부모들을 지금까지 계속 학운위에 참여시키고 있어요. 그래서 다들 아주 열심히 공부하지요. 저는 학교준비위부터 지금까지 관련 기록을 모두 모아 파일링 해놓고 있어요. 이야기하다가 막히면 옛날 기록을 찾아보고 결정하지요.
>
> 사실 학교 부지를 찾아서 구입하고 학교건물을 짓는 것이 가장 중요한 일이었고, 교사임용도 중요한 일이었어요. 학교 부지를 찾아 50군데 이상을 돌아다녔고/가톨릭이나 개신교 모두 불편 없이 접근할 수 있어야 했고, 이러한 것을 가지고 우리가 원하는 학교모형을 만들어 발표도 했지요. 다들 환호하며 정말 그렇게 하자고 좋아했고 이것은 현실화되었어요. 초기엔 학교를 만들기 위해서만 의견을 모았는데 이후엔 학교운영을 위해 다함께 늘 모여 공부했지요. 다른 학교가 잘한다 그러면 다들 모여 견학도 갔어요. 또래조정 프로그램을 한다고 하면 우리도 다 같이 공부해서 우리 아이들도 하게 했지요. 그러다보니 이제는 들어오기 어려운 학교가 되었어요. 이게 안타깝지요. 우리도 자부심을 많이

> 느끼지만 개인적으로 저는 엄청 공부를 많이 했어요. 오크그로브가 없는 삶은 생각할 수조차 없어요. / 버니

이렇게 초기 학교를 만들어 놓은 학부모들은 자녀가 졸업한 후 지역위원 남아 계속 관여를 하기도 하지만 확대된 교육활동가로 살아가는 평생학습자가 되어 있기도 한다.

> 아이가 학교 다닐 때에는 올 칠드런스를 세우는 데 혼신을 다했다면, 아이들이 성장하면서 학부모로서의 역할이 더 이상 요구되지 않아 여성운동가로의 삶을 시작했어요. 6,70년대에 비하면 북아일랜드의 오늘은 놀라운 진전을 했지요. 여정으로서의 평화, 이 길을 폭력적이지 않고 평화적으로 함께 가자는 공동의 약속입니다. 평화협정은 북아일랜드 갈등을 평화로 풀겠다고 천명한 것이어요. 그런데 평화협정 체결과정에서 보니 대부분의 남자들은 정치적 지분, 고용 등과 관련된 이야기만 하지 통합교육의 구체화 등에 대해서는 아무런 이야기도 안하더라구요. 그래서 여성 쪽의 이름으로 당을 만들어 거기(평화협정문구)에 통합교육을 넣어야 한다고 주장을 했고 엄청 싸워서 그게 들어간 겁니다. 이 과정에서 여성이 목소리를 내는 것이 중요하다고 본 거지요. 이것도 제가 성인으로 실천하는 통합교육입니다. 전 지금 Small Wonder Child Center에서 일하고 있는데, 이것이 바로 북아일랜드 갈등의 핵심인 샨킬과 펄스 사이에 있어요. 아이들을 함께 보육하고 상처받은 가족을 치유하는 프로그램을 진행하고 있어요. / 안

4. 결론: 분단의 벽은 무너졌는가?

대답은 'yes and no'이다. 통합학교 안에서는 종파적 분리주의의 벽을 허물었지만, 학교 밖은 여전히 분단의 벽이 그어져 있다. 통합교육이 분단극복의 한 평화적 도구가 되어 일정한 영향을 미치기도 하지만 분단체

제의 구성물인 학교의 종파성을 변혁시키고 사회적 통합을 이루기에는 통합교육만으로는 한계가 있다.

학부모들로부터 희망적 목소리를 듣고 있는 지금 이 순간에도 종파적 분리주의에 근간한 심볼리즘은 여전히 사회적 일상사에 그대로 반영되어 있고, 특히 교육적 분리주의는 평화협정 이후 더욱 고착되어 평화협정에 향후 교육적 지향점으로 제시된 통합교육운동이 진전되지 않고 있다.[35] 오히려 통합교육은 비현실적이라는 정치권의 포기선언에 망연자실한 초기 주창자들의 탄식을 듣게 된다. 북아일랜드의 평화와 불평등은 종파적 분리주의를 극복하지 못하는 한 온전치 않다는 평가에도 불구하고 평화협정 이후의 현실은 종파적 분리주의 학교가 주도하는 상황이다. 그럼에도 통합교육의 이상과 영향은 수적 정체에도 불구하고 여전히 강고하다.

북아일랜드에서 통합교육운동은 단순한 학교개혁운동이 아니다. 분단사회를 넘어서자는 평화의 도구로서 교육의 사회변혁적 역할에 의미를 부여하고 특히 내 자녀의 미래가 곧 북아일랜드의 미래라는 생각에서 동네 학부모들이 주도한 아이 살림의 열망이 통합교육운동을 이끌어 온 것이다. 학부모 기층민에 의한 아래로부터의 추동에 의한 민중교육으로서 통합교육운동은 이런 까닭에 쉬이 사그러들 것 같지는 않다. 공유교육에 의해 도전받는 통합교육이 어떤 방향으로 나아갈 것인가 하는 점 역시 참여 학부모들의 의지로 결정될 것이다.[36]

이러한 사회화 과정에서 집안에 있던 학부모들이 사회변혁의 촉진자로서 평생학습자가 되었다. 다른 나라의 학교제도를 공부하고, 지역주민설득을 위한 노력의 일환으로 지역강연(public meeting)을 추진하고 강연자

35 Hansson, Ulf, Bones, Una O'Connor & McCord, John. *Integrated education: a review of policy and research evidence*. Colerain: University of Ulster, 2013.

36 Connolly, Paul, Purvis, Dawn & O'Grady, P.J., Advancing shared education. Report of the Ministerial Advisory Group, 2013.

로 나서 통합교육 성공사례를 확산하는 것 자체가 변화의 촉진자로서 평생학습자의 진정한 모습이다. 분단극복은 바로 이러한 자기변화를 수반할 때 가능함을 우리에게 시사한다.

1997년 발표된 '함부르크성인교육선언' 14항은 북아일랜드 학부모운동이 성인평생교육의 중요 목표를 실현하고 있음을 보여준다. "시민권과 민주주의를 위한 평화의 문화와 교육. 우리 시대의 가장 주요한 도전 분야 중의 하나는 폭력의 문화를 퇴치하고 정의와 관용을 바탕으로 한 평화의 문화를 이루는 것이다. 이 평화의 문화 안에서는 가정과 공동체를 비롯한 국가 간에서 대화와 상호인정 및 협상이 폭력을 대신할 것이다." 평화와 인권, 민주주의 실현 등은 당대뿐만 아니라 미래 세대들의 안녕을 위해 반드시 구현해야 하는 평생교육 과제이다(UIL, 2010). 그런 의미에서 북아일랜드 학부모 주도의 통합교육운동은 세대를 넘어선 분단체제 극복을 주요 과제로 삼고 있는 한국 평화교육에도 시사하는 바가 크다고 하겠다.

참고문헌

강순원, 「Corrymeela Community활동을 통해서 본 북아일랜드 평화교육의 실제」, 『신학연구』 38집, 1997.

강순원, 「1998년 벨파스트 평화협정과 북아일랜드 평화교육의 상관성 -상호이해교육(EMU)에서 민주시민교육(CE)으로」, 『비교교육연구』 제13권 제2호, 2003.

강순원, 「북아일랜드 또래조정활동의 평화교육적 의미」, 『국제이해교육연구』 제9권 제1호, 2014.

강순원, 「분단극복을 위한 북아일랜드 통합교육운동의 역사적 성격」, 『비교교육연구』 제25권 제6호, 2015.

전우택, 「북아일랜드 스토리텔링과 치유」, 사회적 트라우마와 인간치유 KPI포럼 발표문, 2016.

황익주, 「북아일랜드의 민족갈등과 일상에서의 타자성 경험」, 『비교문화연구』 제9권 제2호, 2003.

Abbott, L., "Norther Ireland's integrated schools enabling inclusion: A new interpretation?". *International Journal of Inclusive Education*, 14(8), 2010.

Bardon, Jonathan. *The Struggle for Shared Schools in Northern Ireland: The history of All Children Together*, Belfast: Ulster Historical Foundation, 2009.

Brewer, J., *Civil Society and Peace in Northern Ireland*, Oxford University Press, 2011.

Connolly, Paul, Purvis, Dawn & O'Grady, P.J., Advancing shared education. Report of the Ministerial Advisory Group, 2013.

Donnelly, Caitlin, "Constructing the ethos of tolerance and respect in an integrated school: The role of teachers". *British Educational Research Journal*, 30(2), 2004.

Drudy, S. & Lynch, K., *Schools and Society in Ireland*, Dublin: Gill & Macmillan, 1993.

Duffy, T., "Peace education in a divided society: Creating a culture of peace in Northern Ireland". *Prospects*, 30(1), 2000.

Dunn, S., "The role of education in the Northern Ireland conflict". *Oxford Review of Education*, 12(3), 1986.

Dunn, S. & Morgan, V., "A fraught path'-Education as a basis for developing improved community relations in Northern Ireland". *Oxford Review of Education*, 25(1-2), 1999.

Gallagher, T., Smith, A. & Montgomery, A., "Integrated education in Northern Ireland". report 1 & 2 & 3. University of Ulster UNESCO Center, 2003.

Gallagher, T., "Balancing difference and the common good: Lessons from a post conflict society". *Compare*, 35(4), 2005.

Hansson, Ulf, Bones, Una O'Connor & McCord, John. *Integrated education: a review of policy and research evidence*, Colerain: University of Ulster, 2013.

Hayes, Bernadette C. & McAllister, Ian. "Education as a mechanism for conflict resolution in Northern Ireland". *Oxford Review of Education*, 35(4), 2009.

Mcaleavy, G., Donegan, T. & O'Hagan, C., "Visioning new modes of integrated and shared schooling in Northern Ireland". *European Journal of Education*, 44(4), 2009.

McKittrick & McVea, *Making Sense of the Troubles, A History of the Northern Ireland Conflict*, London: Viking Penguin Books, 2012.

McEwen, A., *Public Policy in a Divided Society: Schooling, Culture and Identuty in Northern Ireland*, Aldershot: Ashgate, 1999.

McGlynn, Claire. "Education for peace in integrated schools: a priority for Northern Ireland?", *Child Care in Practice*, 10(2), 2004.

Millar, F., *Northern Ireland: A Triumph of Politics. Interviews and Analysis 1998-2006*, Dublin: Irish Academic Press, 2009.

Morgan, V., Fraser, G., Dunn, S. & Cairns, E., "A new order of cooperation and involvement?: Relationship between parents and teachers in the integrated schools". *Education Review*, 45(1), 1993.

Niens, U. & Cains, E., "Conflict, contact and education in Northern Ireland". *Theory into Practice*, 44(4), 2005.

Northern Ireland Mixed Marriage Association(2015). *Both Sides Now*. Belfast: Nova. Northern Ireland Mixed Marriage Association, 2015.

Pickett, L., "Integrated schools in Northern Ireland: Education for peace and reconciliation". *Childhood and Education*, 84(6), 2008.

Smith, Alan, "Religious segragation and the emergence of integrated schools in Northern Ireland". *Oxford Review of Education*, 27(4), 2001.

Tell, C., "In Northern Ireland: Schools of reconciliation". *Educational Leadership*, 56(7), 1999.

Thompson, J. F., "Building peace one student at a time: Northern Ireland's school integration". *Journal for the Study of Peace and Conflict*, 2006.

UNESCO Institute for Lifelong Learning, *Confintea VI*., 2010.

Wylie, K., "Citizenship, identity and social inclusion: Lessons from Northern Ireland". *European Journal of Education*, 39(2), 2004.

겨레말 통합을 위한 사전, 『겨레말큰사전』

한용운

1. 머리말

남북의 우리 겨레는 체제가 다른 상황에서 70여 년을 교류 없이 지냈다. 그 결과 남북의 겨레는 사유 방식이나 생활 방식 등 여러 면에서 적지 않은 차이를 갖게 되었다. 이러한 차이는 남북의 어휘 차이로도 고스란히 이어졌다. 왜냐하면 어휘는 그 어휘가 사용되는 사회의 사회상을 그대로 반영하기 때문이다.

(1) 2010년 남녘에서 태어난 김철수

어머니가 '출판사'에 다니고 있어 철수는 만 1세부터 3년 간 '어린이집'에서 보살핌을 받았다. 2015년에 '유치원'에 입학하였고, 2018년 현재는 6년제 '초등학교'에 다니고 있다. 이후 2023년에 3년제 '중학교'에 입학하고, 2026년에는 3년제 '고등학교'에 입학하게 될 것이다. 만약 철수가 공부에 소질이 있다면 만 18세가 되는 2029년에 곧장 대학에 진학할 것이고, 그렇지 않다면 자신의 선택에 따라 '재수'를 하거나

21개월 동안 '군복무'를 하게 될 것이다.

(2) 2010년 북녘에서 태어난 김철수

어머니가 '기업소'에 다니고 있어 철수는 만 1세부터 3년 간 그 기업소에서 운영하는 '탁아소'에서 보살핌을 받았다. 2015년에 2년제 '유치원'에 입학하여 '낮은반'과 '높은반'을 졸업했으며, 2018년 현재 5년제 '소학교'에 다니고 있다. 2022년에는 3년제 '초급중학교'에 입학하고, 2025년에는 3년제 '고급중학교'에 입학하게 될 것이다. 유치원 '높은반' 1년을 포함하여 12년 동안 국가에서 정한 '의무교육'을 받게 된다. 만약 철수가 공부에 소질이 있다면 만 17세가 되는 2028년에 곧장 대학에 진학하는 '직통생'이 될 것이고, 그렇지 않다면 군대나 직장에 배치될 것이다. '재수'는 원칙적으로 허용되지 않으며, 곧장 입대할 경우 27세까지 10년 동안 '군복무'를 하게 될 것이다.

(1)과 (2)는 2010년에 남과 북에서 각기 태어난 김철수를 가정하고, 이들이 입대할 때까지 겪게 될 상황을 예측한 것이다. 남북 김철수의 생활환경에 적지 않은 차이가 있음을 알 수 있다. 이러한 차이만큼 남북의 어휘에도 차이가 생겼다. (1)과 (2)에서 밑줄 친 단어는 남북의 어느 한쪽에서만 사용되는 단어이거나, 남북에서 함께 쓰이더라도 뜻에 차이가 있는 단어들이다.

앞으로 남북의 김철수는 얼마나 다른 단어들을 쓰면서 살게 될까?

2. 남북 어휘 차이 현황

1) 남북 어휘, 얼마나 달라졌는가?

분단 이후 남측에서는 정부 차원에서 '어휘 체계 변화'를 대대적으로 시도한 적이 없다. 이에 비해, 북측에서는 분단 이후 여러 언어 정책을 강력하게 추진하였다. 1948년부터 1949년까지 '한자말정리사업'과 '한자

사용폐지사업'을 벌였고, 아울러 일제 강점기의 사상 잔재를 청산하기 위해 '어휘정화사업'도 벌였다. 그리고 1960년대 중반부터는 '어휘정리사업'을 본격적으로 추진하였다. 이러한 언어 정책들을 시행한 결과 의사소통을 어렵게 했던 '일본어'와 '어려운 한자어', 그리고 '외래어'가 쉬운 우리말로 많이 순화되었다는 긍정적인 측면이 있지만, 한편으로는 단기간에 인위적으로 어휘 체계를 변화시켜 남북의 어휘 이질화가 심화되었다는 부정적인 측면도 있다.

남북의 어휘 차이를 구체적으로 살펴보기 위하여 남측의 국립국어원에서 편찬한 『표준국어대사전』(1999, 이하 《표대》)과 북측의 사회과학원 언어학연구소에서 편찬한 『조선말대사전 증보판』(2006, 이하 《조대》)을 비교해 보았다. 이 두 사전은 남과 북의 정부 주도로 편찬한 사전이고, 올림말(표제어) 또한 최대로 수록한 사전이어서 남북 어휘 차이의 구체적 현황을 밝히기에 적합하다.

(3) 남북 사전의 올림말 비교[1]

출판 연도	《표대》(1999)	《조대 증보판》(2006)
① 올림말	506,276(북한어 66,460개 포함)	352,943
② 한 쪽 사전에만 있는 말	228,474개	138,472개

《표대》의 총 올림말 수는 506,276개인데, 이 중 '북한어' 66,460개를 제외한, 439,816개의 올림말이 남측에서 쓰이는 단어이다. 439,816개의

1 이 글에서는 '겨레말큰사전 남북공동편찬 사업회'에서 구축한 데이터베이스 자료를 바탕으로 하여 통계를 냈다. 이운영(2002)에 따르면 《표대》의 총 올림말 수는 509,076개로, 위 표의 수치와 약간의 차이가 있다. 그 이유는 대상 자료의 통계 방식에 약간의 차이가 있기 때문이다. 논의 전개에 지장을 초래할 만큼의 차이는 아니므로 이 글에서는 '겨레말큰사전 남북공동편찬 사업회'에서 구축한 데이터베이스 자료의 통계를 이용하기로 한다. 그리고 《표대》에는 '북한어'를 올림말로 등재하고 있는데, '북한어'는 '남측 단어'가 아니므로, 이글에서는 남북 올림말 비교 대상에서 제외하였다.

올림말 가운데 남측 사전에만 수록된 올림말은 228,474개로, 전체 올림말 수(439,816개) 대비 51.9%에 이른다. 남북 사전의 올림말만을 비교 대상으로 한다면, 북측에서는 52% 정도의 남측 단어를 모르는 상황이라 할 수 있다.

《조대》의 총 올림말 수는 352,943개이다.[2] 이 가운데 북측 사전에만 수록된 올림말은 138,472개로, 전체 대비 39.2%에 이른다. 남북 사전의 올림말만을 비교 대상으로 한다면, 남측 사람들은 39% 정도의 북측 단어를 모르는 상황이라 할 수 있다.

《표대》와 《조대》에만 각기 등재된 올림말을 유형별로 제시하면 다음과 같다.

(4) 《표대》와 《조대》 어느 한쪽 사전에만 등재된 올림말의 유형별 분류

분류 \ 사전	《표대》에만		《조대》에만	
일반어 (일상생활에서 쓰이는 단어)	75,635		101,247	
	고유어	15,801	고유어	34,997
	한자어	35,309	한자어	35,284
	외래어	2,022	외래어	533
	혼종어[3]	17,870	혼종어	28,506
	비규범어	4,633	비규범어	1,927
전문어 (전문분야에서 쓰이는 단어)	126,232		25,726	
	고유어	7,663	고유어	3,052
	한자어	75,810	한자어	12,783
	외래어	18,267	외래어	753
	혼종어	22,672	혼종어	9,138
	비규범어	1,820	비규범어	0
지역어	17,131		4,405	
글체			43(한자어 37)	

2 북측에서는 남측과 달리 '속담'과 '성구'를 올림말에 포함하여 통계를 내는 것이 일반적이다. 이 글에서는 남측과 동일한 기준으로 통계를 내기 위하여, '속담'과 '성구'를 올림말 수에서 제외하였다.

말체		625(한자어 83)
낡은말[4]		5,813(한자어 5,783)
임시올림말[5]		170(한자어 60)
은어	454	
옛말(고어)	9,022	443
계	228,474	138,472

《표대》의 일반어 총 개수는 217,035개이다.[6] 이 중 《표대》에만 등재된 일반어는 75,635개이다. 그리고 《조대》의 일반어 총 개수는 271,860개이다. 이 중 《조대》에만 등재된 일반어는 101,247개이다.[7] 《표대》의 일반어를 기준으로 했을 때 65.1%가 《조대》 일반어와 동일하고, 《조대》의 일반어를 기준으로 했을 때 62.7%가 《표대》의 일반어와 동일하다.

《조대》에만 등재된 일반어의 총수는 101,247개이다. 이 가운데 고유어는 34,997개로, 일반어의 총수 대비 34.6%의 비중을 차지한다. 《표대》에 비해 고유어 비중이 14% 이상 높다. 이는 1946년 이후 '한자말정리사업'과 '어휘정화사업' 및 '어휘정리사업'이 대대적으로 추진되면서 남측에 비해 '정책적으로 순화한 고유어'가 많아진 때문으로 볼 수 있다.

한편, 남북의 어휘 차이는 일반어에서보다 전문어에서의 차이가 더 심

---

3 이 글에서 혼종어(混種語, hybrid word)는 '고유어+한자어', '고유어+외래어', '한자어+외래어' 등 '둘 이상의 언어권 단어(또는 형태소)가 결합한 복합어'를 가리키는 말이다. 남북의 신어에서 혼종어가 차지하는 비중이 적지 않아 이 글에서는 '혼종어'를 따로 구분하여 검토하였다.

4 《조대》에 '낡은말'은 '현대성을 잃고 이미 낡아서 오늘날 일반적으로는 거의 쓰이지 않는 어휘 부류'로 정의되어 있다.

5 《조대》에서는 '비애뜨의 공식', '서울에서 뺨맞고 안성고개 가서 주먹질한다'와 같은 '구(句)'나 '속담'을 수록하기 위해 고유명사 '비애뜨', '안성고개' 등을 올림말로 등재하였다. 이러한 올림말에는 뜻풀이가 제시되지 않았으므로 이 글에서는 '임시올림말'로 명명하였다.

6 《표대》에 수록된 '전문어', '지역어', '은어', '고어'를 제외한 수치이다.

7 《조대》에만 수록된 일반어가 더 많은데, 이는 《표대》에서 전문어로 분류하고 있는 '정치 용어', '동식물 용어' 등을 《조대》에서는 일반어로 분류하고 있기 때문이다.

각하다. 70여 년의 세월 동안 남북 전문가들의 교류가 거의 없었다는 점, 언어 정책 면에서 남측은 외래 전문어에 대해 적극적인 순화 정책을 시행하지 않은 반면 북측은 적극적으로 순화 정책을 시행하였다는 점 등에서 차이가 발생하게 된 것으로 볼 수 있다. 《표대》와 《조대》의 전문어 영역과, 전문 영역별로 등재된 전문어 수를 구체적으로 비교 · 제시하면 다음과 같다.

(5) 《표대》를 기준으로 한, 《표대》와 《조대》의 전문어 비교

	영역	《표대》	《조대》의 동일 올림말	백분율(%)[8]	《표대》에만
1	가톨릭	1403	297(일반어:294/그 외:3)[9]	21.168	1106
2	건설	4579	1,836(일반어:1,214/건설:536/그 외:86)	40.096	2743
3	경제	7880	1,309(일반어:729/경제:552/그 외:28)	16.611	6571
4	고유명사	490	35(일반어:34/그 외:1)	7.1428	455
5	고적	2120	394(일반어:282/고고:99/그 외:13)	18.584	1726
6	공업	2275	698(일반어:386/금속:131/그 외:181)	30.681	1577
7	광업	2276	955(일반어:616/광업:119/그 외:220)	41.959	1321
8	교육	1263	395(일반어:385/그 외:10)	31.274	868
9	교통	965	201(일반어:138/운수:58/그 외:5)	20.829	764
10	군사	3940	1,570(일반어:1,545/그 외:25)	39.847	2370
11	기계	1371	410(일반어:183/기계:187/그 외:40)	29.905	961
12	기독교	1115	371(일반어:370/그 외:1)	33.273	744
13	논리	667	241(일반어:113/론리:91/그 외:37)	36.131	426
14	농업	2610	1,264(일반어:1,027/농학:116/그 외:121)	48.429	1346
15	동물	8781	2,997(일반어:2,771/생물:160/그 외:66)	34.130	5784
16	문학	3563	755(일반어:553/문학:138/그 외:64)	21.190	2808
17	물리	6480	2,579(일반어:1,006/물리:1,110/그 외:463)	39.799	3901
18	미술	1186	500(일반어:313/미술:171/그 외:16)	42.158	686
19	민속	4634	2,219(일반어:2,203/그 외:16)	47.885	2415
20	법률	8956	2,345(일반어:1,815/법률:447/그 외:83)	26.183	6611
21	불교	9708	2,956(일반어:2,922/그 외:34)	30.449	6752

22	사회	2003	467(일반어:416/그 외:51)	23.315	1536
23	생물	3247	1,044(일반어:491/생물:360/그 외:193)	32.152	2203
24	수공	1526	583(일반어:454/방직:81/그 외:48)	38.204	943
25	수산	396	138(일반어:74/수산:59/그 외:5)	34.848	258
26	수학	3444	1,392(일반어:585/수학:770/그 외:37)	40.418	2052
27	식물	10028	5,030(일반어:4,634/생물:357/그 외:39)	50.159	4998
28	심리	1469	287(일반어:195/심리:45/그 외:47)	19.537	1182
29	약학	1163	437(일반어:192/약학:201/그 외:44)	37.575	726
30	언론	509	103(일반어:90/그 외:13)	20.235	406
31	언어	3223	1,111(일반어:583/언어:495/그 외:33)	34.470	2112
32	역사	19887	11,530(일반어:11,151/역사:351/그 외:28)	57.977	8357
33	연영	1369	494(일반어:273/영화:134/그 외:87)	36.084	875
34	예술	1006	299(일반어:223/무용:53/그 외:23)	29.721	707
35	운동오락	4017	1,112(일반어:845/체육:256/그 외:11)	27.682	2905
36	음악	6017	1,451(일반어:718/음악:718/그 외:15)	24.115	4566
37	의학	8523	3,234(일반어:1,626/의학:1,107/그 외:501)	37.944	5289
38	인명	10320	51(일반어:47/그 외:4)	0.4941	10269
39	전기	1930	714(일반어:199/전기:302/그 외:213)	36.994	1216
40	정치	1788	479(일반어:440/법률:34/그 외:5)	26.789	1309
41	종교	915	293(일반어:282/그 외:11)	32.021	622
42	지리	4716	1,656(일반어:790/지리:333/지질:263/기상:180/그 외:90)	35.114	3060
43	지명	6842	295(일반어:289/그 외:6)	4.3116	6547
44	책명	2025	325(일반어:321/그 외:4)	16.049	1700
45	천문	1818	653(일반어:356/천문:281/그 외:16)	35.918	1165
46	철학	1790	572(일반어:355/철학:198/그 외:19)	31.955	1218
47	출판	1121	416(일반어:264/출판:142/그 외:10)	37.109	705
48	컴퓨터	1131	252(일반어:69/정보:118/전자:45/그 외:20)	22.281	879
49	통신	721	189(일반어:103/체신:67/그 외:19)	26.213	532
50	한의학	4485	3,873(일반어:3,762/의학:86/그 외:25)	86.354	612
51	항공	719	170(일반어:153/그 외:17)	23.643	549

52	해양	677	205(일반어:122/해양:66/그 외:17)	30.280	472
53	화학	7121	2,794(일반어:836/화학:1,650/그 외:308)	39.236	4327
	계	192,208	65,976	34.325	126,232

《표대》의 전문어 영역은 53개, 《조대》의 전문어 영역은 47개로, 두 사전의 전문 영역 분류에는 다소 차이가 있다. 《표대》의 '가톨릭', '기독교', '불교', '종교', 그리고 '고유명사', '인명', '지명', '책명', '민속', '교육', '군사', '사회', '정치' 등의 전문 영역이 《조대》에는 없다. 《조대》에서는 이들 영역에 속한 어휘 가운데 일부를 일반어로 등재하고 있다.

《표대》에만 등재된 전문어는 126,232개이고, 《조대》에만 등재된 전문어는 25,726개이다. 《조대》에 비해 《표대》에만 등재된 전문어가 약 5배 정도 더 많다. 그리고 남측 전문어 총수(192,208) 대비 65.6%가 남측에서만 쓰이는 전문어이다. 《표대》에서 전문어로 제시한 올림말 중 49,837개는 《조대》에서 일반어로 등재하고 있으며, 16,139개는 전문 영역이 다른 올림말로 등재하고 있다. 이를 감안하더라도 남북의 전문어 올림말의 차이는 심각한 수준으로 볼 수 있다. 일치하는 올림말이 34.4%에 그치고 있기 때문이다. 이 통계에 따르면 남측 전문가가 10개의 전문어를 말했을 때, 북측 전문가는 3~4개 정도의 용어만 이해할 수 있을 정도로 어휘 이질화가 심각한 상황인 것이다. 지금처럼 남북 전문가 교류가 거의 없는 상황이 앞으로 더 지속된다면 남북 전문가들은 같은 공간에서 함께 작업을 할 수 없을 정도로 어휘 이질화가 심각한 상황에 놓일 것이다.

《표대》에만 등재된 지역어는 17,131개가 있고, 《조대》에만 등재된 지역어는 4,405개가 있다. 그리고 '글체', '말체', '낡은말', '임시올림말'은

---

8 여기서 백분율은 '《표대》의 영역별 전문어 총수' 대비 '《조대》 동일 올림말'을 계산한 것이다.

9 '그 외'에는 '일반어를 제외한, 다른 여러 전문 분야 수치를 합산한 결과'를 제시하였다.

《조대》에서만 적용하고 있는 분류이다. 《조대》에만 등재된 올림말 중에는 5,813개의 낡은말이 있는데, 이 가운데 5,783개가 한자어이다. 《조대》에 등재된 낡은말의 총수는 25,409개이며, 이 가운데 한자어는 23,144개로, 낡은말 총수 대비 91%에 이른다. 이처럼 낡은말에 한자어가 많이 포함된 것은 북측에서 대대적으로 시행한 '한자말정리사업'과 '어휘정화사업' 등의 영향일 것으로 짐작된다. '은어'는 《표대》에만 있는 분류이다. '고어/옛말'은 남북의 두 사전 모두 올림말로 등재하고 있다.

2) 남북의 규범어, 어떻게 달라졌는가?

1954년에 『조선어철자법』이 북측에서 전면적으로 시행되기 전까지 우리 겨레는 『한글 마춤법 통일안』(1933)을 바탕으로 한, 하나의 규범으로 언어생활을 해 왔다. 이후 남측에서는 『개정한 한글 맞춤법 통일안』(1958)을 거쳐, 현재는 1988년에 문교부에서 고시한 『한글 맞춤법』 및 『표준어 규정』에 따른 어휘를 '표준어'라 하여 규범어로 정하고 있는데, 기본적인 내용은 『한글 마춤법 통일안』(1933)에 비해 달라진 것이 거의 없다. 반면 북측에서는 『조선어철자법』(1954)을 거쳐 『조선말규범집』(1966)을 제정하고, 이를 다시 수정 · 보완한 『조선말규범집』(1988/2016)에 따른 어휘를 '문화어'라고 하여 규범어로 정하고 있는데,[10] 여러 면에서 『한글 마춤법 통일안』(1933)과 달라졌다.

'표준어'와 '문화어'에 대한 정의를 남북의 사전에서 찾아 제시하면 다음과 같다.

---

10 1948년에 북측에서 『조선어 신철자법(朝鮮語 新綴字法)』을 제정하기도 하였지만 공식적인 규범으로 실용화되지는 못하였다.

(6) 표준어(標準語)

한 나라에서 공용어로 쓰는 규범으로서의 언어. 의사소통의 불편을 덜기 위하여 전 국민이 공통적으로 쓸 공용어의 자격을 부여받은 말로, 우리나라에서는 교양 있는 사람들이 두루 쓰는 현대 서울말로 정함을 원칙으로 한다. 《표대》

(7) 문화어(文化語)

혁명의 수도를 중심지로 하고 수도의 말을 기본으로 하여 이루어진 언어. 평양문화어는 지역별 언어적차이를 초월하여 형성되고 발전된 언어이며 중요하게는 위대한 수령님께서와 경애하는 장군님께서 창시하신 혁명적문풍을 본보기로 하여 민족어의 온갖 우수한 요소를 집대성한 훌륭한 언어이다. 《조대》

(6)의 '표준어'는 『한글 마춤법 통일안』(1933)의 '표준말'을 수정한 용어로, 그 정의에서 '현재 중류 사회' 대신 '교양 있는'으로 수정되었을 뿐, 그 개념은 '표준말'과 같다. 이에 비해 북측에서는 '표준말' 대신 '문화어'로 용어를 수정하였을 뿐만 아니라 그 개념도 상당히 수정하였다. 즉 규범어 설정 지역을 '서울'에서 '평양 중심 지역'으로 수정하였고, 규범어 설정의 기준이 되는 대상을 '현재 중류 사회'에서 '로동계급'으로 수정한 것이다.

이처럼 표준어와 문화어는 그 정의에서부터 차이가 생기게 되었다. 이러한 차이를 '규범어 설정 지역', '언어관을 반영한 언어 정책', '표기 규범', '새말'로 다시 세분하여 검토하면 다음과 같다.

1 규범어 설정 지역

표준어와 문화어의 근본적인 차이는 규범어를 설정하는 지역이 다르다는 점이다. 남측은 '서울'을 중심으로 하여 규범어(표준어)와 표준 발음을 설정한 반면, 북측은 '평양'을 중심으로 하여 규범어(문화어)와 표준 발음을 설정하였다. 이러한 근본적인 차이로 인해 남북의 규범어는 적지 않은 차이가 생기게 되었다.

'서울말'이 규범어로 명문화된 것은 조선총독부의 『보통학교용 언문 철자법』(1912)부터이다.[11] 비록 일제의 조선총독부에서 제정한 것이지만, 우리글 철자법을 처음으로 제정하였다는 점과 규범어로 '경성어'를 규정에 명문화하였다는 점에서 주목할 만하다. 이후 '경성어'를 중심으로 한 규범어 선정은 조선어학회에서 제정한 『한글 마춤법 통일안』(1933)에도 그대로 받아들여졌는데, 북측에서 『조선말규범집』(1966) 공포(公布) 이후부터 규범어 설정 지역을 '평양 중심'으로 수정하면서 차이가 나게 된 것이다.

'규범어 설정 지역의 차이'로 남북 규범어에 차이가 생긴 예를 보이면 다음과 같다.

(8) 거머리(남)/거마리(북), 거위(남)/게사니(북), -ㅂ니까(남)/-ㅂ네까(북)

(8)처럼 '규범어 설정 지역'이 달라 남북에서 차이가 나는 어휘는 체제 통일 이전에는 그 차이를 해소할 방법이 없다. '규범어 설정 지역'을 어느 한쪽이 양보하는 수밖에 없는데, 이는 현 시점에서는 불가능한 것으로 보이기 때문이다. 따라서 이러한 어휘는 남북의 겨레가 상대측 어휘에 대한 이해의 폭을 넓힌다는 측면에서 복수규범어로 설정하는 방안을 생각해볼 수 있다. 이후 복수규범어 가운데 하나를 선택하는 일은 통일 이후에 언중에게 맡기면 될 것이다.

[2] 언어관을 반영한 언어 정책

표준어와 문화어의 근본적인 차이로 들 수 있는 또 다른 하나는 언어를 바라보는 관점, 즉 '언어관'이다.

남측에서는 언어를 '생각, 느낌 따위를 나타내거나 전달하는 데에 쓰는 음성, 문자 따위의 수단(《표대》)'으로 생각하며, 특정한 '언어관'을 강조하지 않는다. 반면 북에서는 언어를 '인민대중의 자주성을 실현하

11 『보통학교용 언문 철자법』은 조선인에게 일본어 교육을 시행하기 위해 조선총독부에서 편찬한 교재이다.

기 위한 투쟁, 혁명과 건설의 힘 있는 무기(『조선문화어건설리론』(2005:13))'로 본다. 이러한 언어관에 '주체의 언어 사상'과 '언어 이론'이 부가되면서 본질적으로 남측과 차이가 나게 되었다. 주체의 언어 사상이란 '민족어 안에 스며든 사대주의적 요소를 배격하여 민족어의 주체성을 살리고, 인민대중의 창조적 지혜를 발휘하여 민족어를 혁명 발전의 새로운 요구에 알맞게 발전시켜 나가자는 것'으로, '자주성'과 '창조성'의 개념을 언어 사상에 도입한 것이다. 이에 따라 북측에서는 '혁명과 사회주의 건설'을 위한 인위적인 언어 정책을 시행하게 된다.

남측에서는 언어 변화를 자연 발생적인 것으로 보면서 그 변화를 적극적으로 유도하거나 규제하지 않는다. 그야말로 '자연 발생적'인 상태로 두되, 규범어 선정이나 표기법 등에 대해서만 국가에서 최소한으로 규제할 뿐이다. 따라서 분단 이전에 존재하던 어휘의 경우, 남측에서는 형태나 의미 면에서 급격하게 변화한 것이 거의 없다. 반면 북측에서는 주체의 언어 사상을 고취하거나 정치적 선전선동을 위해 적극적으로 어휘 변화를 꾀함으로써 어휘에 적지 않은 변화가 생겼다.

언어관의 차이로 말미암아 뜻이 달라진 단어의 예를 제시하면 다음과 같다.

(9) 의미의 차이

가) 양반/량반

ㄱ) ① 고려 · 조선 시대에, 지배층을 이루던 신분. 원래 관료 체제를 이루는 동반과 서반을 일렀으나 점차 그 가족이나 후손까지 포괄하여 이르게 되었다. … 《표대》

ㄴ) ① 고려와 리조 봉건사회에서, 신분적으로 제일 웃자리에 있으면서 지배계급으로서의 특권을 가지고 인민들을 억압하고 착취하는 가장 반동적인 상류계층 또는 그 계층에 속한자. 대대로 내려가면서 문관과 무관이 될 자격을 가진다. … 《조대》

나) 동무

ㄱ) ① 늘 친하게 어울리는 사람.… 《표대》

ㄴ) ① 로동계급의 혁명위업을 이룩하기 위하여 혁명대오에서 함께 싸우는 사람을 친근하게 이르는 말. … 《조대》

(9)의 '양반'과 '동무'는 분단 이전에 우리 겨레가 같은 의미로 사용하던 단어였는데, 분단 이후에 북측에서 이들 단어에 사상과 이념적 의미를 더하면서 그 의미가 일부 달라진 것이다. 이념적인 의미를 제외하면, 남북의 겨레가 의사소통하는 데에 큰 어려움은 없다.

한편, 북측에서는 주체 언어 사상에 기초하여 '외래어', '기존의 어려운 한자어', '낡은 말'과 '비문화적인 말'을 적극적으로 순화하거나 폐기하였다.

(10) 순화어의 차이

가. 투피스(남)/나뉜옷(북), 프리 킥(남)/벌차기(북), 주스(남)/과일단물(북)

나. 노안(남)/늙은눈(북), 합병증(남)/따라난병(북)

(10)은 북측에서 외래어와 한자어를 인위적으로 순화한 결과 남북에서 차이가 생긴 예들이다. (10 가)가 외래어를 순화한 예이고, (10 나)는 한자어를 순화한 예이다.

현재 남북에서 차이나는 어휘의 상당수는 순화어이다. 외래어의 경우 남측에서는 영어권의 외래어를 많이 받아들인 반면, 북측에서는 영어권뿐만 아니라 러시아를 통해서도 외래어를 많이 받아들였다. 그리고 남측에서는 외래어를 순화하지 않고 그대로 사용한 것이 많은 반면, 북측에서는 고유어를 이용하여 적극적으로 순화했다는 차이가 있다. 한자어의 경우도 남측에서는 대부분 예전 그대로 사용하고 있는 반면, 북측에서는 어려운 한자어라고 판단한 어휘를 고유어로 순화했다는 점에서 차이가 있다.

언어 순화는 언어 정책에 따라 이루어지는 것이다. 지금까지 남북에서 각기 순화하여 남북의 어휘 체계에 이미 정착한 것은 그대로 쓸 수밖에 없지만, 앞으로 순화할 어휘에 대해서는 남북이 함께 논의하여 하나로 통일하려는 노력을 해야 할 것이다.

[3] 표기 규범

현재 남측의 표준어는 1988년 문교부에서 고시한 『한글 맞춤법』 및 『표준어 규정』에 따른 어휘를 말한다. 반면 북측의 문화어는 『조선말규범집』(1988/2010)에 따른 어휘를 말한다. 남북에서 각기 규정한 어문 규범을 따를 경우, '외래어 표기', '띄어쓰기 표기', '두음법칙 표기', '사이시옷 표기', '형태 표기' 등 여러 부분에서 남북 차이가 나게 된다. 여기서는 대표적으로 '두음법칙 표기', '사이시옷 표기', '형태 표기'에서의 차이를 간략히 살펴보기로 한다.

[가] 두음법칙 표기

남북 분단 이전의 『한글 마춤법 통일안』(1933)에서는 단어 표기에 두음 법칙을 적용하도록 규정하였다. 남측에서는 이 규정이 지금까지 그대로 이어지고 있지만, 북측에서는 『조선어 신철자법(朝鮮語 新綴字法)』(1948) 이후부터 두음 법칙을 표기에 적용하지 않고 한자의 본음을 밝혀 적는 형태주의 표기를 취하고 있다. 그 결과 남과 북에서는 단어 첫머리 등에서의 한자음 'ㄹ'과 'ㄴ'의 표기에 차이가 나게 되었는데 그 예를 제시하면 다음과 같다.

(11) 낙엽(남)/락엽(북), '여인(남)/녀인(북)', '노안(남)/로안(북)', '염려(남)/념려(북)'

[나] 사이시옷 표기

사이시옷 표기도 남북 표기법의 두드러진 차이 가운데 하나이다. 남측에서는 '순 우리말로 된 합성어'이거나, '순 우리말과 한자어로 된 합성어', 그리고 '두 음절로 된 한자어 6개'에 한해 사이시옷 표기를 하도록 규정하고 있다. 반면 북측에서는 사이시옷 표기를 하지 않는 것을 원칙으로 하고 있다. 사이시옷 표기에서 남북 차이가 있는 단어를 제시하면 다음과 같다.

(12) '냇가(남)/내가(북)', '나룻배(남)/나루배(북)', '콧구멍(남)/코구멍(북)'

㉰ 형태 표기

남북 형태 표기에서 차이 나는 것 가운데 두드러진 것으로는 어미와 접사의 표기를 들 수 있다. 특히 어미 '-아/-어'의 경우, 남측에서는 어간의 끝음절 모음이 'ㅏ, ㅗ' 이외의 모음인 경우에 '-어'로 적고 있으나, 북측에서는 어간의 끝음절 모음이 'ㅣ, ㅐ, ㅔ, ㅚ, ㅟ, ㅢ'인 경우에 '-여'로 적고 있다. 이 밖에도 '된소리 표기', '접미사 '-이'의 표기' 등에서 차이가 있다. 그 예를 일부 제시하면 다음과 같다.

(13) 가) 어미 '-아/-어'의 표기 차이 : 개어(남)/개여(북), 되어(남)/되여(북)
나) 된소리 표기: 나무꾼(남)/나무군(북), 눈썹(남)/눈섭(북), -(으)ㄹ까(남)/-(으)ㄹ가(북)
다) 접미사 '-이'의 표기 : 금싸라기(남)/금싸래기(북)

남북 표기 규범 차이에 따른 어휘 차이는 체제 통일 이후에야 해소될 것이다. 왜냐하면 표기 규범도 일종의 '국가 법(法)'에 해당되기 때문이다. 따라서 표기 규범과 관련하여 분단된 현 시점에서 남북이 함께 준비해 두어야 할 것은 '남북 표기 규범 단일화 방안'이다. 새로운 표기 규범을 준비하는 데는 적지 않은 시간이 필요하므로 통일 이전에 남북이 함께 단일 표기 규범에 대한 논의를 시작하여 잠정적인 단일안을 마련해 둘 필요가 있다.

4 새말

분단 이후 남과 북에는 각기 새로운 단어들이 많이 생겼다. 특히 이념과 체제가 다른 상황에서 교류마저 단절된 상황이었기 때문에 남과 북의 어느 한쪽에서만 쓰이는 단어들도 점차 많아지게 되었다.

(14) 새 말의 차이

가. 군중가요 : 인민대중이 널리 부를수 있도록 건전한 사상적내용을 간결한 형식에 담은 통속적인 노래. 《조대》

나. 혁명전우 : 혁명의 한길에서 생사고락을 같이 하며 함께 싸워나가는 전우. 《조대》

다. 신세대 : ① 새로운 세대. … ②기성의 관습에 반발하여 새로운 문화를 쉽게 받아들이고 개성이 뚜렷하며 자기 중심적 사고 및 주장이 강한 세대. 《표대》

라. 편의점 : 고객의 편의를 위하여 24시간 문을 여는 잡화점. 주로 일용 잡화, 식료품 따위를 취급한다. 《표대》

분단 이후 남북에서 각기 생성된 단어들은 모두 우리말 자산이므로, 어휘 조사 사업을 통하여 잘 보존하고 나아가 통일사전에도 적극적으로 수록할 필요가 있다.

3. 겨레말 통합을 위한 사전, 『겨레말큰사전』

1) 『겨레말큰사전』 편찬 목적

『겨레말큰사전』 편찬 사업은 2005년에 남북의 언어학자들이 함께 '겨레말큰사전 남북공동편찬위원회'[12]를 결성하면서 본격적으로 시작되었다. 우리 겨레의 동질성을 되찾기 위해서는 무엇보다 소통의 근간이 되는 언어의 통합이 필요하다는 데 남북 양측 정부가 공감했기에 가능한 일이었다. 특히 분단된 현 상황에서 남북 언어를 통합하려면 무엇보다 우리 겨레가 함께 볼 수 있는 대사전을 편찬할 필요가 있다. 남북의 겨레가 함께 볼 수 있는 대사전을 편찬하려면 남북의 사전편찬가가 함께 '어문규범 단일화 방안', '남북에서 다르게 쓰는 어휘의 올림말 선정 및 뜻풀이 방안' 등 어휘 전반에 걸친 협의를 하게 될 것이고, 또한 이 사전을 남북 겨레가 함께 이용할 경우 남북 어휘 차이도 상당 부분 해소될 것이기 때문이다.

『겨레말큰사전』편찬 목적과 전망을 간략하게 제시하면 다음과 같다.

(15) 『겨레말큰사전』 편찬 목적과 전망

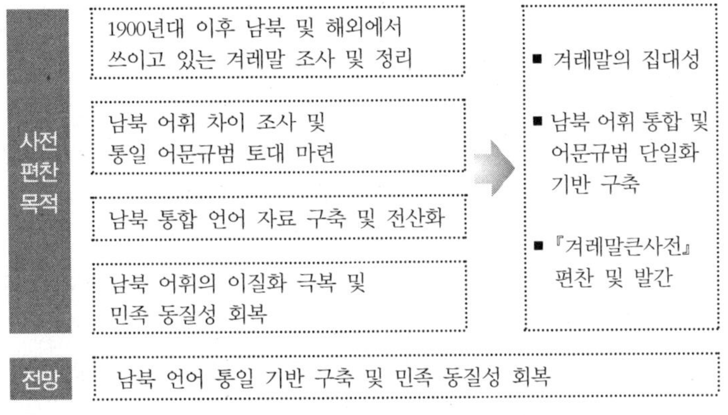

이러한 목적으로 출범한 남북공동편찬위원회에서는『겨레말큰사전』을 편찬하기 위한 '공동편찬요강(2005)'을 작성하였다. 이 가운데 '사전의 성격'과 '사전의 편찬 원칙'을 제시하면 다음과 같다.

---

12 '겨레말큰사전 남북공동편찬위원회'는 남측 11명, 북측 10명으로 구성되었는데, 남측 위원회는 사전편찬전문가 및 문인으로, 북측은 주로 사회과학원 언어학연구소 인력으로 구성되었다.

(16) 『겨레말큰사전』 공동편찬요강

가. 사전의 성격

① 『겨레말큰사전』은 우리 겨레가 오랜 기간에 걸쳐 창조하고 발전시켜 온 민족어 유산을 조사 발굴하여 총집대성한 사전이다.

② 『겨레말큰사전』은 사전 편찬에서 제기되는 여러 가지 문제들을 남과 북이 공동으로 합의 해결한 통일 지향적인 사전이다.

③ 『겨레말큰사전』은 수집한 어휘 자료 가운데서 남과 북이 공통으로 쓰는 것은 우선 올리고 차이 나는 것은 남과 북이 있는 힘껏 합의하여 단일화한 약 30만 개의 올림말을 가진 대사전이다.

④ 『겨레말큰사전』은 정보화 시대의 요구에 맞게 전자사전을 동시에 발행할 수 있도록 여러 가지 언어 정보를 주는 현대사전이다.

나. 사전의 편찬 원칙

① 6.15 '남북공동선언' 정신에 맞게 민족 공조의 원칙에서 모든 문제를 풀어나간다.

② 남과 북의 언어적 차이를 한꺼번에 다 없앨 수 없는 조건에서 단계를 설정해 놓고 하나하나 해결해 나가는 방법으로 사전을 완성하되 이를 지속적으로 보충하도록 한다.

③ 남과 북의 언어적 차이를 줄이며 우리말의 민족적 특성을 높이 발양시키는 방향에서 사전을 편찬하기 위하여 부문별 작업 요강 3~5개를 만들어 사전 편찬 작업의 공통된 지침서로 삼는다. 작업 요강은 '원고 집필 요강', '언어 규범 단일화 요강', '어휘 조사 요강', '남북 국어사전 비교 요강', '사전 자료 정보화 요강' 등이다.

2005년 7월 10일 『겨레말큰사전』 남북공동편찬위원회, 평양

'남북공동편찬위원회'에서는 사전 편찬 과정에서 제기되는 문제를 논의하고 합의하기 위해 2005년부터 2009년까지 1년에 4회씩 공동회의를 개최하였다. 그리고 2009년부터는 선정된 올림말을 남북이 분담하여 집필 작업을 시작하였다. 집필한 원고는 다시 2차례 정도 상호 재검

토하는 방식으로 작업을 진행하고 있으며, 각 측에서 재검토한 원고는 공동집필회의에서 최종적으로 다시 논의하여 '남북 합의 원고'를 작성하고 있다. 합의원고 작성이 완료되면 교열 · 교정 작업을 거쳐 사전을 발간하게 된다.

2)『겨레말큰사전』 편찬 사업 추진 경과

『겨레말큰사전』 편찬 사업은 고(故) 문익환 목사가 1989년 평양을 방문했을 때 김일성 주석에게 '통일국어대사전' 편찬을 제안하면서 태동되었다. 그 이후 여러 사정으로 진척이 없다가 2005년 2월에 '겨레말큰사전 남북공동편찬위원회'가 결성되면서 편찬 사업이 본궤도에 올랐다.

그동안의 편찬 경과를 간략히 제시하면 다음과 같다.

(17) 편찬 사업 추진 경과

- ◦ 2004. 4. (사)통일맞이(남)와 민족화해협의회(북) 간의 사전 편찬 의향서 체결
  * '『겨레말큰사전』'으로 사전 명칭 결정
- ◦ 2004. 12. 『겨레말큰사전』 편찬 합의서와 부속 합의서 체결
- ◦ 2005. 2. 『겨레말큰사전』 공동편찬위원회 결성식 및 제1차 남북공동편찬회의 개최
- ◦ 2005. 7. 『겨레말큰사전』 공동편찬요강 합의
- ◦ 2006. 1. 『겨레말큰사전남북공동편찬 사업회』설립
- ◦ 2007. 4. 『겨레말큰사전남북공동편찬 사업회법』제정
- ◦ 2009. 3. 제1차 남북공동집필회의 개최
- ◦ 2005. 2. ~ 2009. 12. 남북공동편찬회의 총 20회, 남북공동집필회의 총 4회(2009년) 개최
- ◦ 2013. 7. 『겨레말큰사전남북공동편찬 사업회법』 개정
  * 편찬 사업 기간을 2019년 4월까지로 5년 연장
- ◦ 2014. 7. 제21차 남북공동편찬회의 개최

* 4년 7개월 동안 중단되었던 남북공동회의 재개

○ 2015. 12. 제25차 남북공동편찬회의 개최(대련)

○ 2016. 01. 남북공동회의 중단

『겨레말큰사전』편찬 사업은 현재까지 전체 대비 78% 정도 작업이 진행되었는데, 그 과정을 표로 간략히 제시하면 다음과 같다.

(18) 『겨레말큰사전』 편찬 과정

① 편찬지침 작성		② 올림말 선정		③ 올림말 집필		④ 집필원고 교차 검토 및 합의		⑤ 출판
• 올림말 선정 지침 • 집필 지침 • 새어휘 조사 지침 • 어문규범 작성 지침 • 프로그램 개발 지침	⇒	• 올림말 선정 • 새어휘 조사 • 새어휘 선정	⇒	• 올림말 집필 • 새어휘 집필 • 단일어문규범 작성 • 말뭉치 구축 • 편찬 프로그램 개발 • 삽화 구축	⇒	• 남북이 각기 집필한 원고 교차 검토 • 공동집필회의에서 교차 검토한 원고 합의	⇒	• 교열 · 교정 • 출판

'①' 단계에서는 남북이 함께 사전을 편찬하기 위한 조직(겨레말큰사전 남북공동편찬위원회)을 결성하고, 사전 편찬에 필요한 여러 가지 기본 지침을 작성하였다. '②' 단계에서는 남북의 두 사전(《표대》와 《조대》)에 수록된 올림말을 대상으로 하여 『겨레말큰사전』에 수록할 올림말 23만여 개를 남북이 함께 선별하였다. 또한 기존의 남북 사전에 수록되지 않은 단어를 최대한 조사하여 사전에 수록하기로 합의하고, 이를 위한 남북 새어휘 조사 작업을 진행하였다. '③' 단계에서는 남북이 함께 선정한 올림말 30만여 개(기존사전 올림말 23만여 개+새로 조사한 어휘 약 7만 개)를 남북이 분담하여 집필하였다. 그리고 집필 작업에 필요한 언어 자료를 데이터베이스로 구축하고, 또한 남북 공동으로 사전편찬 프로그램도 개발하였다. 2018년 현재는 '④' 단계에 속하는데, 남북에서 각기 집필한 원고를 상호

교차 검토한 후에 이를 다시 남북공동집필회의에서 합의하는 작업을 하고 있다. 집필원고를 합의하려면 남북의 편찬원들이 만나야 하는데, 현재 남북공동회의가 중단되어 작업 진척이 어려운 상황이다. 이에 남북공동편찬위원회에서는 남북이 합의한 편찬 일정을 지키기 위해 집필회의 기간과 회의 참여 인력을 늘리는 방안을 선택하였지만, 남북 교류가 전면 중단되면서 기한 내에 사전 편찬을 완료하기는 어려운 상황이다. '④' 단계의 작업이 끝나면 '⑤' 단계의 교열·교정 작업을 거쳐 사전을 출판하게 된다.

남북이 합의한 원고 가운데 '나비'를 예로 제시하면 다음과 같다.

(19) 『겨레말큰사전』 올림말 뜻풀이 예시

나비[1] 명 ① ㊝ 얇고 넓적한 두 쌍의 날개가 있으며, 대롱처럼 생긴 입으로 꽃의 꿀을 빨아 먹는 곤충 가운데 주로 낮에 활동하는 무리를 통틀어 이르는 말. 몸통과 날개는 작은 비늘 조각으로 덮여 있다. ‖ **나비를** 채집하다. / 수국에서 날아오른 **나비가** 여자의 어깨 위를 맴돈다. 『성석제: 협죽도 그늘 아래』 / 아이들은 **나비를** 잡기 위해서 풀숲을 뛰어다녔다. 『최인호: 지구인』 / 탐스럽게 입 벌린 꽃송이 위에 **나비** 한 마리가 앉아 있다. 『김성동: 만다라』

② ㊍ 〈나비1①〉과 〈나방〉을 아울러 이르는 말. | 불속으로 날아드는 **나비라더니** 참 슬픈 일이로군. 『리화: 진리의 탐구』

[〈나븨/나뷔〈나뵈{두시-초}∽나ᄫᅵ{능엄#릉엄}]

북에서는 〈나비〉와 〈나방〉을 구분하지 않고 모두 〈나비〉라고 부르지만, 남에서는 이 둘을 구분한다. 나비는 몸이 가늘고 주로 낮에 활동하는 데에 비해, 나방은 몸이 통통하고 주로 밤에 활동한다. 앉을 때 나비는 날개를 곧추세우지만, 나방은 날개를 편다.

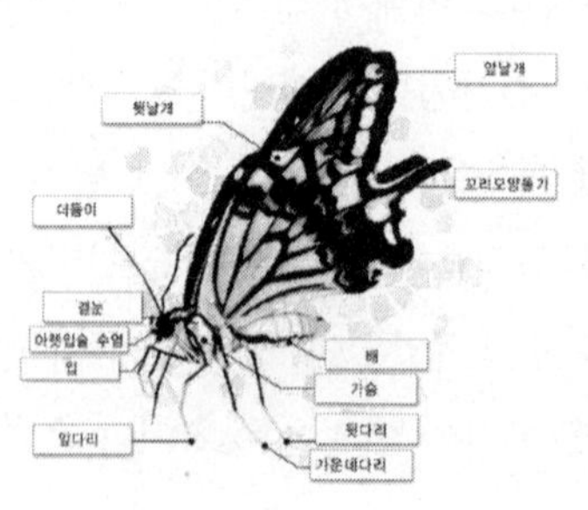

나비가 수탉을 잡는다 ㊍ (나비가 수탉을 슬슬 얼러서 잡는다는 뜻으로) 꾀가 있고 머리를 잘 쓰면 자기보다 크고 힘센 상대도 능히 이겨낼 수 있다는 말. …

그리고 『겨레말큰사전』 편찬을 위해 개발한, '용례검색기'와 '집필 프로그램'을 소개하면 다음과 같다.

(20) 『겨레말큰사전』 편찬 도구

가. 〈용례검색기〉

용례 검색

앞 문맥 [ ] 검색어 [겨레] 뒤 문맥 [ ] 패턴 검색 | 일치 검색 | 전문 검색 | 검색 중지 | 용례 필터 ○모두 ○남북 ○남 ◉북 ○연

SentenceBefore	Sentence...	SentenceAfter	Source	Co...
첫째로 편조는 독도한 사람이라 욕심이 적었고, 둘째는 편조는 천미한 사람이라	겨레와	붕당(朋黨)이 없었다.	1973(1973)_남_박종화_다정...	A
그때 민족적 被壓이 最高潮에 이르러	겨레의	痛憤이 骨髓에 사무쳤던 참이라, 학문적으로나마 내가 雙手 空拳...	1976(1976)_남_양주동_국보...	A
이 나라 수많은 아들딸들의 크나큰 아픔과 괴로움을 가슴 깊이 묻어 두고 이 모...	겨레를	한품에 그러안아 미래에로 이끌어 주는 조국의 품은 얼마나 넓고 ...	1976(1976)_북_백현우_별들...	A
이 애처럼 신음하고있는 온	겨레에게	무슨 죄가 있단말입니까?	1981(1981)_연_윤일산_어둠...	A
우리의 소원은 통일 꿈에도 소원은 통일 이	겨레	살리는 통일 통일이여 어서 오라 (73페지에 계속) (67페지에서 ...	1983(1983)_북_고병삼_미완...	A
..." "이	겨레	살릴 우리의 조국은 어디?	1983(1983)_북_고병삼_미완...	A
혁명이란 적의 반항을 때려 엎기 위해서 얼마나 큰 힘을 마련할 수 있는가 하는 ...	겨레를	잃는 그 아픔을 얼마나 완강하게 견디여 내는가 하는 검열이기도 ...	1983(1983)_북_권정웅_심장...	A
잉어는 큰물에서 놀고 미꾸라지는 개천에서 노는 법인데 장래에 나라와	겨레를	위해 큰 제목이 될려고 하면 더 고명한 스승을 찾아 학문을 깊이 ...	1984(1984)_연_김용식_설랑...	A
""그자들의 음모가 너무도 한심하니까 털끝만큼이라도 나라와	겨레를	생각하는 사람이라면 어찌 한무리가 되자고 하겠습니까.	1984(1984)_연_김용식_설랑...	A
나라와	겨레의	운명을 위하여 자기의 성의와 지혜를 다 바친 명색없는 부녀자이...	1984(1984)_연_김용식_설랑...	A
낳고 죽는다는 점에서 절대로 동일한 것이어서 하나의 죽음이, 타인의 죽음이, ...	겨레의	정신, 신앙의 모태(母胎)를 이루게 된 까닭인가.	1986(1986)_남_한무숙_만남...	A
사랑하는	겨레여.	우리는 영웅(英雄)이 아닌 것이다.	1987(1987)_남_최인훈_회색...	A
(이건 실로 온	겨레의	자랑이야!	1987(1987)_연_리광수_새로...	A
에헤라 어허요 어허오 어헤라	겨레들이	건너다니며 압록강에서 울고 압록강에서 웃고 백의동포 키워준 ...	1990(1990)_연_김운룡_압록...	A
주몽왕이 고구려를 세운 그날부터 오직 이 압록수만이 우리	겨레의	비극을 알고있다... 나는 고기 한마리 낚지 않고 터벅터벅 집으로 ...	1990(1990)_연_김운룡_압록...	A
에헤라 어허요 어허요 에헤라	겨레들이	건너 다이며 압록강에서 울고 압록강에서 웃고 백의동포 키워준 ...	1990(1990)_연_김운룡_압록...	A
통일의 광장에 우리 수령님을 높이 모시고 목청껏 만세를 부르는 7천만	겨레의	감격에 넘친 모습이 말이네!	1992(1992)_북_남대현_상봉...	A
나상신 나라 걱정을 하고	겨레를	위하는 길이 어찌 정치에 뜻을 두고 국회의원 되는데에만 있다더냐.	1994(1985)_남_이용찬_칠면...	A
나희만 이번에는 이 나라와	겨레를	위하야..... 나상신 그만!	1994(1985)_남_이용찬_칠면...	A
반세기가 되도록 민족이 그렇게도 갈망하던 통일,	겨레가	뼈를 깎고 피를 뿌리며 일구월심 그 하나를 위하여 싸워온 통일, ...	1995(1995)_북_한인준_찬란...	A
지지눌렸던 남북의 동맥에 활활	겨레의	뜨거운 피가 흘렀다.	1995(1995)_북_한인준_찬란...	A
""오빠는 저더러 잘 생각했다며 방직회사도 이젠	겨레를	위한 회사라고 하죠.	1995(1995)_북_한인준_찬란...	A
"50년 여름의 잊지 못할 방틀에 백두산 김장군의 위대한 영상 은막 우에 높이 모...	겨레에게	감개와 격정의 광망 안겨 주던 미지의 여사원, 한때 지리산서 빨...	2000(2000)_북_조인영_청춘...	A

준비

나. 〈집필프로그램〉

4. 맺음말

2027년까지 통일이 되지 않는다면 북녘 철수는 남녘 철수에 비해 1년 빠른, 만 17세에 대학에 입학하거나 군대 또는 직장에 배치될 것이다. 그리고 북녘 철수는 남북 교육 체제의 차이로 인해 남녘 철수와 다른 교과목과 학술용어를 학습하게 될 것이다. 즉, 남녘의 '한국사'를 '조선역사'로, '한글'을 '조선글자'로, '폴란드'를 '뽈스카'로, '합병증'을 '따라난병' 등으로 학습하게 되는 것이다. 여러 변수를 제외하고 단지 남북 사전 올림말만을 기준으로 본다면, 북녘 철수는 남녘말의 52% 정도를 모를 것이고, 남녘 철수는 북녘말의 39% 정도를 모르게 될 것이다. 더 심각한 것은 남북의 철수가 동일 분야 전문가로서 만나게 될 경우인데, 이 경우 상대측 전문어 가운데 66% 정도를 모르는 상황이 될 것이다. 물론 남북 교류가 활성화되고 언어 통일을 위한 준비가 착실히 이루어진다면 이 수치는 줄어들 것이고, 그렇지 않다면 이 수치보다 늘어나게 될 것이다.

현재 남측에서는 북측 사전을 참조할 수 없고, 북측에서는 남측 사전을 참고할 수 없는 상황이다. 즉 남과 북의 우리 겨레는 상대측 단어의 뜻을 알 수 있는 방법이 전혀 없는 것이다. 따라서 현 상황에서는 무엇보다 남북의 겨레가 함께 볼 수 있는 사전이 필요하다. 분단된 상황에서 남북이 함께 사전을 편찬하는 일은 쉽지 않다. 그렇지만 남북의 언어 차이를 해소하는 데 꼭 필요한 일이라면 힘들더라도 하나하나 준비해 두지 않을 수 없다.

일제 강점기의 우리 국민은 대다수가 문맹자였고,[13] 일본은 '조선교육령(1911년~1945년)'[14]을 시행하여 우리말을 말살하려 하였다. 이 시기의 우리 단어들은 일본어, 한자어, 서구 외래어 등과 사활을 건 힘겨운 투쟁을 벌였고, 우리글은 한문체에서 국문체로의 전환을 위한 산고를 겪고 있었다. 이러한 시기에 우리 선각자들은 '조선의 독립'을 의심치 않으면서 문맹퇴치와 우리말을 제대로 적기 위한 목적으로 '한글 표기법(한글마춤법통일안(1933))'과 '우리 단어가 살아갈 집(『조선어사전』(1938), 『큰사전』(1929~1957) 등)'을 묵묵히 마련하였다. 그 결과, 우리는 광복 직후 큰 혼란 없이 교과서를 편찬하고, 공문서를 작성하는 일 등을 추진할 수 있었다. '한글마춤법통일안' 제정에 3년의 시간(1930~1933)이 필요했고,

---

13 당시 신문을 보면 "…신문 한 장은 고사하고 일상 의사소통에 필요한 서신 한 장을 능수하는 자가 역시 백인에 1인이면 다행이라 하겠도다…."(1922. 1. 22. 동아일보 사설), "전인구의 1천분의 20밖에 문자를 이해하지 못하고 학령아동의 3할밖에 취학할 수 없는 현하 조선 상태에 있어서 간이한 문자의 보급은 민족의 최대 긴급사라 하겠다…."(1934. 6. 10. 조선일보 사설) 등으로 기술되어 있는바, 당시 국민 대다수가 문맹자였던 것으로 추정할 수 있다.

14 이 교육령에 따라 일본은 조선의 학교 교육에서 역사와 지리 과목을 폐지하고, 또한 조선인에게 조선말 사용을 제한하거나 금지하고 일본어 학습을 강제하는 데 전력을 기울였다.

『큰 사전』 편찬에 28년의 시간(1929~1957)이 필요했던 것처럼 언어 문제는 단기간에 해결되지 않으므로, 지금 우리도 언어 통일을 위한 준비를 하나하나 해 두어야 할 것이다.

참고문헌

1. 사전

국립국어연구원, 『표준국어대사전』, 두산동아, 1999.

북한사회과학원언어학연구소 편, 『조선말대사전』 증보판, 사회과학출판사, 2006.

2. 연구논저

국립국어원, 『한국 어문 규정집』, 2001/2018.

국어사정위원회, 『조선말규범집』, 사회과학출판사, 1988.

국어사정위원회, 『조선말규범집』, 사회과학출판사, 2010.

권재일, 『남북 언어의 문법 표준화』, 서울대학교 출판부, 2006.

사회과학출판사, 『조선어규범변천사』, 조선어학전서 46, 2005.

사회과학출판사, 『조선어규범리론』, 조선어학전서 47, 2005.

이운영, 『표준국어대사전 연구 분석』, 국립국어연구원, 2002.

조선어학회, 『한글마춤법통일안』, 1933.

한용운, 「남북 규범어의 통합 방안」, 『한국사상과 문화』 제 40집, 한국사상문화학회, 2007.

한용운, 「남북 사전의 표제어 차이」, 『2013년 남북 언어 소통을 위한 국제학술회의 발표집』, 국립국어원, 2013.

홍종선 · 최호철, 『남북 언어 통일 방안 연구』, 문화관광부 연구보고서, 1998.

남북 역사학 교류와 '역사인식의 남북연합' 전망
: 남북역사학자협의회 사례를 중심으로

정태헌

1. 머리말

한 사회 내에서 특정 집단이나 정치세력 간의 역사인식 차이가 적대적으로 드러날수록 안정성이 떨어진다. 반대로 권력의 통제로 역사인식의 차이가 드러나지 않는 사회 역시 안정성이 취약하다. 사람 사는 사회에 다름, 차이가 있는 것은 당연한 일이다. 남과 북의 역사인식에서도 마찬가지이다. 다만 양자 사이에 공유면적이 좁거나 적대적 대립이 지속된다면 그만큼 평화공존과 통일을 지향하는 남북관계의 변화 역시 요원한 것이다. 차이를 제거 대상이 아니라, 그것이 적대적 차이라도 장차 공존해야 할 대상으로 보는 인식의 대전환이 필요하다.

남북 구성원들을 구속하는 가장 큰 심리적 장벽은 서로 다른 이념과 체제에서 비롯된 역사인식의 차이이다. 남북 간에 엄존하는 정치, 경제,

사회문화적 차이의 인정과 공존을 지향할 때, '남북연합'은 그에 적합한 개념이다. 남북이 공동체를 지향하려면 역사인식의 동질성을 넓히고 이질성을 줄여나가며 차이의 공존 즉 역사인식의 남북연합을 지향하는 성숙한 문화가 정착되어야 한다.[1]

그 여정이 멀고 힘들다고 내팽겨 둘 수는 없다. 게다가 이명박, 박근혜 정권 10년의 탓으로만 돌릴 수 없는, 청년세대들의 통일에 대한 불신도 너무 크다. 최근 언론은 2018년 4월 27일 〈판문점선언〉 이후에도 20대의 여당 지지율이 낮은 한 이유로 통일에 대한 부정적 인식을 거론한다.[2] 경제적 위기감이 큰 청년세대가 통일문제를 부차적이라고 보거나 북한을 부양해야 한다는 부담감을 느끼기 때문이라는 것이다.[3]

젊은 세대들의 경제적 어려움에 대해서는 공감할 수밖에 없다. 그러나 남북 간 적대적 대치가 지속됨에 따른 비용 역시 매우 크다. 이 점에서 남북 간의 적대적 대치는 결국 한반도 구성원이 해결해야 하는 과제이다. 부정할 수 없는 사실이다. 2000년, 2007년, 2018년 남북 정상이 6·15선언, 10·4선언, 판문점선언에 서명하던 날에도 155마일 휴전선에는 쌍방의 젊은 세대 '100만 대군'이 서로에게 총부리를 겨눈 채 대치하고 있었다. 냉정한 현실은 이렇다. 젊은 세대의 무관심은 현실과 괴리되고 궁극적으로 자신들의 이해관계에도 반하는 것이다.

한반도에서 이질적 역사인식이 남과 북 사이에서 깊은 심연을 드러내고 있는 상황에서 역사학은 무엇을 어떻게 해야 할 것인가? 같은 과거를 가진 같은 민족이니까 그 역사를 객관적으로 드러내기만 하면 민족적 공

1 정태헌, 「'남북 역사인식 연합'을 위한 역사학 교류」, 『역사비평』 2012년 여름호, 314쪽.

2 「[사설] 20대 지지율 하락, 민주당 스스로를 먼저 돌아봐야」, 『한겨레신문』 2019년 2월 25일.

3 「청년은 남북통일을 어떻게 볼까?」, 『한겨레신문』 2018년 11월 22일.

감대가 마냥 커지는 것은 결코 아니다. 남북의 역사상이 다를 수밖에 없는 원인과 배경을 분석하고 그러한 차이와 대립을 극복하기 위해 작지만 큰 걸음인 '牛步千里'의 마음가짐이 필요하다. 근자의 경우만 봐도 2019년 2월 북미 정상의 하노이 회담이 아무 결론 없이 끝나고 3주 후인 3월 22일, 북한은 〈판문점선언〉의 큰 성과인 개성의 남북공동연락사무소에서 북측 관계자를 철수시킨다고 통보했다. 5월 들어서는 두 차례에 걸쳐 다시 미사일을 발사했다. 참 힘든 여정이다.

이런 상황에서 남과 북의 역사학 교류의 성과 역시 당연히 제한적이다. 그렇더라도 교류는 지속되어야 한다. 그럼으로써 역사학은 이질화된 역사인식의 내용과 배경을 이해하고 역사학이 연구의 소재나 주제를 떠나 학술토론의 대상이 될 수 있는 상황, 나아가서 역사서의 공동 집필까지 가능한 상황이 빨리 올 수 있도록 남북 간 공유면적을 넓히는데 기여해야 한다.

2001년 이후 2018년까지 진행된 남북 역사학 교류를 정리한다면 〈표〉에서 볼 수 있듯이 공동학술회의, 전시회, 유적보존사업, 공동발굴, 공동연구 등 다양한 영역에서 그리고 다양한 방식으로 확대되어 왔다. 다만 그 사이 이명박, 박근혜 정부 하에서는 남북교류 자체가 단절되어 역사학 교류 역시 단절되는 짧지 않은 기간이 있었다. 그 와중에 남북 역사학 교류의 내용은 내실을 기하면서 진행되고 있다.

이 글은 국내 각 대학의 역사학 교수들과 연구자들의 회원단체로서 2001년부터 교류를 시작한 남북역사학자협의회가, 이전의 실무 접촉기간을 포함하여 20여 년 간 진행해 온 교류 사례를 중심으로 저간의 전개 상황과 향후의 전망, 역사인식의 미래상에 대해 고찰하기로 한다.

〈표〉 남북역사학자협의회의 남북학술교류 진행 상황(2001~2018년)

형태	시기	명칭
공동 학술 회의	2001.3.1	일제 조선강점의 불법성에 대한 남북공동 자료전시회와 학술토론회
	2003.2.21	일제의 조선인강제연행의 범죄성에 대한 남북공동자료전시회 및 학술토론회
	2003.8.21	국호 영문표기를 바로잡기 위한 남북 토론회
	2004.2.25	'일본해' 표기의 부당성에 대한 남북공동학술토론회
	2004.2.25	일제 약탈문화재 반환을 위한 남북공동 학술토론회 및 자료전시회
	2004.9.11	고구려고분군 세계문화유산등재기념 남북공동학술토론회
	2005.11.18	개성역사지구의 세계문화유산 등록을 위한 남북공동 학술토론회와 유적답사
	2008.4.24~25	남북역사용어연구 1단계 제1차 학술회의
	2008.6.19~20	남북역사용어연구 1단계 제2차 학술회의
	2009.12.15	남북역사용어연구 2단계 및 3단계 학술회의
	2010.4.2~5	일제강점 100년 남북공동학술토론회
	2015.10.13	개성 만월대남북공동발굴조사, 10년의 평가와 전망
전시회	2004.9.11	고구려고분군 유네스코 세계문화유산 등재 기념 남북공동사진전시회
	2005.5	6·15공동선언 발표 5돌과 광복 60돌 기념 고구려유물 전시회
	2015.10.13~11.15	개성만월대출토유물 남북공동전시회
	2018.2.9~3.18	고려건국 1,100년, 고려황궁·개성·만월대·남북공동발굴·평창특별전
유적 보존 사업	2006.4.19~5.2	고구려고분군 남북공동 실태조사
	2007.5.30~6.9	남북공동 고구려 벽화고분 보존사업
	2007.5.15~7.13	세계문화유산 등재를 위한 개성 만월대 남북공동발굴조사(시굴)
	2007.9.3~11.16	개성 세계문화유산 등재를 위한 개성 만월대지구 남북공동긴급발굴조사
	2008.11.4~12.23	제3차 개성 만월대지구 남북공동발굴조사
	2009.2.24~3.5	만월대 출토유물 보존관리사업
	2010.3.23~5.18	제4차 개성 만월대지구 남북공동발굴조사
	2011.11.14~12.19	제5차 개성 만월대지구 남북공동발굴조사
	2014.7.22~8.16	제6차 개성 만월대지구 남북공동발굴조사

	2015.6.1~11.30	제7차 개성 만월대지구 남북공동발굴조사
	2018.10.22~12.10	제8차 개성 만월대지구 남북공동발굴조사
남북 역사 용어 공동 연구	1단계 (2007.11~2008.10)	1592년 임진왜란~1919년 3·1운동의 사건, 인물, 개념 관련 용어 약 300건
	2단계 (2008.11~2010.5)	원시시대(선사시대)~후삼국시대의 사건, 인물, 개념 관련 용어 약 250건
	3단계 (2008.12~2010.5)	고려시대~조선전기의 사건, 인물, 개념 관련 용어 244건

2. 남북 역사학 교류의 환경

1) 정치적 환경

한반도의 현대사에서 6·15선언의 의미는 대단히 크다. 6·15선언은 남북 간에 반세기에 걸친 적대적 대립을 넘어 화해와 교류의 장을 공론화하고 현실화시킨 역사적 의의를 갖는다. 남북 간 학술교류에서도 물론 이전까지 제3국에서 남북의 학자들이 만날 기회가 없었던 것은 아니지만, 분단국가의 한복판인 평양이나 서울에서 공동학술대회를 갖게 된 것은 역시 2000년 6·15선언 이후였다.

그러나 학술교류는 경제, 사회, 문화 등 남북 간의 민간교류 분야 가운데 어려움이 많이 따르는 영역이다. 어찌 되었건 학술은 이념을 내재하게 마련이기 때문이다. 이는 70여 년 이상 이질적이고 적대적인 이념으로 대치해 온 데 따른 당연한 결과이기도 하다. 특히 역사학의 학문 특성상 역사학 교류는 적대적 인식을 넘어 화해와 협력에 바탕을 둔 역사인식의 공조 영역을 넓히고, 나아가 서로 간에 차이와 대립을 극복할 수 있는 대안을 장기적으로 모색해야 하기 때문에 꾸준한 시간과 노력을 요하는 영역이다.

이는 그간의 남북 당국 간 합의문 추이를 보면 드러난다. 학술 교류에 대한 조항은 1992년 남북기본합의서에서부터 2000년 6 · 15선언에 이르기까지 포함된 적이 없었다. 정치 군사 영역뿐만 아니라 남북 간 사회문화 교류에 대해 광범위하게 합의한 남북기본합의서에서는 "과학, 기술, 교육, 문화 · 예술, 보건, 체육, 환경과 신문, 라디오, 텔레비전 및 출판물을 비롯한 출판 · 보도 등 여러 분야에서 교류와 협력을 실시"할 것을 규정했지만, 학술교류에 대한 조항은 빠져 있었다. 분단 62년만인 2007년 10 · 4선언에 이르러서야 학술교류를 합의하기에 이르렀다. 즉 "역사, 언어, 교육, 과학기술 등" 학술 분야 교류와 협력을 발전시키기로 남북 당국 간에 처음으로 합의가 이뤄진 것이다.

6 · 15선언을 계기로 민간교류가 본격화된 상황에서도 북한 당국은 물론, 한국 당국도 학술교류를 중요하게 설정하지 않았다. 특히 북한이 학술교류를 대하는 시각은 체제보위를 위해 "자본주의 황색 바람 차단" 차원에서 학술 교류를 경계하는 방어적 대응으로 모아진다. 이런 설정 하에서 '민족공조'와 실리추구에 기초하여 제한적으로 교류를 허용하고 있기 때문에 남북의 학술교류가 실질적 성과를 거두기는 그만큼 어렵다.

학술교류에 대해 소극적이고 여전히 대치하고 있는 두 정부를 민간주체가 설득하고 동의를 얻어 학술교류를 진행하는 일은 여전히 가시밭길이다. 이러한 악조건에도 불구하고 학술교류는 다른 분야를 이끌고 전면에 나서 적대적 분단의 질곡을 푸는 핵심 분야일 수밖에 없다. 그런 점에서 학술교류는 의미가 크고 명분이 있는 일이다.

또 모든 분야의 남북교류는 순탄하게 진행되다가도 핵문제, 조문파동 등과 같은 군사적, 정치적 문제를 계기로 남북 간 정세가 갑자기 악화되면 전면 두절되기도 한다. 한미합동군사훈련, 탈북자문제, 미사일 발사 등에 따른 대립으로 남북 당국이 교류 창구를 닫는 경우도 그동안 허다했다. 한 예로 2004년 7월 북한 당국은 남한 당국의 '조문' 불허와 탈북자대량 입국을 비난하면서 남북관계를 전면 중단시켰다. 이는 민간교류에도 악영향을 미쳐 그 해 7~8월로 계획되었던 모든 민간교류가 연기되었다. 같은 해 8월로 예정되었던 남북역사학자협의회 학술회의도 연기되었다. 국제관계 역시 남북관계에 영향을 미쳐 9·11 테러의 영향으로 2001년 남북 역사학 교류가 시작된 이후 1년 이상 두절되기도 했다.

이런 상황이지만 그로 인한 교류사업 파탄의 책임은 교류의 민간 주체가 져야 하는 것도 현실이다. 한 예를 들어, 지난 2006년 7월 남북역사학자협의회는 개성만월대 남북공동발굴조사에 합의하고 개성에 들어갈 모든 준비를 갖추고 있었지만 하루 전날 갑자기 북한이 미사일 발사와 관련하여 '사업 연기'를 통보함으로써 이전까지 사업 준비에 소요되었던 모든 재정적 손실을 감당해야 했던 경우가 있었다.

그럼에도 불구하고 민간교류는 경색된 당국관계를 풀어주는 연결고리 역할도 한다. 2004년 남북관계가 경색되고 교류가 일시 중단된 와중에 남북역사학자협의회는 9월 11~12일 〈고구려고분군 세계문화유산등재기념 남북공동 학술토론회〉를 금강산에서 개최하였다. 당시 북한이 금강산에서 행사를 개최하자는 안을 낸 것을 두고, 통일부는 북한이 남한 당국에 불만이 있기는 하지만 남북관계를 전면적으로 끊지 않겠다는 표시로 간주하여 이 행사를 적극 지원했다. 그리고 이 행사에 통일부 관계자들도 참석하여 북한 대남사업 담당자들과 비공식 회합을 갖기도 했다. 이러한 과정이 계기가 되어 제17차 남북장관급회담(2005.12.16)에서는 "남과 북은 개성지구 역사유적의 세계문화유산 등록 및 보존·관리사업에 서로 협력"하기로 합의하는 성과를 거두었다.

돌연 변수는 남한 내의 상황에 따라 발생하기도 한다. 각 정치 세력은 남북관계 추이를 정략적으로 활용하려고 한다. 그때그때 이들의 의도에 따라 민간교류 주체는 하루아침에 '퍼주기' '이적분자'로 전락하기도 한다. 이 때문에 현실적으로 학술교류를 추진하는 남한 주체는 학술적 준비

뿐 아니라 시시각각으로 요동치는 정세변화에 대해서도 늘 촉각을 세우면서 행정적 준비를 병행해야 하는 이중 삼중의 노고를 감수해야 한다. 남북역사학자협의회도 문화재청 예산을 지원 받아 진행했던 2005년 〈개성역사지구의 세계문화유산 등록을 위한 남북공동 학술토론회〉가 '퍼주기 논란'에 휩싸인 바 있다.[4] 당시 야당을 비롯한 보수언론은 '국민의 혈세'로 학술토론에 대한 '대가'를 지불했다며 비합리적인 시비를 걸었다. 그러나 이 행사는 개성역사지구의 세계유산등재를 위한 기술적 · 전략적 방안을 남북한의 관계전문가가 함께 논의하고 세계유산 신청대상 유적들을 점검 · 대책을 강구하는 자리였다. 북한은 2003년 고구려고분군의 세계유산 등재 때도 유적의 보존상태 부실로 등재가 보류된 적이 있었다. 이 때문에 개성역사지구를 세계유산으로 등재 추진하는 과정에서 남한 전문가의 자문과 유적정비 실태를 확인받고자 하는 의도가 컸다. 남북역사학자협의회는 개성역사지구의 세계유산 등재가 차질 없이 추진될 수 있도록 지원하기 위해 이 행사를 진행했다. 아울러 세계유산자문기구인 ICOMOS 한국위원회의 전문가와 북한 문화보존지도국의 세계유산 관계자 등이 등재대상 유적지를 함께 답사하면서 보완 · 정비해야 할 사항들을 세밀하게 점검하였다. 이때 남한 전문가들은 행사기간 중 개성역사지구 등재대상 유적지의 보존 · 정비상태 미흡, 등재 신청서 준비 부족 등을 지적하였다. 북한은 결과적으로 우리 측의 자문을 수용하고 보다 치밀한 준비를 위하여 2006년 초 개성역사지구의 세계유산 등재 신청을 보류했다. 결과적으로 남 · 북 전문가 간의 교류를 통해 2013년 6월 23일 〈개성역사유적지구〉는 유네스코 세계유산으로 지정되어 그 결실을 맺었다.

북한에 대한 지원은 투명하게 이루어져야 한다. 물론 이제까지 이루어진 남북역사학자협의회의 북한 학자 지원도 투명하게 이루어졌다. 다만

4 「학술토론회까지 열어 北에 뒷돈 대는가」, 『국민일보』 2006년 9월 27일자.

엄격한 국내 기준을 그대로 북한에 요구하기보다는 탄력적 운영이 필요하다. 민족문화유산의 보존을 위한 시급하고 중요한 사업이 지연될 수 있기 때문이다. 실제로 지금도 지연되고 있다. 북한의 문화유산은 북한이 처해있는 열악한 경제적 여건과 문화유산에 우선적 관심을 기울이기 어려운 정치적 상황으로 인해 언제라도 훼손·멸실될 우려가 크다. 또 국제적으로도 외면되는 상황이라 한반도 구성원 공동의 귀중한 문화적 자산의 보존을 위한 백년대계 차원에서 남한의 지원이 절대적으로 요구된다.

2) 학술교류 환경의 특수성

현 단계에서 북한의 남북 학술교류 정책은 기본적으로 방어적이다. 민족동질성 회복이나 '민족공조' 차원에서 자신들이 현시점에서 꼭 필요한 분야를 설정하여 제한적으로 허가하는 한편, 학술교류를 실리 추구 수단으로 설정하기도 한다.

교류는 상대가 있는 법이므로 북한 입장에서 볼 때 이에 대해 몇 가지 이유를 생각해볼 수 있다. 2018년 6월과 2019년 2월, 김정은 위원장과 트럼프 대통령은 싱가포르와 하노이에서 두 차례나 정상회담을 가졌지만 북미관계의 미래는 여전히 안개 속에 놓여 있다. 북한은 핵협정이 타결되고 궁극적으로 미국과의 수교가 이뤄지기 전까지 '안보불안'에서 헤어나기 어려운 것이 사실이다. 여기에다 체제 자체에서 비롯되는 특성과 어우러진 내외 조건은 적어도 당분간 일정 수준의 학술적 다양성조차 허용할 여지를 더더욱 좁힌다. 아울러 경제난 해결을 위해 취한 2002년 7·1 경제개선조치 이후 북한 사회 내에서는 기관별 독립채산제가 시행됨으로써[5] 북한 학술기관도 자체적으로 재원을 마련해야 하는 압박을 받고 있

5 7·1 경제개선조치 이후 북한경제의 변화에 대해서는 김연철, 「북한 경제관리 개혁의 성격과 전망」, 『북한경제개혁연구』, 후마니타스, 2002 참조.

다. 이는 학술교류에서 남한 학자들이 북한 학술기관 및 학자들에 대한 지원을 수반해야 하는 조건으로 작용한다.

이러한 현실에서 남북 역사학 교류는 여러 문제를 고려해서 우선 북한이 받아들일 수 있는 범주 내에서 설정되어야 타결이 가능해진다. 더구나 북한은 모든 사회문화 교류 협력사업 협의를 중앙통제 시스템, 즉 조선로동당 통일전선부의 한 파트인 민족화해협의회(이하 민화협)라는 단일 창구를 통해 진행한다. 즉 북의 대남정책을 총괄하는 통일전선부가 모든 남북교류의 콘트롤타워 역할을 하고 있는 것이다. 학술교류의 주제, 영역 등에 대한 합의는 북한 학자들과의 논의 자리에서 민화협의 '정책적' 판단이 결정적인 영향을 미친다. 북한의 대남교류 전략이 "민족의 화해와 단합"이라는 대 전제하에 "자본주의 황색바람 유입 차단"과 동시에 "사업을 통한 실리추구의 최대화"라는 두 마리 토끼를 추구하고 있기 때문이다.

그래서 2000년대 초반 남북역사학자협의회의 초기 학술회의 주제는 일제 식민지배 문제에 한정되었다. 당시 북한이 악화 일로를 걷고 있는 대일 관계를 타개하고 과거사문제 해결을 위해 남북공조의 주제로 식민지문제를 필요로 하는 만큼 남한 측이 이를 대국적 차원에서 수용한 것이다. 남북 역사학 교류의 초기 상황은 북일수교를 앞둔 시점에서 정치적으로 북한을 지원하는 의미가 강했던 것 또한 사실이었다.

한편 북한의 '실리' 추구 측면과 관련하여 한 가지 지적해 둘 점이 있다. 즉 남북역사학자협의회 경우를 보더라도 교류의 진전과 발전에 가장 큰 애로는 교류의 추진목표나 우선순위가 남북 간에 기본적으로 다르다는 점이다. 즉 현시점에서 북한은 당국 간 대화, 경협 등에서와 마찬가지로 사회문화 교류에서도 교류사업의 내용이 민족의 화해와 통일에 기여해야 한다는 명분과 함께 남한의 대북지원과 협력을 확보하는 것이 사업 추진의 주요한 목표라는 점이다.

따라서 남북 학술교류는 민간 학술 주체끼리 합의하면 사업이 성립되는 일반적인 국제학술교류와 비교할 때 그 절차나 내용이 판이하다. 남한 주체가 북한 민화협에 사회문화 협력사업을 제안하면, 민화협은 북한 내부에서 관련기관들이 참여하는 논의를 거쳐 해당 사업에 대한 방침을 결정한다. 그 방침에는 해당 사업을 할 것인가 말 것인가, 북한 내에서 실행 주체를 누구로 설정할 것인가 등이 총괄적으로 포함된다. 학술교류의 경우 북한의 관점에서 특정 주제의 학술회의가 해당 시점에 남북간 교류사업으로 타당한지, 남한의 사업 주체가 얼마나 신뢰성이 있는지 등을 검토한다.

현 단계에서 남북 학술교류는 여타 국제교류나 남한 내의 학술행사와 다르다는 점을 인정할 수밖에 없다. 어느 주제든, 어떤 방식이든 남북 학술교류는 교류 자체에 머무르지 않는다. 때로는 남북관계에 심각한 영향을 주고받을 수도 있는 정치적 행위가 된다. 물론 학술교류 주제를 학자들이 주체가 되어 결정하지 않고 당이나 비학술기관이 최종 결정하는 북한의 방식은 남한 학자의 입장에서 거부감이 들게 마련이다. 그렇다고 해서 남북 학술교류에서 북한의 연구자나 학술기관이 수동적이기만 한 것은 아니다. 집행 당사자인 학자들이 반대하면 아예 해당 사업 안건을 논의하는 자리에 상정조차 되지 못한다. 실제로 일단 합의된 사업에서 북한의 해당 전문학자들이 임하는 적극성과 능동성은 대단히 높다. 북한 학자들을 만나보면 그들이 직접 참여하지 않았던 실무회의나 학술대회의 현안에 대한 문제의식을 정확하게 공유하고 있었다. 학술대회 전에 학자들을 포함한 그들 내부에서 현안에 대한 집체적 토론이나 전달과정이 치밀하게 이루어졌음을 의미한다.

이러한 우여곡절을 거쳐 북한 내에서 사업 시행이 정책적으로 결정되면 그 다음 문제에 실무적인 문제 즉 인원, 장소, 예산 등이 남는다. 현실적으로 남북 학술교류에 요청되는 예산은 남한 내 학술회의나 국제교류에 소요되는 비용보다 크다. 일상적 경비 외에 북한 학자에 대한 지원이 포함되어 있기 때문이다.

이처럼 현 단계에서 북한이 남북 학술교류에 임하는 목적은 학술적 범주로만 제한되지 않는다. 따라서 역사학 교류도 대북 '퍼주기' 논란에서 자유로울 수 없다. 즉 한쪽 잣대만 들이대면서 "학술의 이름으로 대가를 주고 교류하는 것이 옳은 일이냐"는 '도덕성' 시비는 언제나 가능한 셈이다. 남북 학술교류 주체로서는 이중고에 허덕이는 셈이다.

'퍼주기'라는 비난은 당장 북이 남한에 줄 가시적인 무엇인가가 뚜렷하지 않다는 점에서 틀린 말이 아닐 수 있다. 그러나 적대적 대치와 이에 따른 사회적 · 정치적 · 경제적 · 문화적 비용이나 손실을 감안하고 평화가 정착되어 각 분야에서 발생할 수 있는 가치의 무한성을 생각한다면 이러한 비난은 대안 없는 발목잡기에 불과할 수도 있다. 현실적으로 여러 면에서 북한은 어려운 처지에 있다. 남북교류가 남한 입장에서는 단순히 교류일 수 있지만 북한으로서는 생존권 차원의 민족공조 활동에 가깝다. 그래서 현 단계의 모든 교류는 북한에 대한 정치적 배려, 경제적 지원에 기초할 수밖에 없다고 본다. 이는 논리의 문제가 아니라 현실의 문제이다.

3) 북한 학자의 연구 환경

북한 학자들의 연구 환경과 조건은 연구자 개인의 문제의식이나 관심에 따라 연구주제를 정하는 남한과 큰 차이가 있다. 구사회주의 국가에서는 대체로 당이나 연구기관을 통해 목적의식적으로 연구과제가 개인에게 할당되고 집체적으로 수행되었다. 북한도 마찬가지이다. 오히려 그 집중성은 '안보환경'과 체제의 경직성 때문에 다른 사회주의 국가들보다 더 강할 것이다.

이 때문에 남북 학술교류를 위한 주제를 설정하고 전체 프로그램에 대한 상세한 논의가 오가게 마련인 실무회의에서 북한 역사학자들과 심층 대화를 나누기란 쉽지 않다. 남한 학자의 입장에서 보면 이러한 장면은 북한 학자들이 주변적으로 참여한다는 생각을 갖게 한다. 그러나 일단 합의된 사업을 진행하는 과정에서는 북한 학자들이 대단히 열성적으로 전문성을 발휘하고 허심탄회하게 남한 학자들과 문제의식을 교환한다.

이와 다른 차원에서 남한 학자들은 북한 학자의 발표문이나 논문이 치밀하지 못하다고 보는 경우가 많다. 반면에 북한 학자들은 남한의 논문이 거시적 시각이 약하다고 비판한다. 그러한 비판과 다른 차원에서 요즘 남한 연구자들이 북한 연구에 대해 관심도가 낮은 것은 분명하다. 연구의 질적 측면에서 참고할만한 가치 부여도 크지 않다. 남한 논문의 분량이 지나치게 길고 소재 또한 너무 미시적이라는 지적과 반대로, 북한 논문은 키워드나 결론 중심으로 이루어져 분량 자체가 절대적으로 적다. 예를 들어 『역사과학』에 실리는 논문은 깨알만한 글씨로 편당 두어 쪽 정도로 촘촘하게 인쇄되어 있다. 정확한 사정은 알 수 없지만 특히 2000년대 초반까지는 종이 사정으로 글의 분량 자체를 제한한다는 이야기를 들은 적도 있다.

이 때문인지 공동학술대회에서 발표되는 북한 발표문 역시 너무 짧은 데다가 각주를 안 다는 경우가 많아 근거 제시 없이 결론만 제시하는 경우가 많다. 교류라는 장에서 상대방을 상하게 할 우려 때문에 그 이유를 묻기도 쉽지 않다. 다만 한 북한학자로부터 "우리는 논문이 개인의 작품이 아니고 집체적 성과이므로 집필 전에 집체적 토론을 거쳐 결론을 내린다. 때문에 근거 제시는 필요 없고 결론적 내용만 주로 쓴다"는 얘기를 들은 적이 있다.

북한의 역사학 연구가 계속된 경제난의 여파로 세계적인 학문연구 추세를 따라잡지 못하는 현실적 한계는 분명하다. 이 때문에 정치적 문제와 다른 차원에서 논문의 분량, 형식, 밀도 등의 문제로 남북공동학술회의에 발표된 북한 학자의 발표문을 남한 학술지에 그대로 싣기 어려운 경우도 있다. 또 공동학술대회나 공동연구 주제를 두고 북한 학자들과 심도 있는 토의를 할 수 있는 조건이 아니어서 남한처럼 학자들마다 각양각색의 문제의식을 갖고 북한 학자들과 토론하는 것도 기대하기 어렵다. 하여간 이러한 연구 경향이 대부분의 남한 학자들에게 갑갑함을 느끼게 하는 것은 부정할 수 없는 사실이다.

그렇다고 해서 북한의 연구 수준을 저평가 일변도로 보는 것도 타당하지는 않다. 한 예로 북한은 『리조실록』, 『비변사등록』, 『승정원일기』 등 각종 대형 고전번역사업을 일찌감치 마무리했다. 개인 업적과 상업성 중심으로 이루어지는 연구 환경에서 힘든 작업이 북한에서는 국가 지원 아래 광범하고 집중적으로 진행된 것이다.

학술교류는 일차적으로 남과 북의 연구 환경이나 방식이 서로 다르다는 것을 인식하고 상대의 입장을 고려하는 것에서 출발해야 한다. 그리고 서로 다른 연구조건에 대해 생각할 기회가 없던 상황과 달리, 인정해야 하는 체제의 차이와 여기에서 비롯된 여러 차이를 확대하기보다 어떻게 공감대를 찾고 키워갈 것인가 하는데 초점을 둘 필요가 있다. '다름'을 전제로 이루어지는 남북교류는 상호에게 영향을 미친다. 불가피한 마찰 속에서도 교류가 쌓이다보면 질적 변화는 오게 마련이고, 각자 '다름'의 내용도 바뀌어 '같음'의 범주가 확산된다. 충돌과 타협이 거듭될 때 변화를 요구하는 힘도 그만큼 커진다.

연구환경의 차이를 넘어 접촉 면적이 넓어지고 구체적 소재로 들어갈수록 분단시대 이전 수 천 년 동안 같은 역사를 공유했다는 점을 간과해서는 안 된다. 교류 초기 '일제의 식민지지배 청산'이라는 분야는 공동학술대회를 위해 일차적으로 가장 쉽게 합의될 수 있는 영역이었다. 그러나 교류가 진행되면서 다루는 소재가 크게 넓어졌다.

예를 들어 중국의 '동북공정'에 대해 남한 학자들이 남북 공조의 좋은 소재라고 하자 북한 학자들은 '외교관계' 등을 이유로 난색을 표했다. 남한 학자들이 계속 이 문제를 제기하면서 결국 2004년 9월 〈고구려고분군세계문화유산등재기념 남북공동학술토론회〉를 갖게 되었다. 이 토론회에서 북한 학자들의 발표를 보면 '중국'과 '동북공정'이라는 말은 명시하지 않았지만 그에 대한 비판의식이 대단히 철저함을 확인할 수 있었다. 이 행사를 통해 북한은 '고구려 문제' 대응에 미온적이라는 남한 사회 일각의 평가를 불식시킬 수 있었다. 실제로 당시 남한 신문을 보면 북한의 미온적 자세를 비판하는 칼럼이 적지 않았다. 또 북한은 남한의 역사학자들과 고구려 문제를 공동대응함으로써 중국에 대해 자신의 입장을 간접적으로 피력하는 계기를 만들 수 있었다. 정치적 상황에 의한 차이 못지않게 공감대를 만들 수 있는 영역은 그만큼 넓은 것이다.

3. 남북 역사학 교류의 이유와 현단계의 특징

1) 역사학 교류의 이유

여러 어려움에도 불구하고 남북역사학자협의회가 지난 20여 년간 교류를 꾸준히 진행해온 이유를 들자면 다음과 같이 정리할 수 있겠다.

첫째, 현재 남북 학술교류가 처한 정치적 환경의 어려움은 장기적으로 단계적 문제로 보기 때문이다. 동서독의 경우도 '문화협정'에 따라 인문학, 사회과 학 분야의 학술교류가 활성화된 것은 통일되기 불과 3년 전인 1986년부터였다. 그러나 그 이전 20여 년 동안 양독 간에는 비공식적 학술교류가 끊임없이 계속 진행되었고 이를 바탕으로 비로소 공식적 문화협정이 가능했던 것이다.[6]

---

6 동서독의 문화교류에 대해서는 박형중, 「신동방정책과 동 · 서독 사회 · 문화 교류협력」, 『신동방정책과 대북포용정책』, 두리미디어, 2000 참조.

많은 곡절을 지나 북미간에 핵문제가 타결되고 수교가 이뤄지면 북한의 '안보위기' 의식도 현격하게 줄어들 것이고 북일수교도 이뤄질 것이다. 외부로부터 자금이나 물자도 많이 유입될 것이다. 특히 일본으로부터 과거사 정리를 위한 '배상금'이나 물자가 유입되면 궁핍한 경제 형편도 급속히 나아질 것이다. 한국이 1960년대 경제개발계획을 시행하는 과정에서 일본의 '배상금'이 일정하게 종자돈 역할을 했던 것을 생각한다면 북한 경제에도 대단히 큰 활력소가 될 것이다.

물론 그렇다고 해서 북한 당국이 산적해 있는 대내외적 과제 중 역사학 교류의 필요성을 우선적으로 제기하지는 않을 것이다. 벽돌을 한 장씩 쌓아 올려가듯이 남북의 역사학자들이 지속적으로 학술적 성과와 대내외적 의의를 만들어가면서 역사학 교류의 필요성과 절실함을 느끼도록 해야 한다. 미리 준비를 해야 하는 것이다. 실제로 역사학 교류의 초기 성과가 가시적으로 나타났다. 이는 2007년 10·4선언의 사회문화 교류 조항 가운데 역사학이 제일 앞자리를 차지한 것에서도 확인된다.[7] 또 현 단계 학술교류에서 북한의 경우 결정권은 연구자나 학술기관이 아니라 대남사업 중앙통제기구인 민화협이 갖고 있지만, 일정 시점이 지나면 중앙통세 시스템 하에서도 연구자나 학술기관 스스로가 남북 학술교류를 적극 요구하는 단계에 이르게 될 것이라는 점도 고려해야 한다.

둘째, 남북 학술교류에 수반되는 대북 지원이 북한 학자들이나 연구기관 지원으로 이어지기 때문이다. 학술교류가 대남사업 창구인 민화협을 통해 이뤄지더라도 교류 내용을 담당하는 주체 예를 들어 문화보존지도국, 조선중앙력사박물관, 조선사회과학원력사연구소 등에 소속된 학자들의 적극적 참여를 통해 대북지원은 그들이 속한 조직에 유용하게 쓰이고

7 2007년 10·4선언 제 6조는 다음과 같다. "남과 북은 민족의 유구한 역사와 우수한 문화를 빛내기 위해 역사, 언어, 교육, 과학기술, 문화예술, 체육 등 사회문화 분야의 교류와 협력을 발전시켜 나가기로 하였다."

있다.

특히 2002년 7 · 1경제개혁조치 이후 북한은 전사회적으로 기관별 독립채산제를 시행하고 있다. 이는 일차적으로 생산현장의 노동의욕 고취와 생산성 확대를 의도한 것이어서 전통적으로 국가 배급으로 유지되었던 각종 학술기관은 그 특성상 수익 확보가 상대적으로 어려워질 수밖에 없다. 이런 상황에서 남한 역사학자들이 북한 역사학계를 지원하는 것은 인도적 차원임과 동시에 그들의 연구기반을 뒷받침해 준다는 동업자 의식의 측면도 있다. 경제난 속에서 북한 내부의 배급 또는 지원 대상에서 우선순위가 떨어지게 마련인 역사학자들의 연구기반이 취약해지거나 무너져 버린다면, 지금부터 준비해가야 할 역사인식의 남북연합을 추구하는 작업을 누구와 시도할 것인가?

남북 학술교류는 북한 학자들이 겪는 자료의 빈곤도 일정하게 채워주는 통로가 된다. 한 예로 북한의 연구기관에는 일제시기 연구를 위한 일차 자료인 신문자료나 조선총독부관보조차 제대로 구비되어 있지 않은 경우가 많다. 북한의 자료 환경을 조금이나마 낫게 하기 위해 강만길(남북역사학자협의회 초대 남측위원장)은 2004년 봄, 평생 모아두었던 자료와 서적을 북한에 기증하였다. 또 교류 초기에 이뤄진 남북공동학술대회와 자료전시회 때에는 그에 필요한 사진, 문헌자료 등을 남한이 제공했다. 북측 관계자로부터 이러한 자료를 고맙게 활용하고 있다는 얘기를 여러 번 들었다.

셋째, 연구 방식과 환경의 차이를 상호 이해하는 것이 본격적인 학술교류의 디딤돌이 되기 때문이다. 앞에서 북한 학자들의 논문이나 발표문이 각주나 근거는 생략한 채 결론만 제출하는 관행을 거론했는데 이 점에 대해서도 시야를 넓혀 볼 필요가 있다. 즉 교류를 통해 남한 학자들이 북한의 연구 방식이나 환경을 이해하는 것처럼 북한 학자들도 남한의 그것을 이해하는 과정이 병행된다는 점이다. 냉전시기 남한에서의 학술환경처럼 북한 학자들은 서방이나 남한의 학술 논저를 접할 기회가 극히 제한된 환경에 있다. 이런 상황에서 남한 학자들에게도 그렇듯이, 북한 학자들에게도 남한 학자들과의 만남은 새롭고 특이한 체험일 것이다. 북한 학자들은 자신들이 체험한 남한의 연구 방식이나 환경에 대해 집체토론을 하고 자기들 방식대로 정리할 것이다. 특히 김정은 체제 이후 '발은 자기 땅에, 눈은 세계로'라는 구호 아래 각 분야에서의 국제교류가 적극 장려되고 있어, 남북학술교류에도 긍정적인 영향을 미칠 것으로 보인다.

실제로 2007년에 진행된 〈개성만월대 남북공동발굴사업〉 도중에 벌어진 발굴도면 교환의 경우를 예로 들 수 있다. 남측 조사단에 따르면, 발굴도면을 교환하기로 한 날에 남측 조사단이 작성한 도면을 본 북측 학자들이 남측 수준에 맞추려고 며칠 밤을 새서 도면을 수정했다고 한다. 분명한 사실은 현 단계의 남북 학술교류가 명실상부하게 학술교류의 환경이 갖춰진 속에서의 교류가 결코 아니라는 점이다. 지금은 그러한 환경을 갖춰 나가기 위해 교류의 장을 넓히는 단계에 불과하다. 교류의 내용과 형식은 이러한 단계에 조응할 수밖에 없다.

남한이 지원력이라는 지렛대를 적절하고 합리적으로 활용한다면 남북학술교류는 점차 단계를 높여갈 수 있을 것이다. 현 단계 남북교류의 특징을 정확하게 설명한다면, 남한에서는 단순히 교류이지만 북한으로서는 생존권 차원의 민족공조 활동 영역에 속한다. 북한이 공산권 붕괴 후 '안보불안'과 경제난이 수반된 고립된 섬으로 되어버린 현 상황에서 처음부터 정상적 남북교류를 전제하는 자체가 사실은 비현실적이다. 명실상부한 남북교류가 이루어지려면 적어도 평화협정과 북미, 북일 수교가 이루어져 적대관계가 청산되는 상황에 이르러야 할 것이다. 이전 단계의 모든 교류는 북한에 대한 정치적 배려, 경제적 지원이 수반될 수밖에 없다.

2) 역사학 교류 내용과 형식의 발전

남북 역사학 교류 사업은 학술외적인 정치 환경뿐 아니라 연구 환경의 차이에 제약받을 수밖에 없다. 이러한 조건 속에서 교류 초기에는 공동학술회의를 많이 가졌다. 개최 장소 또한 북한의 불편함을 줄여주기 위해 북한 지역이나 제3국에서 이루어졌다. 현 단계에서 북한은 학자들의 남한 방문, 특히 수십 명씩 큰 규모로 방문하는 것을 꺼려한다. 남북 간의 경제적 차이를 알고는 있지만 눈으로 실감할 때의 우려도 있을 것이다. 여기에다 남북 두 당국의 동의를 얻어야 하는 학술회의의 주제나 소재도 제한되게 마련이다.

이러한 한계 속에서도 지난 20년간 남북 역사학 교류의 내용과 형식에서 큰 변화와 발전을 보였다는 점을 주목할 필요가 있다. 이전에는 남북 학자들끼리 대화를 나눌 수 있는 기회가 학술회의장이나 만찬장 정도로 제한되어 있었는데, 2003년 2월 〈국호 영문표기를 바로잡기 위한 남북 토론회〉 이후 시공간적으로 크게 넓어져 김일성종합대학과 조선사회과학원 소속 학자들이 답사 기간 내내 동승하여 오랜 시간 대화를 나눌 수 있었다. 2004년 9월 금강산에서 열린 〈고구려고분군 세계문화유산등재기념 남북공동학술토론회〉를 마친 후 100여 명의 남북 역사학자들이 간담회도 가졌다. 만남과 대화를 통해 서로의 연구 환경을 알고 '다름'에 대해 인식하는 것이 중요하다는 점에서 이러한 변화는 큰 의미가 있다.

북한 학자들이 학술교류에 임하는 모습도 적지 않게 변화했다. 교류 초기와 달리 대체로 2005년 경 이후에는 전문적인 학술 내용과 관련해서는 사전 실무회의 때부터 관련 학자 및 전문가가 적극적으로 의사표시를 하는 경우가 많았다. 가령 국내외 정세 때문에 무산되었지만 애초에 2005년 하반기에 서울에서 열기로 합의했던 '을사조약' 관련 학술대회 실무회의에서 지승철(조선사회과학원 과학지도국 부국장)과 공명성(조선사회과학원 력사연구소 근대사 실장)이 참석하여 남한 학자들과 주제 선정에서부터 발표자 구성에 이르기까지 심도 있는 대화를 나누었다. 〈고구려 유물 전시회〉나 〈개성 만월대 발굴 사업〉을 토의할 때에는 이 분야에서 북한 최고전문가로서 걸어 다니는 백과사전이라고 불린 리승혁(당시 문화보존지도국 박물관 처장)이 남한 학자들과 진지한 토론을 나누었다.

2007년 5월 15일부터 두 달간 개성 만월대 고려 궁성터에 대한 남북공동 시굴조사를 시작한 이래 2018년까지 여덟 차례 진행된 공동발굴사업은 역사적인 사례가 아닐 수 없다. 공동발굴의 경우, 남북의 발굴단 수십 명이 짧게는 2개월, 길게는 6개월 동안 발굴현장에서 얼굴을 대하면서 함께 생활하게 된다. 접촉을 통한 우려가 큰 북한으로서는 난감한 상황일 수밖에 없다. 그러나 공동발굴사업은 상호 신뢰감 속에서 사업이 합의되고 큰 문제없이 여덟 차례나 진행되었다. 남과 북의 관련 학계는 물론 남한의 보수세력도 인정하듯이 학술적 성과 또한 적지 않았다. 특히 2018년 제8차 조사 때는 북측에서 고고학, 고건축, 보존처리 등 문화유산 관련 각 분야 전문가 40명이 참가하여, 남측조사단과 함께 조사를 진행하며 격의 없는 대화와 토론을 벌였다. 북한 조사단원들의 적극적인 의견 개진에 오히려 남한 조사단원들이 놀랄 정도였다.

2018년 6월 싱가포르와 2019년 2월 하노이에서 두 차례 열린 북미정상회담이 합의를 이뤄내지 못해 현재는 미뤄지고 있지만, 만월대 공동발굴은 이후에도 계속 사업으로 진행될 예정에 있다. 남북역사학자협의회는 2018년 2월 9일~3월 18일에 동계올림픽이 개최되고 있던 평창에서 〈고려건국 1100년, 고려황궁 개성 만월대 남북공동발굴 평창특별전〉을 진행했다. 비록 북측의 유물은 오지 못했지만, 북측 응원단이 전시장을 방문하여 공연을 하고 일본의 총련계 동포들이 세 차례에 걸쳐 방문하는 등 차후의 발전된 교류를 낙관하는 계기가 되었다.

학술교류는 초기 단계가 지나면 보다 진전된 수준을 요구한다. 남북역사학자협의회 역시 장기적인 계획 아래 공동연구와 논저 편찬을 추진했다. 이 과정에서 드러나는 기술적 문제 또한 적지 않았다. 예를 들어 남북간에 별 이견 없이 합의할 수 있는 연구대상 시기가 있는 반면에, 현 시점에서 상호 논의조차 어려운 연구대상 시기가 있다. 즉 북한에서 명명한 '혁명력사' 시기에 해당되는 현대사, 정확하게 말하면 1920년대 이후 시기는 아직 남북 학술교류의 장에서 토론할 형편이 되지 못한다. 이러한 상황에서는 남북 학자 간의 1대 1 공동연구는 북한에 부담만 줄 뿐, 실질적인 학술성과도 거두기 어렵다. 남북 간의 자료 교환 또는 공동 답사를 통한 연구 방식 등이 무난해 보이지만 북한 전역을 대상으로 한 광범한 학술조사 역시 현 단계에서는 쉽지 않다. 북한이 외부인의 방문 지역을 제한하고 있기 때문이다.

일제시기 역사 자료를 교환하자고 제의한 적이 있었는데 아쉽게도 "시기상조"라는 답변을 들었다. 자료의 반출 절차와 조건 등 북한 내부 절차상의 복잡한 사정도 있다. 남북역사학자협의회는 이러한 현실 제약을 감안한 가운데 초기단계에는 서로 충돌 없이 진행할 수 있는 주제나 소재를 중심으로 남북 학자들의 만남에 의미를 두고 공동학술회의를 개최해왔다. 이러한 신뢰 구축을 바탕으로 2000년대 후반기 들어서는 학자 교류의 단계를 넘어 한 단계 심화된 교류를 지향할 수 있었다. 즉 남북 역사학 교류가 좀 더 진전해야 한다는 차원에서, 〈남북역사용어공동연구〉 사업을 북한에 제안하고 합의에 이르러 2007년 11월부터 3년 동안 진행한 것이다. 이 사업은 역사용어 공동집필 사업으로서 남과 북의 역사학자들이 특정 역사용어(남과 북에서 다르게 칭하더라도)에 대해 각자가 집필하는 방식으로 진행되었다.

〈남북역사용어공동연구〉 사업은 한국사 서술과 관련된 주요 용어를 남북 학계가 공동으로 연구하여 동일한 역사대상(사건, 인물, 개념)에 대해 역사인식과 서술의 공통점과 차이점을 있는 그대로 드러내고, 차이가 있는 경우 그러한 차이를 가져오게 된 배경과 내용을 구체적으로 확인하자는 것이다. 장기적으로 남북 역사인식은 공통성을 넓히고 차이를 좁히거나 적대적 차이의 경우 대립을 극복하고 공존하는 방향을 지향해야 한다. 이 공동연구는 본격적으로 남북 간 역사인식을 함께 논의할 수 있는 첫 장으로서 향후 학술논저, 나아가서 공동역사서를 집필할 수 있는 전 단계에 해당되는 기초작업이었다. 공통의 역사이해와 역사서술을 추구함으로써 역사인식의 남북연합을 지향하는 학술적 기초를 마련한다는 점에서 의미가 크다.

서로 간의 공통점과 차이점을 역사용어 서술을 통해 정리하고 상호 이해하자는 취지였지만, 합의에 이르는 과정은 사실 순탄하지 않았다. 북한 내부의 논의 과정에서 이 공동연구가 남북 간 역사인식의 차이를 부각시켜 결국 통일 노력에 반할 수 있다는 우려가 제기되었기 때문이다. 그러나 결국 북한은 서로의 공통점은 물론 차이점까지 연구해 향후 통일의 기초로 삼자는데 동의했다. 북한이 동의한 또 다른 이유는 이 작업이 본격적인 연구서 공동 집필에 앞서 남북 학자 모두에게 현실적으로 감당할 수 있는 수준의 작업이라고 판단한 점도 있을 것이다. 어쨌든 북한이 이 공동연구에 합의한 것은 남북 역사학 교류의 본격적인 시발점이라 할 만큼 중요한 변화라고 생각한다.

〈남북역사용어공동연구〉 사업을 준비하는 과정에서는 조희승(조선사회과학원 력사연구소 소장), 장철욱(조선사회과학원 력사연구소 중세사실 실장), 위광남(조선사회과학원 력사연구소 근대사실 실장) 등 관련 전공자들이 남한 학자들과 함께 용어의 선정과 분류 작업에서부터 구체적인 집필 원칙에 이르기까지 세세한 내용에 대해 장시간 구체적으로 토의를 하고 그에 관해 합의를 했다. 북한 민화협도 일단 결정된 사업의 학술적 내용과 관련해서는 학자들에게 전권을 위임하는 형식을 취했다.

2007년 11월에 1단계 작업으로서 임진왜란~3 · 1운동(근대편)까지의 역사용어 300개를 선정하여 공동으로 집필하기로 합의했다. 그리고 남북 역사학자들이 학술회의를 열고 각자가 집필한 원고 교환을 2008년에 마쳐 성과 있게 마무리되었다. 남북 간 역사인식 차이를 부각시킬 수 있다는 우려 때문에 이 공동연구에 적지 않은 부담감을 갖고 있던 북한도 1단계 성과를 확인한 후 다음 단계로 나아가는 것에 흔쾌히 동의했다. 남북 쌍방은 이 공동연구를 빨리 마무리하기 위해 2008년 12월부터 2009년 11월까지 2단계(고대편)와 3단계(중세편)를 동시에 진행하기로 합의했다. 그러나 2009년 5월 북한의 2차 핵실험 이후 통일부가 사회문화 교류를 위한 방북을 일체 불허함으로써 일시 중단상태에 놓이기도 했다. 정세가 다소 완화된 2009년 12월 15일에야 첫 번째 학술회의를 개성에서 가질 수 있었다. 그리고 애초에 정했던 종료 시한을 2010년 5월로 6개월 연장한 후, 〈표〉에 보듯이 1920년대 이전까지의 역사용어 총 800여 건에 대한 공동연구를 마무리할 수 있었다.

〈남북역사용어공동연구〉는 교류의 내용에서도 한 단계 나아간 것이지만, 공식 회의석상에서 남북 역사학자들 간의 이견이나 차이에 대해 토론의 기회도 가진 의미가 큰 사업이었다. 그동안에는 북한의 거부감 때문에 학술회의 석상에서 즉흥적인 토론이나 질문은 주고받지 않기로 하고 행사가 진행되었다. 학술교류로서는 대단히 큰 한계가 아닐 수 없다. 즉 이전까지 남북 공동학술회의는 냉정하게 말해 발표에 머물러 있었다.

2단계와 3단계 공동연구 진행은 우여곡절을 겪었지만 2009년 12월 개성에서 열린 학술회의에 통일부의 방북인원 제한으로 남한 학자는 9명만 참가했지만 북한 학자는 13명이 참가하여 이 공동연구에 뜨거운 열기를 보여줬다. 게다가 이전까지 남북 학술회의는 준비된 원고를 발표하는 선에서 공식일정을 마치고 이후 식사모임 등에서 제한적으로 의견 교환이 이뤄졌는데 이 학술회의에서는 이례적으로 각자 원고 발표 후 '자유토론'

시간을 가졌다는 점이 특기할만하다. 역사학 교류의 장에서 처음 있는 일이었다. 이는 특히 북측의 학자대표인 조희승 역사연구소 소장이 먼저 제안한 사안이었다. 물론 토론의 장에서 남북 간에 첨예한 이견을 제기하고 논쟁하는 방식은 아니었다. 그러나 쌍방의 연구 동향이나 차이, 향후의 연구계획, 주요 관심사를 묻고 답하는 과정을 통해 교류의 내용과 형식이 한 단계 높아졌다는 점에서 의미가 적지 않다.

그간 남북 학술교류 과정에서 신뢰가 축적되었고 서로의 연구 환경을 이해하는 성과 또한 결코 적지 않다. 그러나 여전히 교류의 형식과 내용에서 미흡하고 국내외 정세 때문에 합의된 만남도 수시로 단절되는 환경에 놓여 있다. 학술적 만남을 통해 역사인식의 현격한 차이를 얼마나 좁힐 수 있으며, 과연 생산적 토론이 가능하겠냐는 비판과 회의가 제기되기도 한다. 그렇다고 해서 아무 대책 없이 적대적 관계를 지속해야 한다고 주장할 수도 주장할 수도 없는 노릇이다. 반세기 이상 만남이 전무했던 상황에서 공감대 형성을 위한 노력 없이 차이점만 드러냈던 이제까지의 관행에 안주하는 한, 역사는 전진은커녕 그만큼 퇴보할 것이다.

4. 역사인식의 남북연합을 위한 기반 조성

남북 역사인식(교육)의 이질성을 논하기 전에 남한 사회 내에서도 역사인식 이질성의 폭이 제법 넓다는 점을 지나쳐서는 안 된다. 일부 경제학자들이나 뉴라이트 그룹의 식민지 인식은 철 지난 반북논리에 기대어 적대적 차이를 드러냈다.[8] 이처럼 남한 사회 안에서도 대립적인 역사상이

8 최근 뉴라이트와 국정교과서에 대한 역사학계의 비판은 다음 논문을 참조. 김정인, 「역사 교과서 논쟁과 뉴라이트의 역사인식」, 『역사교육』 133, 2015; 정승진, 「뉴-라이트의 이론과 사상-안병직 · 이영훈의 최근 성과를 중심으로-」, 『역사와 현실』 106, 2017.

공존하고 있는 것이다. 다르게 말하면 우리 사회의 다양성과 민주화의 폭이 그 만큼 넓어졌다는 반증이기도 하다. 이제 이러한 다양성과 민주화의 폭은 북한의 역사인식을 이해하는 데까지 넓혀져야 한다. 서로 다른 역사인식의 이해는 서로에 대해 함께 이뤄져야 한다.

남북 역사인식의 차이가 두드러지는 분야는 고대사와 '현대사' 영역이다. 북한은 1994년 집안현에 있는 장수왕릉과 같은 양식의 거대한 단군릉을 평양 인근에 조성하고 대동강 일대를 '세계 5대 문명'의 발상지로 설정했다. 이는 사회주의권 붕괴와 북미 적대관계가 첨예화되는 절박한 현실을 '우리민족제일주의'라는 국수주의 동력으로 돌파하려는 정치적 시도의 일환일 것이다.[9] 북한이 남한을 상대로 '정통성'을 강조하기 위한 것일 수도 있다.

김일성의 학생운동 시절을 '혁명력사'의 첫 장으로 시작하는 북한의 '현대사' 연구는 '당력사연구소'를 중심으로 조선사회과학원 '혁명력사연구소', 김일성종합대학 '력사연구소' 등에서 주력하는 각별한 위상을 지닌다. '혁명력사' 교육의 비중도 절대적이다.

그러나 고대사와 '현대사' 연구에서 타 특정 영역 이외의 경우 남북의 차이는 현 시점에서도 얼마든지 공존이 가능한 차이에 속한다. 연구의 수준이나 깊이, 소재의 다양성 측면에서 드러나는 차이는 체제 차이에서 비롯된 것이기도 하다. 그러나 결국 연구 환경의 차이로서 시간이 지나고 교류의 과정에서 일정 부분 해소될 수 있는 범주에 속한다.

실제로 〈남북역사용어공동연구〉 진행 과정에서 확인된 사실은 남과 북의 역사서술에서 질적, 적대적 차이가 일반적인 예상보다 훨씬 적다는 점이다. 차이점이 부각되어야 주목되게 마련이다. 그런 점을 감안한다면 오히려 남과 북의 역사학계 사이에 비슷한 범주가 너무 넓어 이 연구의

9 냉전 해체 이후 민족주의로 포장된 북한의 국수주의에 대해서는 이종석, 「북한의 위기 대응과 한계」, 『새로 쓴 현대 북한의 이해』, 역사비평사, 2000 참조.

의미가 축소되지 않겠냐는 우스갯소리가 나올 정도였다.

이처럼 남과 북의 역사인식은 이질적 측면 이면에 공유면적 또한 넓다. 역사학 교류는 공유면적에서 시작하는 것이다. 실제로 〈표〉에 보듯이 남북이 함께 할 수 있는 분야는 일반적 예상과 달리 대단히 넓다. '현대사'나 고대사 분야 역시 특정 주제를 제외한다면 나머지는 대부분 지금이라도 공동연구가 가능한 영역에 속한다.

저간의 만남 과정에서 또 하나 확인되는 것은 북한 스스로가 정치적 이질성이 확연한 분야에 대해 공동연구를 하자거나 자신들의 '혁명력사' 인식을 남한에 "결사관철"시켜야 한다고 생각하지 않는다는 점이다. 자신들의 역사상이 남한과 대립되는 지점이 어디인지 정확하게 알고 있고 그들도 남북이 충돌되지 않는 부분에서부터 학술교류를 해야 한다는 상식을 갖고 있기 때문이다.

그런 점에서 남북 역사인식의 상호 접근과 공존을 모색할 수 있는 실마리는 역설적이지만, 김일성이 말년에 주력했던 회고록 『세기와 더불어』에서 찾을 수 있다. 1992~1995년에 1권~6권이, 1996~1998년에 계승본으로 7~8권이 간행된 『세기와 더불어』는 해방 후 (김일성의) "개선"으로 마무리되지만, 다루는 사실이나 외연이 대단히 넓어졌다는 점에서 이제까지의 역사서술과 큰 차이가 있다. 『세기와 더불어』 역시 1979~1983년에 33권으로 간행된 『조선전사』의 특징인 주체사상에 따라 서술하는 기본틀을 유지하고 있지만 김일성이 어릴 때부터 관계했던 기독교와 천도교 등 종교인들의 활동, 민족주의나 독립군운동 등에 관해 북한의 다른 역사책에서 전혀 서술되지 않는 사실들을 풍부하게 수록하고 있다.[10]

『세기와 더불어』의 중요한 특징은 이전까지 모든 항일운동을 김일성

10 『세기와 더불어』에 서술된 북한의 민족해방운동사 인식 변화에 대해서는 예대열, 「『세기와 더불어』에 서술된 북한 민족해방운동사 변화상과 함의」, 『한국근현대사연구』 55, 2010 참조.

중심으로 신화화했던 공식적 '주체사관' 서술과 달리, 해방 후 북한정권의 한 축이었던 연안파, 국내파, 민족주의자, 종교세력 등 모든 항일투쟁의 경험을 함께 서술하고 있다는 점이다. 또 1920년대 국내에서 왕성하게 일어난 대중적 노・농운동과 조선공산당운동, 그리고 민족협동전선운동으로서의 민족유일당운동과 신간회운동, 1930년대 국외전선에서의 민족통일전선운동과 무장유격활동, 국내 공산당 재건운동 및 혁명적 노・농운동의 전개과정, 그리고 건국동맹의 성립 등에 대해서도 자세하게 서술하고 있다. 이는 북한 학계의 민족해방운동사 서술에서 '혁명적'이라 할 만큼 큰 변화라고 볼 수 있다. 이는 또 남한 학계에서 이제는 보편적으로 수용된 좌・우연합전선에 입각한 민족해방운동사 연구의 흐름[11]과 맥을 같이 한다.

『세기와 더불어』에서의 서술 변화는 김일성 사후 오늘날까지 북한 학계의 역사서술에 반영되지 않고 있다. 그렇지만 내용이 변화하면 형식도 결국 변하게 마련이다. 탈냉전 이후 다양한 선택지를 요하는 시점에서 주체사상의 해석 역시 교조적 틀을 벗어나 변화할 수밖에 없다. 물론 변화의 방식은 북한 사회 내의 여러 변수에 의해 결정될 것이다. 그런 점에서 『세기와 더불어』는 북한의 역사서술, 나아가서 체제유지 방식의 변화 가능성을 보여준다.

실제로 이러한 역사인식 변화의 흐름은 북한의 '해외공민'으로서 재일동포 조직인 총련(재일본조선인총련합회)의 '민족교육' 현장에서 확인된다. 1980년대까지 총련 사회에서 북한의 교육프로그램은 당연하게 수용해야 하는 대상이었다. 재일동포 사회에도 냉전시대 한반도를 축소시켜 놓은 것과 같이 이념의 차이를 강조하고 사상을 경쟁의 도구로 삼았던 분단의 골이 그대로 이식된 것이다. 그러나 오늘날 총련의 각급 교육기관에서,

11 강만길, 『고쳐쓴 한국현대사』, 창작과비평사, 1994.

특히 중등교육까지는 남한에 대해서도 많은 것을 가르치고 대남 적대감을 불어넣는 교육은 가급적 피한다. 역사교재도 일제시기 이후의 경우 주체사상의 기본골격은 유지하면서도 남한의 역사교재에 나오는 많은 단체와 인물들을 소개하고 있다. 실제로 1990년대 들어 '조선학교' 고급부(고등학교에 해당) 단계까지는 사상교육이 크게 축소되었다. 그리고 별도 영역이었던 '혁명력사'는 2000년대 들어 현대사로 포괄해서 가르치고 있다.

이러한 변화는 외적으로 남북관계가 진전되고 적대적 대상이었던 한국사회가 민주화되는 것과 함께 내적으로 세대교체로 인해 3세대와 4세대가 중심이 된 동포사회의 문화와 의식이 변화한데 따른 결과이다.[12] 총련계 동포들이 자신들이 살고 있는 일본 사회 내에서 통용될 수 있는 보편성을 추구하면서 자신들의 주체성을 견지하겠다는 의지라고 읽혀진다.

5. 마치면서

역사 교류는 평화협정 체결을 경계로 ① '화해 · 협력기'(현재), ② '평화공존기'(평화협정 체결 이후), ③ '남북연합기'에 따라 교류의 내용과 수준, 초점과 방향을 변화 · 발전시켜야 한다. 남북관계는 2000년 6 · 15 선언 이래 2019년 3월 22일 개성 공동연락사무소의 북한 인력 철수에 이르기까지 수시로 냉탕과 온탕을 오가면서 여전히 화해협력의 과제를 채우기에도 지난한 시기를 지내고 있다. 그렇더라도 '평화공존기'를 당기기 위해 '화해 · 협력기'의 지향점을 더욱 확대시켜나가야 한다.

'평화공존기'에는 이전까지 불규칙하게 이뤄지던 교류사업이 정례화되고 교류의 폭도 넓어져 시대사별 공동연구로 확대될 수 있다. 또한 사료

12 정태헌, 「총련계 재일동포들의 21세기 자기인식」, 『역사비평』 2007년 봄호, 역사비평사, 2007, 200쪽.

및 연구자료 공유 및 교환, 학술지의 상호 개방 및 학문적 업적의 상호 인정이 가능하다. 또 문화재 공동발굴조사의 제도화 · 정례화가 가능하다. 그리고 문화재 보존 협력을 둘러싼 기술을 공유하면서 해외유출 문화재 반환을 위한 공동연구를 통해 교류의 수준과 영역을 크게 높일 수 있다.[13]

학술을 통해 화해와 협력에 바탕을 둔 남북 역사인식의 공조 영역을 넓혀간다는 것은 각별한 의미가 있다. 평화적 남북관계 정착을 위해 교류는 더욱 확산되고 발전되어야 한다. 남과 북이 주변 강국의 대립에 수동적으로 포섭되었던 과거를 벗어나 한반도 문제를 주도적으로 풀어가는 과정과 명분을 축적해가면서 21세기 동북아와 세계평화에 기여하는 환경을 만들어가야 한다.

남북 역사학 교류는 학자 교류에 머물러 있던 초기단계를 벗어나 이질적 역사인식까지 인정하고 공존하는 단계로 나아가야 한다. 인간의 의식을 열어주는 학문인 역사학의 당면 역할은 남북 역사인식의 공감대를 확대하면서 남북연합의 기반을 만들어가는 것이다. 현재로서는 이견을 자유롭게 토론할 수 있는 수준에 있지 않고 게다가 이명박, 박근혜 정권 시기 10년간의 공백과 후퇴를 메워야 하는 상황이다. 그러나 북한이 '안보위협'에서 벗어나고 남북 평화체제가 구축되면서 공감대가 넓어지고 자유로운 소재 선정과 토론도 가능해질 것으로 전망한다. 장차 정치적 환경이 변화 발전함에 따라 이질적인 역사인식에 대한 학술 토론, 공동연구, 공동역사서 편찬 등 최종 단계로 나아갈 때도 곧 올 것이다. 천리길도 한걸음부터이다. 문제는 이러한 과도기가 짧게 가는가, 길게 가는가 하는 점이다. 이는 일차적으로 남과 북의 정부와 민간이 남북문제를 얼마나 슬기롭게 푸는가에 달려 있다.

---

13 정태헌, 앞의 글, 2012, 316-317쪽, 334-335쪽.

2007~2010년에 〈남북역사용어공동연구〉가 진행되었지만, 고대사와 근현대사 인식 등에서 수치로 표현한다면 약 5%의 '대립적 차이'가 있음을 확인했다.[14] 이 상황에서 남북 간의 역사용어의 통일 또는 병용(竝用)을 위한 공동연구를 추진하면 현 단계에서 효과적인 교류사업이 될 수 있을 것이다. 이는 시기별, 분야별로 대표적인 역사용어들을 선정하고 이를 바탕으로 역사용어 전반에 대한 통일 또는 병용(竝用)을 꾀하려는 것으로서 장기적으로 남북 간 공동의 역사개설서 편찬작업 등을 상정할 때 반드시 필요한 작업이다. 남북역사학자협의회는 경술국치 100년에 즈음한 2010년 공동학술회의와, 2010~2015년에 제4~7차 개성 만월대 공동발굴조사를 진행했다. 이 공동발굴사업은 남북학술교류 가운데 유일하게 30년 이상의 장기전망을 갖고 진행되는 지속사업이라는 큰 특징을 지닌다.

이러한 공동작업은 공감대를 확대하면서 역사인식의 남북연합 기반을 마련하는데 기여한다. 사물은 변하게 마련이다. 남과 북의 현실적 필요와 이해관계 충족을 위해 교류 범위도 넓어져야 한다. 남북 문제는 현실적으로 이미 이념이나 체제의 문제를 넘어섰다. 얼마든지 실용적 접근이 가능하다. 남과 북의 권력이 무엇을 의도하든 객관적 조건이 공존과 공영을 추구해야 하는 단계에 이르렀기 때문이다. 국제환경이 좋지 않더라도 오히려 남북공조의 실마리를 푸는 계기로 전환시킬 수 있다는 적극적 시각에서 접근해야 한다.

'평화공존기'로 들어서기 위한 단초로서 2018년 남북 정상이 합의한 〈판문점선언〉의 두 가지 키워드는 '이행', '제도화'이다. 〈판문점선언〉으로 정부, 국회, 당, 지자체, 민간단체 다방면의 교류를 명시하고, 남북 당국 간의 공동연락사무소를 활성화시켜 각 분야 교류 진작을 위한 상설

---

14 정태헌, 「[신년기획]다 · 만 · 세 100년, "동학농민전쟁 당첨" "황진이는 빼고"…남북 역사인식 차이 5%밖에 안됐다」, 『경향신문』 2019년 1월 3일.

협의체 기능을 확대해야 한다. 정치적, 군사적 장애에 부딪혀 일회성, 이벤트적 교류를 넘어 장기적 청사진과 제도화된 교류협력 모델이 필요하다. 이 점에서 남북역사학자교류협의회의 교류 활동은 남북 역사인식의 공존과 남북연합을 모색하는 중요한 사례가 된다.

참고문헌

1. 자료

「학술토론회까지 열어 北에 뒷돈 대는가」, 『국민일보』 2006년 9월 27일.

「청년은 남북통일을 어떻게 볼까?」, 『한겨레신문』 2018년 11월 22일.

「[신년기획]다 · 만 · 세 100년, "동학농민전쟁 당첨" "황진이는 빼고"…남북 역사 인식 차이 5%밖에 안됐다」, 『경향신문』 2019년 1월 3일.

「[사설] 20대 지지율 하락, 민주당 스스로를 먼저 돌아봐야」, 『한겨레신문』 2019년 2월 25일.

2. 연구논저

강만길, 『고쳐쓴 한국현대사』, 창작과 비평사, 1994.

김연철, 「북한 경제관리 개혁의 성격과 전망」, 『북한경제개혁연구』, 후마니타스, 2002.

김정인, 「역사 교과서 논쟁과 뉴라이트의 역사인식」, 『역사교육』 133, 2015.

박형중, 「신동방정책과 동 · 서독 사회 · 문화 교류협력」, 『신동방정책과 대북포용정책』, 두리미디어, 2000.

예대열, 2010, 「『세기와 더불어』에 서술된 북한 민족해방운동사 변화상과 함의」, 『한국근현대사연구』 55, 2010.

이종석, 「북한의 위기 대응과 한계」, 『새로 쓴 현대 북한의 이해』, 역사비평사, 2000.

정승진, 「뉴-라이트의 이론과 사상-안병직 · 이영훈의 최근 성과를 중심으로-」, 『역사와 현실』 106, 2017.

정태헌, 「총련계 재일동포들의 21세기 자기인식」, 『역사비평』 2007년 봄호, 역사비평사, 2007.

정태헌, 「'남북 역사인식 연합'을 위한 역사학 교류」, 『역사비평』 2012년 여름호, 역사비평사, 2012.

재일동포사회의 통일문화운동 원코리아페스티벌

김희정

1. 들어가면서

원코리아페스티벌은 "일본에서 살고 있는 재일코리안이 먼저 하나가 되어, 원코리아 실현에 공헌하고, 나아가 궁극적으로는 세계시민과 연결되는 '아시아시민' 창출을 위한 '아시아공동체'를 지향한다"는 비전을 제시하면서 1985년에 제 1회가 시작되어 2018년까지 34회를 개최해 왔다. 원코리아페스티벌은 통일문제를 문화와 결합시켜 문화다양성과 문화감수성으로 구현해 나가는 새로운 접근방법의 통일문화운동이다. 일본의 국내사정은 물론 남북관계, 세계정세에도 많은 영향을 주고받으면서 현재에 이르고 있다. 반목과 갈등의 대립 속에서 재일동포 사회에 새로운 비전을 선포한 원코리아페스티벌이 문화를 소통의 방식으로 내건 것은 통일에 무관심한 젊은이들에게 문화를 통해서 통일문제에 관심을 불러일으키려는 목적이 있었다. 원코리아페스티벌은 '원코리아', '하나' 라는 상징성을 통해 재일동포 공동체의 공생과 통일 담론의 포용을 추구한 새로운 시도였다. 또한, 공연, 축제 등 다양한 문화적 수단을 통한 상징 표출은 열린 통일, 포용적 통일의 실천적 가능성을 재일동포 사회에 제시하고자 한 전략이라고 할 수 있다.

2. 재일동포사회의 통일문화운동

1) 원코리아페스티벌의 태동

1980년대부터 재일동포사회의 통일운동은 이념으로부터 탈피하여 생활과 연계된 실용적인 운동으로 나타났다. 이는 재일동포사회의 통일운동이 한반도의 통일을 위한 노력뿐만 아니라 재일동포들의 화합에도 중요한 과제로 부각했기 때문이었다.[1] 이러한 문제의식의 연장선상에서 1980년대에는 한국의 민주화 운동의 민족 문화를 활용한 운동 방식이 재일의 운동에도 수용되기 시작했다. 그것은 새로운 형식의 민족문화축제의 모습으로 나타났다. 그 중에 남북통일과 아시아공동체론을 공통의 비전으로 제시하는 원코리아페스티벌이 있었다.[2] 이 행사의 주체는 '7 · 4 남북공동성명'의 정신을 계승하면서도 완전히 새로운 운동을 지향했다. 원코리아페스티벌은 1990년대의 남북대화 분위기, 2000년의 남북정상회담 등을 거치며 동북아시아 탈냉전의 분위기와 함께 새로운 가능성을 열어 나갔다.[3] 이신철(2015)은 원코리아페스티벌의 통일운동에 대한 기여로 첫째, 통일을 상징적 테마로 다루었다는 점과 둘째, 동포 사회에서 거의 금기시

1 정용하, 「재일한인 통일운동에 나타난 연대 · 네트워크: 통일운동의 시기별 특징과 관련을 중심으로」, 『한일민족문제연구』 13권, 2007, 251쪽.

2 이신철, "재일동포사회의 통일운동 흐름과 새로운 모색: 원코리아페스티벌을 중심으로," 『사림』 제52호, 2015, 303쪽.

3 이신철, 위의 글, 322쪽.

혹은 무관심했던 통일 정서를 고양시키고 셋째, 문화와 축제를 통해 통일 운동과 재일동포의 화합을 위한 노력에 주목했다. 넷째, 민족정체성 확립과 통합에서 한 걸음 더 나아가 남북의 통일과 일본인들과의 공생을 목표로 내세웠고 다섯째, 문화를 소통방식으로 활용하여 정치에 무관심한 젊은 세대들에게 문화를 도구로 정치적 이슈인 통일문제에 관심을 불러일으켰다는 점[4] 등은 긍정적 평가를 받아야 한다고 강조했다.

2) 통일문화운동으로의 전환

실행위원회는 정치성을 배제하고 민족문화와 접목시켜 원코리아페스티벌을 태동시켰다. 통일의 문제를 최정점에 놓고 이를 여타의 미해결 문제들과 연계한다면 대립, 갈등, 분산되어 있는 재일동포들을 변화시킬 수 있으며, 동포들이 직면한 여러 가지 문제를 해결해 나가는 전환점이 될 것으로 인식하였다.[5]

반목과 갈등의 대립 속에서 재일코리안 사회에 새로운 비전을 선포하는 계기로 출발한 원코리아페스티발의 비전은 제1회 대회의 취지문에서도 잘 나타나 있다. 1985년은 40년간 지속된 조국의 분단과 대립이 언제 끝날지 모르는 상황이었다. 통일에 대해서는 희망적이지 않았고 재일코리안의 세대교체가 진행되고 있는 가운데 시민운동의 중심은 반차별 운동과 지문날인 거부운동이었다. 이러한 젊은 세대는 통일에 대한 관심도 점점 희미해져 가고 있었다. 정갑수 대표는 "당시 재일동포 사회의 시민운동과 통일운동을 연결할 필요가 있다고 생각하고 아무도 반대하지 않는 운동의 심벌과 그 방법을 모색하고 있었다. 일본에서 살아가야 할 재일코리안과 일본인들이 서로의 다양한 문화를 인정하고 협력하면서 상생

4 이신철, 앞의 글, 312쪽.

5 朴鐘鳴, 「朝鮮半島の統一と在日朝鮮人」, 朴鐘鳴 編, 『在日朝鮮人』, 明石書店, 1999.

할 수 있는 넓은 의미에서의 평화적인 만남이 필요하다고 생각했다. 하나는 광복 기념일을 원점으로 해서 분단을 극복해 나가는 운동과 또 하나는 정치적 이미지는 없애고 문화를 중심으로 하는, 특히 젊은 세대의 관심과 흥미를 끌수 있는 독특한 축제를 하자고 결심했다. 종종 정치적으로 언급되면서 논쟁으로 이어지는 통일에 관한 이미지를 직접 생활과 결부시켜서 생활형 통일의 이미지를 구체적으로 만들어가야 할 필요성을 느꼈다. 분단된 조국과 기성 조직에 대해서는 비판도 반대도 하지 않고, 동시에 영합하거나 대변하지도 않으면서 크고 비전 있는 방향을 제시하고 싶었다. 그렇게해서 새로운 원코리아운동이 시작되었다."[6]라고 강조했다.

원코리아페스티벌이 문화운동이라는 새로운 방식으로 사회운동을 전개하기는 하였지만 재일코리안 양대 세력인 민단과 조총련계 모두의 지지를 받는 단계는 아니었다. 그러나 1회 대회와 2회 대회를 치르면서 원코리아페스티벌에 대한 재일코리안들의 인식이 변화하기 시작하였다. 원코리아페스티벌은 세 가지 점에서 첫째, 통합문화운동으로서의 원코리아페스티벌의 비전 선포, 둘째, 민단과 조총련계, 양 단체의 광고등의 동시 지원 확보, 셋째, 민족문화 중심의 프로그램 구축 등 새로운 전기를 맞게 되었다. 제3회 대회 때부터 비전 창조에 대해 자신감을 얻었다.[7] 이러한 문제의식을 바탕으로 정갑수 대표는 공연의 내용면에서도 남북의 균형을 고려하여 제1회 때부터 북한의 고전음악과 한국 가곡을 한 무대에서 공연하도록 기획했으며 처음으로 광고 책자에 한국 민단계 은행 오사카 관은(당시)[8]과 조총련계 은행 조은 오사카(당시)의 협찬 광고를 함께

---

6 정갑수 대표와의 인터뷰 2018년 2월 25일.

7 金 希姃, 「統合社会文化運動としてのワンコリアフェスティバル」, 『民族まつりの創造と展開』, 大谷大学文学部, 2014, 98쪽.

8 민단계 은행 오사카 관은(당시)과 조총련계 은행 조은 오사카(당시)의 협찬 광고가 동시에 실린 것은 최초의 일로 재일동포사회의 화합을 중요시하며 노력한 원코리아페스티벌의 성과였다. 오사카 흥은(興銀)은 한국 신한은행 설립에 중추적인 역할을

게재하는 성과를 이루어냈다. 이에 대해서 정갑수 대표는 "이는 일본 내 가장 강력하면서도 불화가 깊었던 민단과 조총련이라는 두 단체 모두가 행사를 지원함으로써 원코리아페스티벌이 추구한 재일코리안 통합운동의 상징이 되었다는 점에서 그 의미가 더욱 컸다. 실제로 3회 대회 이후 한국 민단계와 조총련계 상공인들의 협찬 광고가 늘어났다."[9]고 주장했다. 정갑수 대표와의 인터뷰에서도 알 수 있듯이 팜플렛 광고에 한국계열의 오사카홍은(현재 간사이 홍은)과 조총련 계열의 조은오사카가 나란히 실린 것도 그 당시로서는 큰 성과였다.

상황은 더욱 발전되어서 조선총련의 재일조선청년동맹오사카본부의 당시의 부위원장과 민단의 재일한국청년연합회 오사카부 지방본부의 조직부장이 원코리아페스티벌을 지지한다고 함께 표명한 기사가 아사히신문 국제면에 실렸다. 「재일한국인과 조선인의 젊은이들」, 「조국통일을 염원하는 제전. 다음달 2일 올해도 오사카에서 실현」 정치의 벽을 넘어 한 곳(一堂)으로 -이데올로기를 넘은 새로운 비전으로 조국통일에의 발판을- 이라는 타이틀로 실린 내용을 번역해서 옮겨보면 다음과 같다.

"오사카에 살고 있는 한국 조선인의 젊은이들이 8월 2일 오사카성 공원의 야외음악당에서 「민족 · 미래 · 창조 페스티발」을 연다. 일본 사회의 각 분야에서 활약하고 있는 다양한 한국 · 조선인들이 그러한 뜻에 찬동하여 많이 참여하고 있으며 그 외에도 재일한국민단과 조선총련의 산하 청년단체가 함께 협력하고 있다. 조선반도의 정치대립이 엄격한 속에서, 일본에서 열리는 하나의 행사에 민단과 총련 계열단체가 협력하는 것은 이례적인 일이다. 페스티벌의 테마는 「ONE KOREA(원코리아)」 정갑수씨(32)등 재일 2, 3세 젊은이들이 정치적인 입장을 넘어서 통일에의

한 금융기관이다.

9 정갑수 대표와의 인터뷰 2018년 2월 25일.

발판이 될 수 있는 만남의 축제의 장을 만들 것을 제안하였다. 행사는 올해로 3회째로서 회를 거듭하면서 동조하는 사람들이 확대되고 있는 가운데, 이번에는 처음으로 민단 산하의 재일 한국 청년회와 총련산하의 조선청년동맹이 안내, 전단지 배부 등을 도와주고 있다. 록그룹「憂歌団」의 보컬 기무라 히데카츠가 처음으로 본명 박수승이란 이름으로 행사에 참여할 예정이다.[10]는 내용의 기사가 실렸다. 같은 지면에 재일한국청년회 오사카 지방본부 김종일 조직부장과 재일조선청년동맹오사카본부 오치일 부위원장의 인터뷰 기사도 실렸다. "같은 민족이 이데올로기를 넘어 서로 손을 잡자는 생각에 찬동한다. 총련의 관계자가 오니까 이쪽은 안 간다든가 반대로 총련 관계자는 오지 말라고 하는 것은 옳지않다. 참가해서 서로 협력하고 싶다."[11]는 김종일 조직부장의 인터뷰와 "사상을 불문하고 민족적으로 하고자 하기 때문에 지지하고 있다. 민단의 관계자도 협력하고 있는 것은 알고 있지만 통일이라는 목표에는 동포라면 누구든지 반대할 수 없는 것 아닌가."[12]고 말한 오치일 부위원장 등의 재일동포 젊은 세대의 인터뷰에서 알 수 있듯이 이 같은 분위기에 힘입어 재일 상공인들도 대거 참여하게 되었다. 이신철은 상공인들의 참여가 늘어난 것은 당시의 행사 안내 책자에 실린 광고의 숫자변화를 통해 짐작할 수 있다[13]고 언급했다.

---

10 『朝日新聞(아사히신문)』 1987년 7월 22일.

11 재일한국청년회오사카후지방본부 김종일 조직부장의 인터뷰 기사, 『朝日新聞』 1987년 7월 22일.

12 재일조선청년동맹오사카후본부 오치일 부위원장의 인터뷰 기사, 『朝日新聞』 1987년 7월 22일.

13 이신철, 앞의 글, 314쪽.

3) 이미지를 통한 비전 제시

제4회 때부터 원코리아 페스티벌의 포스터 작업은 일본의 저명한 아티스트 구로다 세이타로우(黒田征太郎)씨가 맡아서 했다. 원코리아페스티벌 행사장에서 코스모스 꽃을 모티브로 라이브 페인팅을 하기도 했다. 원코리아페스티벌의 포스터는 거의 대부분 2개의 사물이 하나로 모아지는 '하나'와 '통일'의 이미지를 형상화한 것이 특징적이다. 일본 내에서의 갈등을 통합으로 풀어내고 이를 바탕으로 남북대립을 스스로 극복해내자는 취지로 행사를 수행해 온 원코리아페스티벌은 포스터를 통해서도 그 비전을 더욱 확대시켜 나갔다.

제5회 째인 1989년 취지문에서는 남과 북의 대립을 가장 직접적으로 반영하고 있는 재일코리안이야말로 재외동포 중에서도 가장 민족의 화해와 통일의 상징이 될 수 있다고 강조하였다. 이러한 재일코리안의 정체성을 긍정적으로 공유한다면, 재일코리안 중에서도 세계적인 인재들을 많이 배출해 낼 수 있을 것이며 일본사회에 있어서의 재일코리안의 위상도 그 만큼 높아질 것이라고 주장했다. 이와 함께 발상의 전환을 호소하였다. 유럽 공동체(EC)에 대해서도. 역사의 과정은 복잡하지만 큰 흐름에서 보면, 긴장 완화와 평화 공존의 유럽 공동체와 같이 통합으로 진행되며 나아가고 있다고 주장했다. 이신철은 "아직 구체화 되지는 않았지만, 이 시기에 이미 통일에 대한 비전을 지역공동체 형성을 통해 추진할 필요성을 제기하고 있다는 점에서 주목할 만하다. 독일 통일 이전이라는 점을 고려한다면 매우 빠른 주장"[14]이라고 평가했다.

14 이신철, 앞의 글, 314쪽.

4) 동아시아 공동체와 문화 다양성의 아시아 시민 창출

(1) 제안의 배경

'아시아 공동체' 제창의 배경에는 동서냉전체제의 붕괴 전후의 국제 정세의 격변이 있었다. 1989년 원코리아페스티벌의 팜플렛에는 「역사의 과정은 복잡하지만 큰 흐름에서 보면 긴장완화와 평화 공존, 나아가 유럽 EC와 같은 통합으로까지 진행되어 질 것으로 보인다."[15]고 통합의 움직임에 주목하는 글이 실렸다. 원코리아페스티벌이 원아시아로 주제를 확장해 나가는 것에 대해 지충남(2015b)은 "축제의 초창기 키워드는 '통일'이었다. One(하나)은 조국통일을 염원하기 위해 재일동포 사이의 화해와 교류, 통일을 뜻하는 상징성(Symbolism)이었다. 따라서 '하나'는 축제에서 한반도 통일을 지향하는 의미로 사용하였다. 한반도 통일을 위한 축제로 고착화된다면 참가자는 재일동포로 국한될 수밖에 없으며, 동포만을 위한 축제로 전락할 가능성이 높았다. 이런 이유에서 실행위원회는 원코리아에서 원아시아로 주제를 확장했으며, '통일'은 아시아 시민 모두의 한마음"[16]을 의미하는 것이라고 평가했다.

(2) 새로운 비전으로서의 아시아 공동체

원코리아페스티벌이 일찍부터 아시아 공동체를 제창했던 것은 재일코리안 사회에서 원코리아페스티벌만의 독자성을 강조한 것이라고도 볼 수 있다. 2011년 일본의 하토야마 총리가 동아시아 공동체를 일본 외교의 중요한 목표로 내세웠을 때, 비로소 원코리아페스티벌이 동아시아 공동체를 일찍부터 주장해 온 선구성이 주목을 받기도 하였다.[17]

---

15 제5회 원코리아페스티벌 팜플렛 취지문, 1989.

16 지충남, 「재일동포 사회의 통일운동: 민단, 조총련, 원코리아페스티벌을 중심으로」, 『민족연구』 64호, 2015, 180쪽.

2002년 9월, 역사상 최초의 북 · 일 정상회담이 실현되었다.[18] 이와 관련하여 원코리아페스티벌은 아시아 공동체의 실현을 위한 코리아와 일본 쌍방의 문제를 지적하였다. 코리아는 통일을 실현할 수 있는 자기 통치 능력을 일본은 과거의 식민지 지배와 아시아 침략을 직시하고 정산하여 자정 능력을 증명해야 한다고 강조하였다. 이를 위해서는 일본의 메이지 이후의 탈아입구, 즉 서양 숭배, 아시아 멸시의 아시아 관 극복을 호소하였다. 또한 중국에 대해서는 민주주의와 인권의 보장을 요구하였다. 이는 앞으로 한국과 일본, 일본과 중국 사이에 역사 인식과 영토 문제를 놓고 관계가 악화되고 긴장이 높아질 가능성이 있다고 보고 동북아시아의 평화와 공존을 위해서 정부는 물론이고 시민사회의 노력이 절실하다고 주장하였다.

동북아 지역에 있어서 역사의 단절과 갈등을 극복하기 위해서는 시민들의 국경을 뛰어넘는 교류와 상호 이해관계를 높이는 민간 차원의 공공외교가 필요하다. 시민 차원의 네트워크 형성이 필수적이라고 볼 때 재외동포의 존재는 향후 남북통일과, 아시아의 지역 통합에도 촉매제로서 중요한 역할을 담당 할 것이다.

정갑수 대표는 "공익 재단법인이 된 원코리아페스티벌은 앞으로 이 지역의 시민 레벨의 네트워크 형성에 기여하기 위해서는 코리안 네트워크 구축이 매우 중요하다고 생각한다. 그것은 일본 내에서 갈등과 분열이 커져가던 동포사회에서 원코리아페스티벌이 보여준 통합의 가치와 새로운 비전의 수립 과정을 볼 때 해외 각국에 퍼져있는 코리안 네트워크가

---

17 김희정, 「축제를 통한 재일코리안의 통합적 문화운동에 관한 연구-원코리아페스티벌을 중심으로-」, 예원예술대학교 문화영상창업대학원 석사논문, 2013, 72쪽.

18 납치 문제의 해명과 해결, 국교 정상화 교섭의 조기 실현 등 지금도 과제는 남아 있지만, 북 · 일 정상회담 후 발표된 평양선언은 북한, 일본 모두 동북아시아 지역의 평화와 안정이라는 문구를 넣었다는 점에서, 처음으로 동북아 지역이라는 틀을 보여주는 내용을 담고 있었다.

아시아를 잇는 중요한 자산으로서의 가치가 있다고 판단하기 때문이다. 재일코리안 사회의 상황도 2세는 고령화되고 3. 4세가 중심인 세대가 되어 크게 변화하였다. 일본 국적을 취득하고 일본인과의 국제결혼이 증가함에 따라 재일동포 전체의 인구는 감소하는 한편, 한국에서 온 뉴커머와 중국의 조선족은 급속히 늘어났다. 이러한 변화 속에서 원코리아페스티벌에 자원봉사자로 참가하는 스탭이나 출연자도 재일코리안, 뉴커머, 일본인뿐만 아니라 다양한 국적의 사람들이 참가하였고, 참가자들은 서로의 문화나 역사적 입장을 이해하면서 다문화 공생의 장을 이루었다."[19] 고 주장했다.

통일문화 형성을 위한 가장 기본적인 원리는 문화다양성으로서 문화다양성은 통일 과정에서도 통일 이후에도 매우 중요하며 통일한국의 사회통합 과정에서도 중요한 가치가 될 것이다.[20] 라고 본 전영선의 주장처럼 이러한 다양한 활동들이 문화다양성이 실현된 통일문화운동으로서의 원코리아페스티벌로 평가 할 수 있다.

2011년 제 27회 10월 23일 오사카성 공원 태양의 광장에서 열린 원코리아페스티벌은 '바다로 이어지는 동아시아의 미래' 라는 주제로 개최되었다. 고대로부터 교류의 장이었던 바다를 살리고 동아시아의 미래를 함께 생각해보자는 취지의 행사였다. 바다와 동아시아의 평화를 연계해서 개최했다는 것이 2011년 행사의 특징이다. 동아시아 공동체의 미래와, 동아시아 바다의 평화를 되찾기 위해서 동아시아 시민들이 행동으로 옮기자고 주장했다.

자원을 둘러싼 일본과 중국, 베트남의 대립, 일본 후쿠시마 원자력발전소 사고 등으로 동아시아 해양을 둘러싼 갈등과 우려가 커지고 있는 상황

---

19 정갑수 대표와의 인터뷰 2018년 2월 25일.

20 구자현 외, 「통일문화사업 활성화를 통한 국내통일기반 구축방안」, 2015 통일부 연구용역 보고서, 33쪽.

에서 실행위원회는 이와같은 주제를 선택했고 본 행사가 열리기 전날인 22일에는 '동아시아 공동체의 미래를 향해서 시민 · 지역교류를 중심으로'라는 심포지엄을 개최했다. 심포지엄은 27회를 맞는 원코리아페스티벌과 '재단법인 원코리아페스티벌 설립'을 기념하기 위해서 열렸다. 동경에서도 '동아시아에 있어서 시민사회의 조건과 가능성' '타케다 세이지와 박원순이 말하는 인간의 미래와 희망' 이라는 타이틀로 재단법인 원코리아페스티벌 설립 준비 심포지움이 개최되었다. 이 심포지움과 관련하여 정갑수 대표는 "원코리아페스티벌은, 재일 코리안이 민족의 일원으로서 뿐만이 아니라, 시민의 입장에서, 시민적 자유나 인권, 민주주의 등 인류의 보편적인 가치관이 실현되는 통일을 목표로 하고 있다. 「재단법인 원코리아페스티벌」은, 이러한 비전을 바탕으로, 앞으로 더욱 발전되는 시민사회의 조건과 가능성을 추구하면서, 원코리아페스티벌을 일본국내, 조국, 해외에 확대, 발전시켜나가는 활동과 동아시아 공동체의 실현을 향한 활동을 2개의 큰 사업으로 정하고 운동을 전개시켜 나갈 것이다."[21] 라고 언급했다.

3. 원코리아페스티벌의 변천 과정

재일코리안의 민족정체성 확립과 화합을 기반으로 남북의 평화통일에 기여하고 일본인과의 공생 및 동아시아 공동체 창출을 목표로 활동해 온 원코리아페스티벌 발전과정을 크게 네 시기로 구분해서 살펴보았다.

---

21 정갑수 대표와의 인터뷰 2018년 3월 24일.

〈표 1〉 원코리아페스티벌의 발전과정

구분	년도	비전과 중심이슈
태동기	1985년 ~ 1989년	새로운 통일운동의 제안과 모색
도약기	1990년 ~ 1999년	통일문화운동의 실천과 아시아 공동체의 제창
발전기	2000년 ~ 2010년	'동아시아공동체''다문화 상생과 한류문화'와의 결합
확산기	2011년 ~ 2017년	통일문화네트워크 형성과 확산

자료: 김희정, 『축제를 통한 재일코리안의 통합적 문화운동에 관한 연구 : 원코리아페스티벌을 중심으로』, 예원예술대학교 문화영상창업대학원 석사논문, 2013, 27쪽을 참고하여 재구성함.

1) 태동기(1985~1989) 새로운 통일운동의 제안과 모색

(1) 새로운 통일운동의 제안과 모색

제1회 원코리아페스티벌은 광복 40주년을 기념하여 '8 · 15〈40〉 민족 · 미래 · 창조 페스티벌' 이라는 타이틀로 오사카성 공원에서 8월14일부터 16일까지 3일간 개최되었다. 첫째 날인 14일은 '과거', 둘째 날은 '현재', 마지막 날은 '미래' 를 테마로 하여 14일과 15일은 오사카성 야외음악당에서 16일은 오사카성 '태양의 광장(太陽の広場)'에서 개최되었다.

제1회 프로그램에는 가야금 연주, 고전무용, 풍물, 농악 등 한국의 전통 공연만이 아닌 재즈, 록, 샹송, 포크, 레게 등 다채로운 내용이 피로되었다.

한복 패션쇼는 한국과 북한의 한복을 동시에 소개했으며 모델도 전문 프로 모델을 무대에 세웠다. 그것은 젊은 세대에게 우리 민족의 밝고 멋진 긍정적인 이미지를 전하고자 했다. 무대 한쪽에서는 미술전시회와 바자회가 개최되었다.

다양한 문화의 공존을 보여주는 행사들이 오사카성 야외음악당과 태양의 광장에서 전개되었다. 축제에는 재일동포뿐 아니라 일본인도 다수 참가하였다. 재일의 정체성과 함께 일본인들과의 공생을 강조한 것이다.[22]

제2회의 원코리아페스티벌은 새로운 시도로 젊은 재일코리안들이 많이 참가하였다.[23] 일본에서 살고 있는 재일코리안이 반목과 갈등을 넘어 화해와 교류의 분위기를 조성하기 위한 노력으로 남북의 균형을 중시하였고 재일코리안과 민족 전체의 이익 목표를 강조하며 남북에 대한 비판이나 대변을 하지 않았다. 첫 행사를 치른 후에 1986년 2번째 행사 때부터 원코리아페스티벌의 주최자들은 오늘날 '원코리아'와 나란히 상징이 된 '하나' 용어를 사용하기 시작했다. 제3회 대회를 기점으로 재일코리안들은 자신들의 본명인 한국 이름으로 출연하기 시작했다. 코리아의 밝고, 긍정적인 이미지를 젊은이들에게 어필하기 위해서 록, 재즈 등 현대음악을 적극적으로 프로그램에 넣었고 독창적인 디자인의 한복을 무대 위에서 선보이며 전문 모델들을 기용한 패션쇼도 젊은 세대들의 관심을 불러일으켰다.

2) 도약기(1990~1999) 통일문화운동의 실천과 '아시아 공동체' 제창

(1) 다양한 남북공동 실현과 아시아 공동체의 제창

1990년~1999년은 도약기로 '다양한 남북 공동 실현과 아시아 공동체의 제창' 시기라고 할 수 있다. 1990년대에 들어서 원코리아페스티벌은 코리아의 문제를 넘어 아시아의 중요성을 강조하기 시작했다.

'원코리아 · 아시아 · 세계', '원 아시아를 지향하며' 라는 슬로건으로 아시아 공동체를 제창하고 '아시아는 하나' 취지의 메시지를 발신하기 시작했다.[24]

---

22 이신철, 앞의 글, 313쪽.

23 제2회 원코리아페스티벌 팜플렛 취지문, 1986.

24 金希姃, 「統合社会文化運動としてのワンコリアフェスティバル」, 『民族まつりの創造と展開』, 大谷大学文学部, 2014, 122쪽.

이 같은 주장과 함께 1990년 6회 대회는 한국의 김덕수 사물놀이와 북한의 김정규의 공연이 함께 이루어져 재일의 화합을 넘어 남북의 문화 교류 가능성을 열었다는 점에서 의의가 컸다. 원코리아페스티벌 실행위원회는 1990년 일본에서 최초로 남북 공동 출연[25]을 성사시켰다.

한 가지 더 주목할 만한 변화는 이 해에 이르러 오사카부와 오사카시의 공식 후원을 받기 시작했다는 점이다. 이것은 원코리아페스티벌이 일본 사회에서도 공식으로 인정되고 나름의 자기영역을 확보하기 시작했음을 의미하며 한국YMCA가 후원함으로써 한국 시민사회와 교류가 시작되었다.[26] 그 이듬해인 1991년 제 7회에는 재일 한국청년회와 조선 총련계 재일본 조선 취주 악단의 동시 출연을 이루어냈으며, 1992년에는 오사카 조선인 합주단과 한국의 가수 김연자씨와의 합동 공연이 이루어졌다. 1993년 제9회 는 한국 어머니 합창단과 조총련계 어머니 합창단과의 공연이 실현되는 등 다양한 형태의 남북공연이 성사되었다. 그 이후부터 원코리아페스티벌 실행위원회는 한국 또는 한국 민단계의 어머니 합창단과 조총련계의 어머니 합창단 및 한국 민단계 학교 학생들과 조총련계의 학교 학생들에 의한 합동 출연 등의 다양한 형태의 공연을 실현시켜 왔다. 원코리아페스티벌 실행위원회는 1990년 행사를 개최하면서 남북한의 화합을 위해 보다 더 적극적인 제안을 했다. 그것은 바로 2004년 남북한이 공동으로 38도선 위에서 남북공동만국박람회를 개최하자는 제안이었다.

1993년 제9회 취지문에서 "우리는 몇 전부터 아시아 공동체 (AC)을 제창하고 있는데, 그것도 단순한 경제적 통합이 아니라 역시 아시아시민의 창출이라고 하는 이상적인 발상을 목표로 하고 있습니다. 즉, 아시아

25 일본에서 최초의 남북 공동 공연 실현(1990년, 제6회 행사), 한국의 김덕수 사물놀이와 북한의 김정규에 의한 최초의 남북 공동 출연.

26 이신철, 앞의 글, 315쪽. 이 외에도 라디오오사카OBC도 공식 후원했고 산토리 등에서 음료를 제공하기도 했다. '90 ONEKOREA FESTIVAL'(6회 대회 안내책자), 大阪, 1990.

에 있어서의 시민적 권리와 자유의 보편적 실현을 목표로 하는 발상입니다."[27]라고 아시아 공동체의 이념인 '아시아 시민의 창출' 이라는 이상을 주장했다.

정갑수 대표는 민족과 국가의 접착제가 될 수 있는 것은 시민적 자유와 인권, 그리고 민주주의라는 가치와 규칙이라고 생각했고 그것을 실천하기 위해서는 새로운 가치를 창출하는 사업으로 원코리아페스티벌이 발전해 나가야 한다고 보았다.[28] 이때 정갑수 대표는 유럽 시민의 형성이라는 이상을 목표로 하고 있는 EU에 주목하였다. 세계의 흐름을 객관적으로 바라보면서 원코리아페스티벌을 통해 세계와 아시아가 나아갈 방향과 원코리아가 지향해야 할 목표를 지속적으로 발신했다.

90년대에 들어서 원코리아페스티벌은 새로운 가치와 비전을 내세우며 그 역할을 강화시켜나갔고 한국 및 해외 각지의 교포사회에서도 관심을 보이기 시작했다. 1997년에는 뉴욕에서 정갑수 대표를 인터뷰 했고 LA에서 조직된 다민족 합동 공연예술단과의 교류가 이루어졌으며 1998년 일본을 방문한 김대중 대통령의 일본 방문행사에 초대되는 등 90년대는 원코리아페스티벌의 위상이 높아진 시기였다.[29]

3) 발전기(2000~2010) '동아시아공동체' 및 '다문화상생과 한류문화' 와의 결합

(1) 동아시아공동체 지향, 다문화 상생과 한류 붐에 기여

① 동아시아공동체와 다문화 공생

2000년부터 2010년은 발전기로 원코리아페스티벌이 10여 년간 동아

---

27 제9회 원코리아페스티벌 팜플렛 취지문, 1993.

28 제9회 원코리아페스티벌 팜플렛 취지문, 1993.

29 金希姃, 앞의 글, 39쪽.

시아공동체를 지향하면서 다문화 상생과 한류의 붐에 기여한 시기였다. 1999년 이후부터는 원코리아페스티벌을 재일동포들이 많이 거주하고 있는 이쿠노쿠 코리아타운에서 개최하였다. 또한 때마침 한류붐이 일면서 코리아타운의 활성화에 기여 하였다. 이에 대하여 임영상(2012)은 다음과 같이 언급하였다. "처음에는 통일운동으로 시작했으나 지금은 다문화 공생의 장으로 자리매김한 오사카의 명물 원코리아페스티벌은 차별 속에서도 민족문화를 지켜온 이쿠노쿠 조선시장에서 태어나고 자란 재일코리안 정갑수와 그의 동료들에 의해 시작되었다. 많은 사람들이 모일 수 있는 장소 때문에 처음에는 오사카성 야외음악당, 이후에는 오사카성 태양의 광장 등에서 모여왔다. 이쿠노쿠 코리아타운이 한국문화의 허브요, 다문화 공생의 장이 된 것도 원코리아페스티벌이 신한국인 이주자(뉴커머), 지역의 일본인과 거주 외국인, 한국과 중국 등 이웃 아시아인들이 함께 모이는 축제의 장으로 발전되어온 것이 적지 않은 역할을 한 것으로 평가할 수 있다."고 강조했다.[30]

2000년에서 2010년 사이에는 남북정상회담을 환영하는 행사등을 비롯하여 통일과 동아시공동체를 테마로 하는 포럼을 시작했다. 한일 식문화포럼 개최, 코리아 NGO센터 설립 및 재단법인 원코리아페스티벌 실행위원회 설립 등 동아시아공동체를 지향하면서 다문화 상생과 한류를 활용한 행사 등을 펼쳐나갔다.

② '남북 정상회담 환영! 원코리아페스티벌'과 코리아NGO센터

2000년 4월, 6월 남북 정상회담 개최 결정 소식이 있자, 원코리아페스티벌 실행위원회는 남북 정상회담 직전에 '남북 정상회담 환영! 원코리아페스티벌'을 긴급하게 도쿄에서 열고 환영하는 모임을 가졌다.[31]

---

30 임영상, 『코리아타운과 한국문화』, 북코리아, 2012, 27쪽.

31 정상회담에 앞선 2000년 6월 11일, '남북정상회담 환영 원코리아페스티벌 in 동경'을

[남북 정상회담 환영! 원코리아페스티벌]을 개최하며 '지속적인 남북 정상회담, 이산가족의 상봉 재개, 1991년 불가침 및 교류·협력 합의서에서 남북이 합의한 실천 항목의 존중' 등 7가지의 긴급 제언을 발표했다. 그 중 5개 항목이 남북 정상회담 후 나중에 발표된 남북 공동선언에 포함되었다.[32]

2004년 3월 27일, 재일한인의 인권, 민족교육, 통일의 분야에서 각기 20년 넘게 활동해 오던 재일한인 운동단체인 민족교육문화센터, 재일한국민주인권협의회, 원코리아페스티벌이 함께 '코리아NGO센터'를 설립하고 정갑수, 박정혜, 송오가 공동대표가 되었다. '코리아NGO센터'는 「경계에서 공생으로」라는 슬로건을 내걸었다. '인권', '민주주의', '자립된 시민'을 기본 이념으로 하여 일본에서 '민족교육' 의 확대발전과 '다문화공생' 및 동북아시아에 있어서의 '코리아 네트워크' 형성, 남북, 해외 코리안의 다양성을 포괄하는 '민족공동체' 로서 통일과 열린 지역주의를 주장하며 '동아시아 공동체' 를 목표로 다양한 활동을 전개하였다.[33]

〈코리아NGO센터〉와의 협력으로 개최된 제20회 〈원코리아페스티벌〉은 그 범위를 확대하여 〈동북아시아 국제 원코리아페스티벌〉로 진행되었으며, 일본, 중국, 러시아에 거주하는 한인과 한국의 NGO 관계자 200여 명이 참가하는 〈동북아시아 코리안 네트워크 국제회의〉를 갖기도 했다. 〈코리아NGO센터〉가 설립된 이듬해(2005년 10월 31일)에는 일본 내외로부터 3만 명이 넘는 사람들이 남북통일과 아시아 평화를 염원하면서 〈원코리아 페스티발 21st 2005〉에 참가하였다. 〈우리는 하나로〉라는 슬로건 하에 전후 60년, 한일협정 40년의 의미를 되새기며 단결과 화합

도쿄에서 개최하고 성명을 발표.

32 정갑수 대표와의 인터뷰 2018년 3월 24일.

33 鄭甲壽,『ワンコリア風雲録-在日コリアンたちの挑戦』岩波ブックレット No.658, 69-70쪽.

을 주장하였다.[34] 행사의 테마는 〈한류와 아시아의 HANA(하나)의 길을 향하여〉였다. 〈원코리아 페스티발 21st 2005〉은 오사카시가 후원하는 등 한국과 일본의 단체들이 협력과 협찬을 아끼지 않았다. 2006년에도 이러한 협력과 협찬이 계속되었으며 재외동포재단까지 참여하였다.[35]

2005년에는 광복60주년 이라는 역사적인 해를 맞이하여 〈6.15〉 5주년 통일 대축전과 8월에 서울에서 열린 광복 60주년 기념 민족대축전에 정갑수 대표가 해외 코리안의 일원으로서 참가하였다.[36] 2004년부터 젊은 청년들을 중심으로 도쿄 원코리아 축제가 시작되었다. 2005년에는 고령의 재일동포들도 참가할 수 있는 이벤트도 마련하는 등 원코리아페스티벌 실행위원회는 재일 코리안의 세대 간 융합을 위해 노력했다. 2004년부터 불기 시작한 '한류 열풍'을 원코리아페스티벌도 적극적으로 활용하였고 2000년대 말까지 축제 참가자는 매회 2, 3 만명이 모였으며 2005년에는 약 5만명에 달했다(정, 2015 : 268). 한류 붐은 재일 한국인뿐만 아니라 일본인이 참가하기 쉬운 계기가 되었고 이 시기의 원코리아페스티벌은 그 규모를 더욱 확장시켰다.[37]

2006년 제22회 원코리아페스티벌은 코리아, 일본, 중국의 우성을 테마로 한 다채로운 프로그램을 펼쳤다. 마이마이 페스티벌과 함께 개최함으로써 일본에 있어서의 다른 마이너리티(minority)인 중국, 필리핀, 타이 사람들까지 대거 참여하게 하였다. 이것은 또 다른 차원에서 원코리아페스티벌이 주목을 받았고 남북한 문제만을 넘어 보다 많은 사람들에게 아시아의 평화를 위해 원코리아와 동아시아 공동체의 필요성을 어필하는

34 『毎日新聞』 2005년 11월 1일.

35 정용하, 앞의 글, 253쪽.

36 金希姃, 앞의 글, 46쪽.

37 孫ミギョン, 「在日コリアンにおける文化運動としてのワンコリアフェスティバルの意義」, 『空間・社会・地理思想』 20号, 2017, 69쪽.

계기가 되었다.[38] 2008년에 열린 제24회 원코리아페스티벌은 「HANA×동아시아의 미래」를 테마로 정하고 다양하고 다채로운 행사를 펼쳤다. 원코리아와 동아시아의 공생을 테마로 하는 행사를 통해 동아시아의 중요함을 지속적으로 어필하였다.[39] 원코리아페스티벌은 90년대 도약기를 지나 2000년대에 들어서서 새로운 담론들을 내놓고 평화적인 통일문화 운동으로 더욱 심화되는 단계에 이른다. 통일 문화운동의 차원을 넘어서서 동아시아 지역구상, 코리안 NGO센터를 통한 동아시아 평화운동 등 90년대 설정한 새로운 비전을 현실화시키는 방향으로 발전해 나갔다.

〈표 2〉 아시아를 테마로 한 년도별 행사 슬로건

년도	슬로건
2006	친구, 도모다찌, 뻔요우 - HANA로 여는 동아시아의 우정 (친구를 한국어, 일본어, 중국어로 나타낸 것이다)
2007	HANA ! 동아시아의 미래
2008	HANA ! 향기나는 동아시아의 미래
2009	아시아의 평화를 테마로 한 25주년 특집
2010	평화의 코리아! 평화의 아시아!
2011	바다로 이어지는 동아시아의 미래
2012	하나되는 동아시아의 연

자료: 金希姃, 앞의 글, 2013, 54쪽의 내용을 재구성함.

4) 확산기(2011~2017) 글로벌 통일문화네트워크 형성과 확산

(1) 일본에서의 통일문화네트워크 형성과 확산

2011년부터는 원코리아 온누리페스티벌을 통한 국경을 뛰어넘는 종합적 문화예술을 추구하면서 코리안의 글로벌 네트워크를 구축하는 해외

38 金希姃, 앞의 글, 111쪽.

39 제24회 원코리아페스티벌 팜플렛 취지문, 2008.

확산기라고 할 수 있겠다. 2010년에 "재단법인 원코리아페스티벌 설립 준비 심포지엄" 이 한국의 시민운동가로 알려진 박원순 서울시장과 다케다 세이지(竹田青嗣)교수의 대담으로 도쿄에서 개최되었다. 재단법인 원코리아페스티벌이 지향하는 시민의 입장에서의 남북통일과 동아시아 공동체 구상을 테마로, 동아시아 시민사회의 가능성을 추구하는 내용이었다.[40]

2011년 1월에 일반 재단법인 원코리아페스티벌의 등기를 했다.[41] 같은 해 일본의 재단 설립을 지원하기 위해서 "원코리아페스티벌 한국 후원회"가 결성되었고 서영훈 전 적십자 총재를 비롯하여 한국의 응원 그룹과 회원들이 참가한 가운데 원코리아페스티벌 후원의 밤이 열렸다.

원코리아페스티벌이 일반 재단법인으로 등기를 할 수 있었던 것은 원코리아페스티벌이 코리아라는 민족의 일원으로서 뿐만 아니라, 시민의 입장에서 시민적 자유와 인권, 민주주의 등 인류의 보편적인 가치를 추구하며 아시아 공동체(동아시아 공동체)를 지향하는 아시아 시민 창출을 목표로 하고 있었기 때문이다.[42]

원코리아페스티벌은 2011년부터 확산기에 들어서서 글로벌 해외 한인 네트워크를 구축하고, 다양한 입장의 개인과 단체를 서로 연계하며, 통일과 아시아 공동체에 대해 서로 논의하는 자리를 늘려갔다. 또한 음악, 예술 분야의 재능 있는 아티스트를 지원하고 원코리아페스티벌의 메시지를 널리 세계에 발신할 수 있도록 행사의 프로그램을 다양하게 구성했다. 재일코리안이 자신들의 뿌리의 문화를 넘어 다양성을 인정하고 거주 국

---

40 金希姃, 앞의 글, 115쪽.

41 원코리아페스티벌은 2012년 4월, 일본에서 공익재단법인의 인가를 신청. 같은 해 6월 28일 제2회 "원코리아페스티벌 후원의 밤"이 한국에서 열리던 날, 일본 내각부로부터 공익재단법인으로 인가되었다는 연락을 받았고 정식으로는 7월 7일 인증을 받았다.

42 金希姃, 앞의 글, 116쪽.

가의 문화를 존중하며 경계적 요소와 다문화적 요소를 갖고 있는 재일코리안의 문화 자산을 잘 활용하는 것은 코리아의 이미지를 높이고 세계화에 대응해 나가기 위해서도 중요한 것이다.

2015년 10월 31일 교토 리츠메이칸 대학에서 「광복 70주년과 재일코리안의 앞으로의 전망 -통일과 동아시의 평화-」라는 주제로 「원코리아페스티발 세미나」가 열렸고 다음 날인 11월 1일에는 오사카성 야외음악당에서 제31회 「원코리아페스티벌」이 개최되었다.

2017년 제 33회 '원코리아 페스티벌 2017' 은 11월 5일, 오사카시 주오구(大阪市中央区) 오사카 크리스천 센터에서 열렸다. 행사를 마친 후 가나가와현 요코스카시(神奈川県横須賀市) 회사원 구마가이 아유미(熊谷歩美)는 "좋아하는 K-POP 그룹을 통해 코리안들의 한반도 통일의 대한 마음을 가까이서 느낄 수 있었다"[43]고 전했고, 33년 동안 원코리아운동을 지원하고 있는 재일동포 2세 이민실은 "남과 북이 하루라도 빨리 평화롭게 통일을 이루었으면 좋겠다"[44]고 말했다. 원코리아페스티벌의 이사이며 리츠메이칸 교수인 문경수는 "동포 사회의 화해와 협력 그리고 통일을 목표로 시작된 원코리아페스티벌이 점차 다문화 공생과 아시아의 평화를 추구하는 축제로 정신이 확장되었다. 뿐만 아니라 문화를 활용한 축제의 형태로 일본사회에서 재일동포를 비롯한 이주민과 일본인, 재일동포사회 간의 갈등을 완화하는 데 기여했다."고 평가했다.[45]

(2) 해외에서의 통일문화네트워크 형성과 확산

① 사단법인 원코리아와 '원코리아온누리페스티벌'

원코리아페스티벌은 제 28회를 맞이하던 해인 2012년 7월 7일자로 일

43 일본인 구마가이 아유미(熊谷歩美)와의 인터뷰 2017년 11월 5일.

44 재일동포 3세 이민실 의사와의 인터뷰 2017년 11월 5일.

45 재일동포 2세 문경수 교수와의 인터뷰 2017년 11월 5일.

본 내각부로부터 공익 재단법인으로 인정을 받게 되었다. 그러나 30년 넘게 이어져 온 원코리아페스티벌은 수많은 성과가 있었음에도 불구하고 이념적으로 보수성향이 강한 일부 재일동포 기성세대들이 만들어 놓은 사회적 편견과 오해, 그리고 그에 따른 경제적 어려움 등 수많은 장애물 속에서 최근에는 행사가 점점 축소되고 있다. 남한을 지지하느냐, 북한을 지지하느냐 등의 재일동포 개인들의 이념과 성향, 그리고 남북한 지지입장에 따라 원코리아페스티벌 행사의 성격을 일방적으로 재단하는 것은 그만큼 아직도 재일동포 사회의 갈등이 뿌리 깊다는 것을 의미한다.

일본의 열악한 환경 속에서 풀뿌리 운동으로 단체를 이끌어가야 하는 재일동포 민간단체들은 재정적 한계를 극복하지 못하는 어려움에 시달리고 있다. 재정적 어려움을 극복할 수 있는 새로운 출구를 찾지 못한 실행위원회측의 역부족에도 문제가 있었지만 남북간의 냉랭한 정치적 대립의 영향도 컸고, 일본 우익들의 끝없는 방해도 행사를 이끌어 가는데 많은 장애가 되었다. "2008년부터 시작된 남북대결의 분위기는 재일사회 통일운동의 흐름에도 큰 영향을 미쳤다. 남북관계의 악화는 북한은 물론이고 총련계의 참여마저 제한하는 역할을 했고 통합의 기운은 점차 적대적 기운으로 변해갔다."[46] 이러한 가운데 원코리아페스티벌 실행위원으로 함께 참여했던 연구자 김희정은 새로운 모색을 시도하며 재일동포 사회가 가지고 있는 고질적인 이념 논쟁이나 한계에서 벗어나기 위한 노력을 시도했다. 일본 지역만이 아닌 전 세계의 재외동포들과도 함께 할 수 있는 비젼을 제시하며 직접 미국까지 방문하여 준비를 했고 그것이 한국에 뿌리를 둔 사단법인 원코리아의 설립에 이르게 된다. "남북관계의 악화를 극복하기에는 아직 역량이 부족한 상황 속에서 원코리아페스티벌의 정신을 계승 확장하려는 시도가 등장했다. 전세계 700만 한인의 문화적 통합

---

46 이신철, 앞의 글, 322쪽.

을 통한 통일을 지향하겠다는 '온누리 페스티벌' 이 그것이다."[47]

사단법인 원코리아는 2013년에 대한민국 외교부의 인가를 받고 서울에 설립된 비영리 민간단체이다. 일본의 공익재단법인 원코리아페스티벌과는 조직과 재정적인 부분에서 별도로 운영되고 있으나 원코리아페스티벌이 추구하는 '하나'의 개념과 기본정신을 이어받고 각 국의 재외동포들과 평화, 문화, 화합을 위한 글로벌 통일문화운동을 펼치고 있다. 여러 나라에 흩어져 살고 있는 재외동포들의 삶도 점점 글로벌화 되고 있는 흐름 속에서 점차 그 경계가 흐려지고 있다. 그것은 국경을 뛰어 넘는 탈영토적이고 다문화적인 환경 속에서 살고 있기 때문이다. 재외한인 사회의 이와 같은 많은 변화 속에서 새로운 관점이 요구되어지고 있는 가운데 일본, 중국, 한국, 미국등에서 현지의 한인 동포들과 글로벌 한인 네트워크를 구축하고 통일문화운동을 펼치고 있는 원코리아온누리페스티벌의 사업 추진 목표와 내용을 살펴보면 다음과 같다.

② 사업의 추진 배경과 내용

사단법인 원코리아는 소통과 치유, 화합을 바라는 재외동포들이 함께 참여하는 글로벌 코리안의 평화, 문화, 봉사 단체로 등록하고 문화공연과 불우이웃돕기 골프대회등을 개최하였다. 코리안으로서의 민족정체성 유지를 위한 문화 공연을 개최하고 재외한인의 화합과 한반도 및 세계의 평화에 기여하며 글로벌 한인 통일문화 네트워크로 확대 발전시켜 나가고 있다. 원코리아온누리페스티벌은 해외에서 행사를 개최할 때마다 각 나라의 여러 한인단체들과 연대하며 공동주최로 행사를 열었다. 임채완(임채완 · 전형권, 2006)은 해외 한인들이 현지에서 직면한 가장 큰 문제점으로는 내부 분열과 차세대의 민족 정체성 저하를 들고 있으며 다음으로 한인들의 자력 저하[48]를 들었다. 그러한 문제를 보완하기 위해 원코리아

47 이신철, 앞의 글, 322쪽.

온누리페스티벌은 스포츠나 문화 행사를 통한 차세대의 민족 정체성의 함양을 위한 노력과 새로운 화합 형태의 글로벌 통일문화네트워크를 형성해 나가고 있다는 것에 그 의의가 있다. 2013년 7월 서울시로부터 비영리민간단체로 인가를 받은 원코리아페스티벌 한국위원회는 11월 2일 서울시청에서 재외동포들과 함께 하는 열린 문화 공동체라는 부제로 '2013 원코리아온누리페스티벌'을 개최했다. 2014년 4월 26일에는 원코리아페스티벌과 공동주최로 일본 동경 중앙민단홀에서 영화 '코리아'를 상영했다. 주인공 현정화씨를 초청하여 영화 관람 후, 통일을 염원하는 내용의 토크 쇼를 개최하고 원코리아페스티벌 30주년 기념행사및 세계탁구 선구권 동경대회에는 원코리아 통일응원단을 모집하여 참가하였다.

2014년 6월 21일에는 '문화 예술로 전세계 한민족이 하나 되자' 는 취지의 원코리아온누리페스티벌이 중국 심천에서 사단법인 원코리아, 심천 한국상공인회, 민화협화남협의회가 공동 주최로 개최되었다.

2014년 10월 3일에는 파주 임진각 평화누리 공원에서 '2014 DMZ 원코리아온누리페스티벌 행사'를 개최하고 해외에서 참가한 재외동포들과 분단의 상징인 비무장지대(DMZ)를 돌아본 후, 조국의 평화통일과 국내외 동포들의 협력과 화합을 염원하는 문화행사를 가졌다.

2014년 8월 (사)원코리아는 통일문화네트워크 확산을 위하여 워싱톤 애난데일 소재 오시안 홀 공원에서 열린 제 69주년 8.15 광복절 기념행사와 캐나다 토론토 한인회관 대강당에서 열린 제 69주년 광복절 기념식 행사에 참가했고 8월 21일 애틀란타에서는 2015년 광복 70주년 행사 관련 기자간담회을 열었다.[49] 9월 14일에는 원코리아 미주 위원회 주최로

---

48 임채완 · 전형권, 『재외한인과 네트워크』, 한울아카데미, 2009, 418쪽.

49 미동남부 한인회 연합회회장, 미동남부 민주평통 애틀란타 지회장과 (사)원코리아미주위원회 위원장 및 이사들이 참석한 가운데 2015년 광복 70주년 행사를 원코리아 온누리페스티벌의 조직위원회와 함께 기자간담회 개최. 2014. 8.21.

애틀란타에서 '원코리아온누리페스티벌 자선 골프대회'를 개최하였다. 'HOPE Line' 희망의 전화 모금을 위해 개최한 골프대회에서 만불이 넘는 성금을 모아 기부했다. 통일, 문화, 나눔이라는 슬로건 아래 어려운 이웃들에게 행사를 통한 나눔과 한인사회의 화합을 위해 기여한다는 단체의 목적을 실천하였다. 행사가 끝난 후 조선일보(2014.9.14.)는 "한인사회 화합의 장 열렸다"라는 머리기사와 함께 '원코리아온누리페스티벌'이 문화와 스포츠를 통한 글로벌 한인 통일문화네트워크로 새로운 화합을 이루어내고 있다고 평가했다. 2015년 8월 13일에는 서울 스칼라티움 상암월드컵점 오르홀(Ore Hall)에서 광복 70주년 기념행사의 일환으로 원코리아 문화예술공연단" 창단식이 열렸다. 창단식에서 통일을 염원하는 노래 '그리운 이에게'와 남과 북의 공동번영을 노래한 '원더풀 코리아'가 발표되었고 이 곡들은 2015년 광복 70주년 기념 음반으로 제작되어 미국과 캐나다에서 열린 '원코리아온누리페스티벌 2015년' 행사에서 현지 동포들에게 전달되었다.

사단법인 원코리아는 2016년 8월 27일과 28일 양일간 미국 아틀란타 둘루스 귀넷 퍼포밍아트센터에서 '원코리아 평화 대축제 2016'을 개최하고 9월 12일에는 롭 우달 연방하원의원과 스캇 홀콤 주하원의원에게 평화선언문을 전달했다. "한반도 평화를 위하여 원코리아, 미국 정치인들에 '평화선언문' 전달"이라는 타이틀로 조선일보에 기사가 실렸다.[50] 2016년부터 2018년까지 3년 연속 양일간 경북 영주시 풍기읍에서 영주풍기인삼축제 행사의 일환으로 '재외동포와 함께 하는 인삼 특산품 명품화 전략 모색 및 판로개척 컨퍼런스'를 개최했다. 이는 국내 지역 발전에 재외동포들이 어떻게 핵심적인 역할을 할 수 있는지에 대한 방안과 재외동포 역량 강화를 위한 모색으로 평가할 수 있다.

50 『애틀란타 조선일보』 2015년 9월 12일.

4. 나가면서

문화적 가치와 수단을 통일과 결합한 다양한 형태의 통일문화운동은 통일에 대한 대중의 관심과 접촉면을 확대하는데 중요한 역할을 할 수 있다. 재일동포사회에서 구현된 원코리아페스티벌의 통일문화적 의제 설정과 실천 경험들은 문화적 소통과 감수성을 촉진시키는 방식으로 통일문화운동의 새로운 영역을 개척한 유의미한 사례로 평가될 수 있다. 원코리아페스티벌은 매우 다양한 방식의 문화적 수단을 창출하고 활용해 왔다. 시각, 청각, 촉각, 미각 등 다양한 감각 수단을 동원하고, 접목시키면서 펼쳐 온 접근 방법과 모색의 다양성은 서로 상호작용하며 새롭게 변화되고 창출되는 과정을 겪으며 30년 이상 집적되어 왔다.

이와 동시에 공간적으로도 다양한 집단과 국적, 국가들로 확산되었고 네트워크도 넓어졌다. 이러한 점에서 원코리아페스티벌은 통일 문제를 문화 다양성과 문화 감수성의 다양한 접근방법으로 재일동포들의 통일인식 개선에 기여했으며 재일동포뿐만 아니라 일본인에게도 한반도의 통일 공감대를 널리 확산시키는데 기여했다. 원코리아페스티벌의 통일문화운동은 일본사회에 재일동포가 안고 있는 특수한 갈등적 문제를 환기시키고, 남북한 및 민단과 조총련으로 나뉘어져 반목과 갈등을 겪고 있는 재일동포 사회 간 상호 적대의식 해소 및 새로운 민족 공동체 의식의 재구성을 통해 통일의 미래상을 제시할 수 있는 가능성과 시사점을 제시하고 있다.

그러나 앞으로도 재일동포 사회에서 통일문화운동으로서의 원코리아페스티벌이 보다 활성화되기 위해서는 초기 문제의식의 재조명과 통일과 문화의 선순환 및 지속가능성 확보 노력이 필요하다. 재일동포 사회에서 자유롭게 통일을 논의할 수 있는 환경의 조성과 재일동포의 결집이 무엇보다 중요하다고 하겠다. 원코리아페스티벌은 문화운동이라는 우회적 통로를 택했지만, 문제의식은 근본적 지점을 돌파하기 위해 출발했다. 그러하기에 초기의 문제의식을 놓치지 않으면서, 끊임없이 창조적 재생산이 이루어진다면 통일운동사에서 하나의 영역으로 자리매김할 수 있을 것이다. 2018년 역사상 처음으로 북한의 지도자가 군사분계선을 넘어 와서 판문점에서 가졌던 남북회담 그리고 북미 정상회담과 평양 회담까지 지속적으로 이어진 만남은 항구적인 평화의 초석이 되고 있다. 함께하면 얼마든지 평화에 이를 수 있다는 사실이 국제사회에 증명되었지만, 평화의 길은 정부 당국의 노력만으로는 이룰 수 없다. 이러한 측면에서 33년간에 걸쳐 통일문제를 문화와 결합시켜 문화다양성과 문화감수성으로 구현해 해 온 원코리아페스티벌과 같은 민간차원에서의 통일문화운동을 더욱 활성화 시켜야 한다. 평화를 바라는 세계인들에게 감동과 희망을 주기 위해서는 정부와 민간이 함께 협력하여 새롭게 변화되고 창출되는 한반도의 평화의 길 위에서 통일공감대를 더욱 확산시켜 나가야 할 것이다.

참고문헌

1. 자료

정갑수 대표의 대회사 2017년 11월 5일.

정갑수 대표와의 인터뷰 2018년 3월 24일.

일본인 구마가이 아유미(熊谷歩美)와의 인터뷰 2017년 11월 5일.

재일동포 2세 이민실 의사와의 인터뷰 2017년 11월 5일.

재일동포 2세 문경수 교수와의 인터뷰 2017년 11월 5일.

『朝日新聞(아사히신문)』 1987년 7월 22일.

『朝日新聞(아사히신문)』 1991년 7월 8일.

『毎日新聞』 2005년 11월 1일.

『애틀란타 조선일보』 2015년 9월 12일.

제 2, 5, 9, 23-26회 원코리아페스티벌 팜플렛 취지문(1986-2010.).

원코리아페스티벌 홈페이지. http://hana.wwonekorea.com/

2. 연구논저

구자현 외, 「통일문화사업 활성화를 통한 국내통일기반 구축방안」, 통일부 연구용역 보고서, 2015.

김희정, 「축제를 통한 재일코리안의 통합적 문화운동에 관한 연구-원코리아페스티벌을 중심으로-」, 예원예술대학교 문화영상창업대학원 석사논문, 2013.

김희정, 「재일동포사회의 통일문화운동에 관한 연구-원코리아페스티벌을 중심으로-」, 인제대학교 박사학위논문, 2018.

전영선, 「북한이탈주민과 한국인의 집단적 경계 만들기 또는 은밀한 적대감」, 『통일인문학논총』 제58집, 건국대학교 인문학연구원, 2014.

정용하, 「재일한인 통일운동에 나타난 연대 · 네트워크: 통일운동의 시기별 특징과 관련을 중심으로」, 『한일민족문제연구』 13권, 2007.

지충남, 「재일동포 사회의 통일운동: 민단, 조총련, 원코리아페스티벌을 중심으로」, 『민족연구』 64호, 2015.

진희관, 「재일동포 사회의 문제와 북일관계 : 60년대 한일수교 시기를 중심으로」, 『한국사연구』 131, 2005.

이신철, 「재일동포사회의 통일운동 흐름과 새로운 모색: 원코리아페스티벌을 중심으로」, 『사림』 제52호, 2015.
임영상, 『코리아타운과 한국문화』, 북코리아, 2012.
임채완 · 전형권, 『재외한인과 네트워크』, 한울아카데미, 2009.
金希姃, 「統合社会文化運動としてのワンコリアフェスティバル」, 『民族まつりの創造と展開』, 大谷大学文学部, 2014.
朴鐘鳴, 「朝鮮半島の統一と在日朝鮮人」, 朴鐘鳴 編. 『在日朝鮮人』, 東京: 明石書店, 1999.
孫ミギョン, 「在日コリアンにおける文化運動としてのワンコリアフェスティバルの意義」, 『空間 · 社会地理思想』 20号, 2017.
鄭甲壽, ワンコリア風雲録－在日コリアンたちの挑戦－』, 岩波書店, 2005.
鄭甲壽, 『ハナ: ワンコリア道草回顧録』, ころから, 2015.

제3부

통일문화를 디자인하다

3·1운동에 대한 남북의 분단된 기억을 통일을 위한 집합기억으로

정진아

1. 머리말

남북 화해와 상생의 시대가 열리고 있다. 2018년 들어 남북 정상은 3차례에 걸친 정상회담을 개최하고 한반도 문제의 전향적인 해결을 위해 노력하고 있다. 김정은 국무위원장은 핵을 포기하고 경제 발전을 추진해 나가고 싶다는 의사를 밝혔다. 문재인 대통령은 유엔총회에서의 연설을 통해 국제사회가 북의 비핵화 의지에 화답해 줄 것을 요청하였다. 남북은 분단과 적대의 역사를 청산하고, 통일의 역사를 열어 가기 위해 큰 걸음을 내딛고 있다.

'2018 남북정상회담 평양'에서 남북 정상은 북미정상회담 이후 정체상태에 빠진 한반도 문제에 돌파구를 마련하는 한편, 민족자주와 민족자결의 원칙 아래 남북의 평화와 번영을 일관되고 지속적으로 추진하기로 합의하고 그 내용을 '9월 평양공동선언'에 담았다. '9월 평양공동선언'에 담긴 내용은 첫째, 군사적 적대관계 해소, 둘째, 민족경제의 균형적인 발전을 위한 실질적인 대책 강구, 셋째, 이산가족 문제 해결을 위한 인도적 협력 강화, 넷째, 화해와 단합을 위한 다양한 분야의 협력과 교류 추진, 다섯째, 핵 없는 한반도를 위한 실질적인 진전, 여섯째, 김정은 위원장의 서울 방문이다.

'9월 평양공동선언'에서는 각 내용을 추진하기 위한 실제적인 방안과 일정도 적시했다. 이 선언이 상징적인 의미를 가졌던 그간의 선언들과 차별성을 가지는 이유이다. 그중에서 학술적인 측면에서 주목할 만한 내용이 바로 제4조 제3항이다. "남과 북은 10.4선언 11주년을 뜻깊게 기념하기 위한 행사들을 의의 있게 개최하며, 3 · 1운동 100주년을 남북이 공동으로 기념하기로 하고, 그를 위한 실무적인 방안을 협의해 나가기로 하였다."

3 · 1운동은 일제의 침략과 수탈을 반대하기 위한 항쟁으로서, 민족 구성원 전체의 기억에 아로새겨진 사건이다. 3 · 1운동을 기억하는 과정에서 조선인들은 하나의 민족으로서 자신의 역사 문화적 실체를 자각하고, 민족자결의 정치적 의지를 다져 나갔다. 3 · 1운동은 민족과 국가가 분리된 국권상실의 상황 속에서 조선인들이 국가를 대체할 수 있는 민족의 힘을 발견한 사건이었다. 3 · 1운동에 대한 기억과 기념을 통해 누적적으로 형성된 집합기억은 민족해방운동 과정에서 해방의 원동력으로 작동했다.[1] 하지만 해방 이후, 좌우의 대립이 격화되면서 3 · 1운동에 대한 기억도 분단되기 시작했다.[2] 3 · 1운동에 대한 분단된 기억은 남북의 역사교

---

1 박명규, 「탈식민 과정에서 '3 · 1운동'의 문화적 재구성-기억, 지식 그리고 권력」, 『1919년 3월 1일에 묻다』, 성균관대학교출판부, 2009, 825쪽.

2 지수걸, 「3 · 1운동과 국내 공산주의 계열의 민족해방운동-일제시기 조선인 공산주의자들의 역사 만들기」, 『한국독립운동사연구』 제13집, 독립기념관 한국독립운동사연구소, 1999; 반병률, 「3 · 1운동과 만주 · 노령지역 민족운동」, 같은 책; 한상도, 「독립운동 세력의 3 · 1운동 인식과 계승의식-중국관내지역을 중심으로」, 같은 책 참조.

과서를 통해 '공식 기억'으로 정리되어 후대에게 전승되고 교육되었다. 남북이 공동으로 개최하는 3 · 1운동 100주년 행사는 3 · 1운동에 대한 분단되고 분절된 기억을 통일을 위한 집합기억으로 만들어 가는 실험장이 될 것이다.

남북은 3 · 1운동에 대한 상당한 연구 성과를 축적해 왔다. 이를 바탕으로 남에서도 북측 역사학계의 3 · 1운동 서술 경향과 내용 변화에 대해서 연구 성과가 다소 축적되었다.[3] 해방후 남측 역사교과서의 3 · 1운동 서술의 추이에 대한 연구도 제출된 바 있다.[4] 그러나 3 · 1운동에 대한 '공식기억'을 면밀히 이해할 수 있도록 남북 역사교과서의 서술 기조와 내용을 비교 검토한 연구는 없다. 남북이 교과서를 통해 3 · 1운동에 대한 '공식기억'을 어떻게 만들어 왔고 어떻게 후대에게 전승하고자 했는가를 검토하는 작업은 남북의 '공식기억'의 차이가 발생하는 원인을 이해하는 한편, 공통 지점을 바탕으로 어떻게 통일을 위한 집합기억을 만들어 갈 것인가 하는데 중요한 시사점을 제공할 것이다.

따라서 이 글에서는 해방 이후, 좌우/남북이 전유하고자 했던 3 · 1운동에 대한 '공식기억'을 문제 삼고, 통일을 위한 집합기억을 만들기 위해서는 무엇이 필요한지를 시론적이나마 제언해 보고자 한다. 이를 위해 먼저 남북의 중고등학교 역사교과서를 비교, 검토할 것이다. 우선 대한민국의 『한국사』 교과서와 조선민주주의인민공화국의 『조선력사』 교과서에 실린 3 · 1운동 서술 분석을 통해 3 · 1운동에 대한 남북한 '공식기억'의 내용을 검토할 것이다.[5] 다음으로는 통일을 위한 집합기억 만들기의 인

---

3 윤해동, 「3 · 1운동과 그 전후의 부르조아민족운동」, 『남북한 역사인식 비교강의(근현대편)』, 일송정, 1989; 윤덕영, 「3 · 1운동과 1910 · 20년대 부르주아민족운동」, 『북한의 한국사 인식 Ⅱ』, 한길사, 1990; 홍종욱, 「북한 역사학의 3 · 1운동 인식-주요 통사류의 관련 서술 분석」, 『서울과 역사』 제99호, 서울역사편찬원, 2018 참조.

4 최병택, 「해방 후 역사 교과서의 3 · 1운동 관련 서술 경향」, 『역사와 현실』 제74호, 한국역사연구회, 2009.

식적 기반으로서 '역사 연대'라는 개념을 제안하고, 구체적인 방안으로서 남북 주민, 코리언디아스포라가 서로 가르치고 배울 수 있는 역사교육의 방향에 대해 제언해 보고자 한다.

2. 『한국사』 교과서의 3 · 1운동 서술

3 · 1운동은 계급, 계층을 막론하고 전 민족 구성원들이 참여한 항쟁으로서 해방후까지 조선인들의 뇌리에 뚜렷이 각인되었다. 해방후 통일된 민족국가 수립이라는 과제 앞에 좌우가 각축을 벌이기 시작하면서 3 · 1운동 역시 좌우 정치세력에 의해 재해석되기 시작했다. 3 · 1운동 재해석에 가장 열을 올린 그룹은 대한민국 임시정부 세력이었다. 임정 세력은 해방 직후부터 활발한 저술 작업을 통해 대한민국 임시정부가 3 · 1운동의 산물이라는 점을 부각시켰다.[6] 임정 주석이었던 김구가 직접 저술한 『삼일운동과 대한민국 임시정부 투쟁사』와 임정 세력의 직접적인 도움을 얻어 발간된 『대한독립운동과 대한민국 임시정부 투쟁사』가 대표적이었다.[7]

전자에서 김구는 3 · 1운동이 발발하기 직전에 이미 해외의 여운형, 김규식, 장덕수, 이동녕, 문창범, 조완구 등에 의해 대한민국 임시정부 수립

---

5 『한국사』 교과서는 교과서도서관과 한국교육개발원 도서관이 소장하고 있는 자료를, 『조선력사』는 통일부 북한자료센터와 건국대학교 통일인문학도서관이 소장하고 있는 자료를 이용했다. 『조선력사』의 경우 각 연도판이 모두 입수되지 않아 국내에 소장된 자료만을 이용할 수밖에 없었다.

6 해방후 발간된 삼일운동 관련 저서 리스트는 전우용, 「3 · 1운동 관계 주요 자료 논저 목록」, 『3 · 1민족해방운동연구』, 청년사, 1989 참조.

7 김구, 『삼일운동과 대한민국 임시정부 투쟁사』, 계림사, 1946; 김하경 편, 『대한독립운동과 대한민국 임시정부 투쟁사』, 계림사, 1946 참조. 후자의 편자인 김하경은 머리말에서 "이 소책자 편집에 임시정부 엄항섭 선전부장과 장준하 선생 두 분이 특별한 후원을 해 주신 데 대하여 깊이 감사를 드리나이다."라고 언급했다. 장준하는 임시정부 산하의 한국광복군에서 활동했다.

구상이 있었다고 언급했다. 그는 이들의 논의가 무르익을 때쯤 "국내에서는 때마침 만세사건이 야기하였든 것이다"라고 하여 삼일운동 직후 임시정부가 수립되는 것은 필연적인 수순이라는 점을 강조했다.[8] 후자에서 엄항섭도 "벌써 한국은 독립한다는 선언을 발표한지라 이에 정부를 조직하도록 되었다"[9]라고 언급함으로써 이러한 논지를 강화하는 데 기여했다.

엄항섭은 또한 3 · 1운동의 직접적인 원인으로 고종의 독살에 대한 분노와 더불어 윌슨의 민족자결주의를 들었다.[10] 김구는 미국인들의 "(한국) 독립에의 열의는 오날의 카일(카이로)회담과 포쓰담 선언에 일맥상통되는 것이며", 독립선언문을 "미국 윌슨대통령에게 보낸 것도 인연이다"[11]라고 하여 한국 독립에서 미국이 갖는 의미를 부각시켰다. 이것은 1945년 이후 한반도 남단에 미군이 진주하고, 미군정이 시행되었던 시대 상황을 염두에 둔 발언이라고 할 수 있다.

임정 세력의 3 · 1운동 서술 내용은 미군정기 교과서에 그대로 반영되었다. 1946년 군정청 학무국에서 발행한 『초등 국사교본』에서는 한국 근대사를 일본인의 침략과 독립운동으로 나누고, 독립운동 항목을 3 · 1운동, 임시정부의 성립, 의사의 활동, 두 번째 세계대전과 우리의 선전, 국내의 참상으로 구성했다.[12] 3 · 1운동-임시정부-의사들의 활동-한국광

8 김구, 앞의 책, 4-5쪽.

9 엄항섭, 「한국독립운동의 사적 고찰-갑신혁명 제60주년을 맞고」, 『대한독립운동과 대한민국 임시정부투쟁사』, 계림사, 1946, 8쪽. 3 · 1독립선언서의 내용은 "오등은 자에 아 조선의 독립국임과 조선인의 자주민임을 선언하노라"였다.

10 엄항섭, 위의 책, 7쪽.

11 김구, 위의 책, 7쪽.

12 군정청 학무국, 『초등 국사교본-오륙학년용』, 군정청 문교부, 1946 참조. 다만 유홍렬과 진단학회에서 편찬한 교과서에서는 민족주의뿐 아니라 사회주의 운동이 활발하게 진행됨으로써 민족주의와 사회주의가 합동하여 신간회를 창립했다는 내용이 추가되었다(진단학회, 『국사교본』, 군정청 문교부, 1946; 유홍렬, 『우리나라 역사』,

복군의 선전포고-해방이라는 서술 구도였다. 3 · 1운동의 배경으로서 윌슨의 민족자결주의가 강조되었고, 의사들의 활동에서는 김상옥, 나석주, 이봉창, 윤봉길 등 임시정부 관련 인물을 전면에 내세움으로써 임정이 전체 민족해방운동을 이끈 것처럼 서술하였다.

1954년 1차 교육과정이 정비됨에 따라 발행된 국사교과서는 이후 3 · 1운동 서술의 기본 골격을 만들었다는 점에서 주목된다. 역사교육연구회에서 편찬한 『중등국사』는 한국 근현대사를 'Ⅶ. 자라나는 민주대한'이라는 제목 아래 (1) 일제와 싸우는 겨레-일본의 무단정치/토지를 빼앗는 수단/교육과 종교의 활동, (2) 삼일운동으로 나타난 민족의 울분-3 · 1운동의 폭발/3 · 1운동의 영향/계속되는 독립운동, (3) 민족의 해방과 민주대한, (4) 우리가 지닌 앞날의 숙제로 정리했다.[13] 이는 대한민국의 정통성을 3 · 1운동, 임시정부와 직결시키는 한편, 3 · 1운동을 정치적 억압과 경제적 수탈의 결과로 서술하고 3 · 1운동의 결과 일본이 통치 정책을 문화통치로 전환했다고 체계화함으로써 이후 대한민국이 견지하게 된 기본적인 3 · 1운동 서술 기조를 정립했다.

3 · 1운동 서술에 있어서 독특한 변화가 감지되는 것은 1970년을 전후한 시기부터이다. 그 이전의 교과서가 비록 독립은 이루지는 못했으나 일본의 문화통치로의 정책 변화, 임정의 수립, 운동의 확대 등을 들어 성공한 운동으로 평가했다면, 『실업계 고등학교 국사』는 같은 평가를 하면서도 3 · 1운동을 '실패'한 운동으로 규정했다.[14] 그리고 '무장독립군의 활동', '임시정부와 광복군'이라는 항목을 추가해서 유인석 · 이강년 · 홍

조문사, 1954, 179쪽).

13 역사교육연구회, 『중등국사』, 정음사, 1956 참조. 이 교과서에서는 "이승만 박사를 대통령으로 받들어 대한민국 임시정부를 세우니"(역사교육연구회, 『중등국사』, 정음사, 1956, 155쪽)라고 하여 임시정부에서 특히 이승만의 활동을 부각시키고 있다. 이는 6.25전쟁 이후 이승만 독재 체제가 강화된 것과 관련이 있다.

14 문교부, 『실업계 고등학교 국사』, 대한교과서주식회사, 1970, 174쪽.

범도의 의병부대, 이청천의 서로군정서와 김좌진의 북로군정서, 독립단, 국민회, 정의부, 신민부, 참의부 등 무장부대의 활동을 강조했다. 또한 임시정부가 해외 독립운동의 '중핵체'로서 중국군과 어깨를 나란히 했고 자유진영과 결속하여 중국 정부로부터 승인을 받는 등 항일 활동을 인정받아 미국과 영국, 중국이 카이로선언에서 한국의 독립을 가결하도록 하였으며, 광복군을 버마전선까지 출동시키는 등 독립을 앞당겼다고 서술했다.

이는 3 · 1운동 50주년을 맞아 학계의 축적된 연구 내용을 반영하면서도[15] 임시정부의 '국가'로서의 역할과 광복군의 '국군'으로서의 활동에 초점을 맞춘 서술이었다. 이러한 서술의 목적은 3차 교육과정 『중학교 국사』에서 '3 · 1운동과 임시정부의 수립'을 제목으로 뽑아 3 · 1운동과 임시정부를 동일선상에서 이해하도록 하고,[16] "대한민국 임시정부의 수립은 우리 민족이 일본 침략에 대항하여 국가 체제를 세우고 독립운동을 벌이기 위한 조치로서, 나라 잃은 우리 민족에게 용기를 주고 독립운동의 방향을 뚜렷이 제시했으며, 독립운동을 총지휘하게 된 것이다. (…) 대한민국 임시정부는 국호를 대한민국이라 하고, 1919년을 대한민국 원년으로 정하였다"고 하여 임시정부가 국가 체제를 갖추었음을 강조하는 데서 명백히 드러난다.[17] 이러한 서술 기조는 『인문계 고등학교 국사』에서 "마지막 순간까지 한민족의 군대(광복군)는 국외에서 모든 악조건을 무릅쓰고 항전을 계속 수행한 것을 잊어서는 안 된다"[18]는 언급으로 일제시기의

15 3 · 1운동 50주년을 맞아 동아일보사에서는 한국사연구회와 역사학회 및 관련 연구자의 협조를 얻어 『3 · 1운동 50주년 기념논집』을 출판했다. 이 책에는 3 · 1운동의 배경, 주도세력, 재외 동포들의 활동, 일본의 식민 정책 변화, 각국의 반향, 3 · 1운동의 정치경제적 · 사상사적 의의, 3 · 1운동 이후의 국내 및 해외의 민족운동, 아시아 각국의 민족운동 등 3 · 1운동 관련 연구 성과가 총망라되었다(『3 · 1운동 50주년 기념논집』, 동아일보사. 1969).

16 문교부, 『중학교 국사』, 한국교과서주식회사, 1975, 목차 참조.

17 문교부, 위의 책, 230쪽.

역사를 마무리하는 데서 극대화되었다. 4차 교육과정에서는 임시정부의 헌장, 조직 변화, 활동에 대한 상세한 설명이 추가되었다.[19]

사실 3·1운동 이후 독립운동의 구심체가 필요하다는 의식이 생겼으나 그것이 꼭 정부 형태여야 한다는 의견으로 모아진 것은 아니었다. 일제시기 임시정부가 민족해방운동을 '총지휘'했다거나 '중핵체'였다는 표현 또한 사실에 부합하지 않는다. 처음에 임시정부로 모였던 독립운동가들은 이승만의 위임통치 청원 이후 임시정부 개조파와 창조파로 나뉘어 치열한 논쟁을 벌였다. 그러나 합의점을 찾지 못하자 흩어져서 활동을 전개하였음은 주지의 사실이다.[20] 3·1운동=임시정부/광복군=우리의 국가/국군이라는 도식은 국가의 역할을 항구 불변한 것으로 절대화함으로써 대한민국과 현실의 군사정권을 정당화하는 측면이 있었다.

1987년 5차 교육과정에 의해 만들어진 『고등학교 국사(하)』 교과서는 3·1운동의 배경으로서 외적인 요인뿐 아니라 의병전쟁, 비밀결사운동, 국외의 독립운동기지 건설운동을 들어 주체의 성장을 강조했다. 이러한 성과에도 불구하고 당시의 교과서는 '대한민국 임시정부와 독립전쟁'이라는 별도의 장을 만들어 대한민국 임시정부의 역할을 한층 부각시켰다.[21] 이를 통해 대한민국 임시정부는 민족운동을 체계화하고, 산발적으로 전개되었던 독립군 운동을 수렴한 조직으로서 절대적인 위상을 갖게 되었다. 3·1운동과의 연결선 없이도 독자적인 지위를 갖게 된 것이다.

---

18 문교부, 『인문계 고등학교 국사』, 국정교과서주식회사, 1978, 218쪽.

19 문교부, 『고등학교 국사(하)』, 대한교과서주식회사, 1982, 134-137쪽, 147-150쪽 참조.

20 노경채, 「'임시정부'의 이념과 노선」, 『바로잡아야 할 우리 역사 37장면』, 역사비평사, 1993, 88-93쪽. 임시정부 개조파와 창조파의 논의에 대해서는 박윤재, 「1920년대 초 민족통일전선운동과 국민대표회의」, 연세대학교 사학과 석사학위 논문, 1995; 조철행, 『국민대표회 전후 민족운동 최고기관 조직론 연구』, 고려대학교 박사학위 논문, 2011 참조.

21 교육부, 『고등학교 국사(하)』, 대한교과서주식회사, 1990, 139-150쪽.

민주화 이후 오히려 임시정부의 역할이 절대화된 것은 군사정권이 제헌헌법 전문에 명시된 임시정부 계승의 내용을 3 · 1운동만 남기고 삭제한 데 대한 반작용이었다.[22] 이를 복원하는 과정에서 "삼일운동으로 대한민국을 건립하여 세계에 선포한 위대한 독립정신을 계승"한다는 제헌헌법의 문구가 "3 · 1운동으로 건립된 대한민국 임시정부의 법통과 불의에 항거한 4 · 19민주이념을 계승"[23]한다는 내용으로 정비됨으로써 대한민국 임시정부 법통론이 강화되는 결과를 낳았다.

결국 『고등학교 국사(하)』는 「대한민국 임시정부와 독립전쟁」 〈개요〉에서 "3 · 1운동을 계기로 수립된 대한민국 임시정부는 비록 국외에서 수립되었지만, 우리나라 최초의 민주공화제 정부였으며, 유일한 정통 정부로서 이후 항일운동의 구심점이 되었다"[24]고 서술하기에 이른다. 이는 민주화운동의 풍부한 내용을 헌법에 담아내지 못한 '87년 체제'의 한계를 그대로 보여 주는 결과였다. 이후 3 · 1운동 이후 민족해방운동의 전개 과정은 완전히 대한민국 임시정부 중심으로 서술되기 시작했다.

이러한 서술 기조에 균열이 발생한 것은 2002년 역사교과서 국정 체제가 검인정 체제로 변화하면서부터이다. 검인정 『한국근현대사』 교과서들은 3 · 1운동의 지도세력이 민족대표에서 학생들로 옮아가는 과정, 노동자 · 농민의 적극적인 참가, 반제운동으로서 중국의 5.4운동과 인도의 반영운동과의 관련성 등 3 · 1운동의 다양한 측면을 부각시키려고 노력했다. 특히 검인정 이후 『한국사』 교과서는 3 · 1운동의 세계사적 의의를 강조하면서 중국의 5.4운동이나 인도의 반영운영에 직접적인 영향을 미쳤다는 '선도성'에 집착하기보다 3 · 1운동과 중국의 5.4운동, 인도의 반

---

22 1987년 개헌을 전후한 시기의 임정법통성 논의에 대해서는 김정인, 「3 · 1운동과 임시정부 법통성 인식의 정치성과 학문성」, 『서울과 역사』 제99호, 219-224쪽이 자세하다.

23 국가법령정보센터(http://www.law.go.kr/), 대한민국 헌법, 10월 5일 검색.

24 교육부, 『고등학교 국사(하)』, 대한교과서주식회사, 1990, 139쪽.

영운동이 가진 민족해방운동의 '동시성'에 주목하는 경향을 보였다.[25]

또한 '3 · 1운동과 대한민국 임시정부'라는 집필 가이드라인의 목차를 그대로 사용하면서도 임시정부의 민족통일전선으로서의 성과뿐 아니라 당대의 문제제기와 한계까지 수록하기 시작했다. 임시정부에 의해 전유되었던 무장독립전쟁도 임시정부와 분리하여 무장독립운동의 다양한 양상을 이해하도록 했다.[26] 이를 계승하여 최근의 한국사 교과서들은 국내 민족운동/국외 민족운동 항목에서 자본주의/사회주의 세력의 활동을 함께 수록하고 있다.[27]

3. 『조선력사』 교과서의 3 · 1운동 서술

초창기 조선민주주의인민공화국의 역사 서술은 남로계, 소련계, 연안계 등이 주도했다. 해방 직후 북의 중고등학교 교과서를 확인할 수 없는 상황에서 김일성종합대학에서 펴낸 『조선민족해방투쟁사』는 항일빨치산파가 역사학계를 장악하기 전에 북이 3 · 1운동에 대해 어떻게 평가하고 있었는지를 보여 준다. 이 책은 김일성종합대학 강의록이 바탕이 되었고 김일성종합대학에서 펴낸 사실에서 드러나듯, 초창기 북에서 학문적 권위를 획득하고 있었다.[28] 3 · 1운동 부분 서술자는 소련계인 김승화

---

25 한승훈, 「'3 · 1운동의 세계사적 의의'의 불완전한 정립과 균열」, 『역사와 현실』 제108호, 한국역사연구회, 2018, 231-238쪽.

26 김한종 외, 『고등학교 한국근 · 현대사』, (주)금성출판사, 2003; 한철호 외, 『고등학교 한국근 · 현대사』, 대한교과서(주), 2003; 주진오 외, 『고등학교 한국근 · 현대사』, (주)중앙교육진흥연구소, 2003 제3부 민족독립운동의 전개, 2장 3 · 1운동과 대한민국 임시정부, 3장 무장독립전쟁의 전개 참조.

27 김종수 외, 『고등학교 한국사』, (주)금성출판사, 2015 제5부 일제의 강점과 민족운동의 전개, 5-2. 3 · 1운동과 대한민국 임시정부, 5-3. 일제강점기의 국내 민족운동, 5-4. 일제강점기의 국외 민족운동 참조.

28 김일성종합대학 편, 『조선민족해방투쟁사』, 김일성종합대학, 1949, 서문 참조.

였다.[29]

이 책은 3·1운동의 배경으로 러시아 10월혁명과 독일·오스트리아·헝가리에서 일어난 혁명, 동양의 피압박민족들의 민족해방운동을 들었다.[30] 3·1운동이 세계 혁명운동이 앙양되는 가운데 '애국문화운동'의 영향을 받은 '민족주의지식층 종교인대표' 33인과 학생 대표들이 함께 준비한 전국적 인민봉기였다는 것이다.[31] 민족주의계열의 실력양성운동임에도 불구하고 애국계몽운동을 높이 평가한 것은 민족대표뿐 아니라 학생들의 주도적인 역할을 정합적으로 설명하기 위해서였다.

반면, 대한민국 임시정부에 대해서는 "반인민적 정부"로서 "매국적 민족반역자"들로 구성된 조직으로 규정했다. 이들은 임시정부가 청산리전투와 봉오동전투 등 치열한 무장투쟁이 벌어질 때 "겨우 파리강화회의에 청원서를 제출"하는 데 그쳤을 뿐 아니라 결국 이승만이 "미 제국주의자들의 앞잡이로서 조선을 그들에게 팔아먹는 미국위임통치운동을 진행"함으로써 반역적 행위를 자행했다고 평가했다. 그런 임시정부가 해방후 "미제의 주구로서 소위 법통을 주장하면서 매국적 친일파 민족반역자의 소굴"이 되었다는 점을 신랄하게 비판했다.[32]

이 책은 3·1운동을 첫 "거족적인 피의 항쟁"이자, 세계혁명과 동방

---

29 김승화는 소련파의 중요인물로서 모스크바대학을 졸업하고 중학교 교원으로 근무하다가 1945년 12월 북한에 파견되었다. 1948년 김일성종합대학 부총장, 1951년 도시건설상, 1953년 국가건설위원회 위원장, 1956년 당 중앙위원 등 요직을 두루 거쳤으나 8월 종파사건으로 숙청되었다. 이후 카자흐스탄으로 귀국하여 1960년에 카자흐공화국 학술원 산하 역사고고학인류학연구원에서 칸드다트 학위를 받고 선임연구위원으로 활동했다. 『재소한인사연구』를 출간하여 고려인의 극동 이주 배경, 사회주의 건설 참여, 고려인이 중앙아시아에서 수행한 정치경제적 업적을 정리했다(중앙일보사 부설 동서문제연구소, 『북한인명사전』, 중앙일보사, 1990; 김승화 저·정태수 역, 『소련한족사』, 대한교과서주식회사, 1989 참조).

30 김일성종합대학 편, 『조선민족해방투쟁사』, 김일성종합대학, 1949, 241-243쪽.

31 김일성종합대학 편, 위의 책, 248-258쪽.

32 김일성종합대학 편, 위의 책, 264-265쪽.

식민지해방운동에 영향을 주었음에도 불구하고 실패한 운동으로 규정했다. 그리고 앞으로 조선민족해방운동은 전위정당의 지도와 강력한 반일민족통일전선의 토대 위에 강력한 무장투쟁으로 준비되어야 한다는 점, 민족주의자들의 타락성이 폭로된 데 반해 노동자 · 농민은 혁명성을 보여주었지만 농민들의 혁명성을 끌어내기 위해서는 민족문제와 함께 토지문제의 해결이 요구된다는 점, 식민지민족해방운동은 세계무산자계급운동의 일부로서 국제적 연대 속에서만 승리할 수 있다는 점을 교훈으로 남겼다고 정리했다.[33] 이 책은 3 · 1운동을 사회주의적으로 해석하면서도 국제주의적 관점에서 서술하는 한편, 민족대표의 역할에 대해서도 일정하게 평가했다는 점에서 이후 북측 교과서의 3 · 1운동 서술과는 차별성을 가지고 있었다.[34]

『조선력사』(1955)는 『조선민족해방투쟁사』의 기조를 유지하면서도 민족주의자들이 윌슨의 민족자결주의에 고무되었고 민족대표 33인이 3 · 1운동을 주도하였지만 그들의 반인민적 한계로 인해 학생들이 선도적으로 나섰다는 점을 강조했다. 또한 이 책은 3 · 1운동이 전환점이 되어 노동자계급이 지도하는 운동의 새로운 단계로 진입했다고 평가했다. 그러면서도 특히 사회주의 10월혁명이 3 · 1운동에 지대한 영향을 미쳤다는 점, 조선인민의 투쟁이 성공하려면 "위대한 로씨야와 혈연적으로 결부되지 아니하고는 승리적 투쟁이 불가능하다"는 점을 강조했다.[35] 사회주의 모국 '소련을 따라 배우자'는 북의 전 사회적 기풍 속에서 역사 또한 소련의 영향을 강조하는 서술 기조를 강하게 유지하고 있음을 보여준다.[36]

---

33 김일성종합대학 편, 앞의 책, 274-275쪽.

34 윤해동, 「3 · 1운동과 그 전후의 부르조아민족운동」, 『남북한 역사인식 비교강의(근현대편)』, 일송정, 1989, 170쪽.

35 교육성 편, 『조선력사-고급중학교용』, 교육도서출판사, 1955, 65-72쪽.

36 정진아, 「북한이 수용한 "사회주의 쏘련"의 이미지」, 『통일문제연구』 통권 제54호, 2010 참조.

1960년대 발행된 『조선력사』(1964)는 3 · 1운동을 '3 · 1봉기'로 명명하고, 무단정치, 토지조사사업과 회사령 등에 의한 경제적 수탈, 반일운동 등 정치적, 사회경제적 배경과 주체의 준비 정도에 따라서 3 · 1운동을 설명하고 있다는 점에서 이전보다 체계화된 서술 방식을 보여 주고 있다. 운동의 직접적인 배경으로서 러시아 10월혁명과 재일 유학생들의 2.8독립선언, 민족주의자들이 윌슨의 민족자결주의에 고무되어 가세한 점을 들고, 민족주의자들이 질서 유지라는 미명하에 인민의 혁명적 진출을 방해했음에도 불구하고 인민 대중이 그 한계를 뚫고 폭동으로 나아갔다고 언급했다. 이 시기 역사교과서의 특징은 3 · 1운동의 결과 부르주아 민족주의운동이 종결되었다고 평가하고,[37] 서울과 마찬가지로 평양에서도 독립 시위운동이 힘차게 전개되었다는 점을 강조하며,[38] 미국이 일본의 식민 정책을 옹호하였다는 점을 들어 일본뿐 아니라 미국 또한 민족해방운동의 적이라는 것을 부각시키고 있다는 점이다.[39] 이는 3 · 1운동 서술에서 평양중심설과 반미주의가 투영되기 시작하였음을 보여주고 있다.

3 · 1운동을 비롯한 역사 서술에 획기적인 전환이 일어나는 것은 1980년대 초다. 이때는 1979년부터 1983년까지 총 33권의 『조선전사』가 발간된 시기였다.[40] 『조선전사』를 통해 주체사관에 입각한 역사 서술 체계와 내용이 정비되었고, 이후 역사 서술은 『조선전사』의 전범을 따라 서술되었다. 역사 서술의 중요한 대목마다 그에 대해 평가하는 김일성의 교시

37 총련중앙상임위원회 교과서편찬위원회, 『조선력사』, 1964, 67-80쪽.

38 총련중앙상임위원회 교과서편찬위원회, 위의 책, 75쪽. 1955년의 『조선력사』부터 "서울에서와 때를 같이 하여 평양, 선천, 남포, 신의주, 원산 등지에서 3월 2일에는 해주, 광주, 개성 등에 파급되여 반일 시위의 불꽃은 전국에 튀였다"고 하여 북쪽 지방에서도 서울과 동시에 3 · 1운동이 발발했다는 점을 언급하기 시작하였다(교육성 편, 『조선력사-고급중학교용』, 교육도서출판사, 1955, 68쪽).

39 총련중앙상임위원회 교과서편찬위원회, 『조선력사』, 학우서방, 1964, 78-79쪽.

40 『조선전사』의 3 · 1운동 서술에 대해서는 홍종욱, 「북한 역사학의 3 · 1운동 인식」, 『서울과 역사』 제99호, 2018, 182-188쪽이 자세하다.

가 등장하고, "일제놈", "미쳐날뛰었다", "억울하고 참을 수 없는" 등 읽는 이의 감정을 자극하는 용어들이 사용된 것도 이때부터였다. 이때부터 북한의 역사 서술은 국가가 역사적 사실에 대한 해석과 평가뿐 아니라 읽는 이의 감정에까지 개입하는 방식으로 정리되었다.

1980년대 출판된 『조선력사』(1981)에서는 위와 같은 특징을 반영하면서도 3 · 1운동 전개 과정에서 김일성의 가계의 활동을 부각시키기 시작했다. 김일성의 부친 김형직의 영향으로 반일운동이 고무되었고, 김형직의 영향을 받은 학생들이 평양의 '3 · 1인민봉기'를 주도했으며, 김일성의 외조부 강돈욱와 외삼촌 강진석이 만경대의 봉기를 이끌었고, 어린 나이의 김일성도 따라나섰다는 내용이었다.[41] 서울이 아니라 평양에서 봉기의 첫 봉화가 올랐다는 점도 강조되었다. 평양에서 시작되어 서울, 북쪽 지역, 전국 각지로 봉기가 퍼져 나갔다는 것이다.[42]

미국은 이제 일본을 비호하는 존재가 아니라 일본을 부추겨 봉기를 탄압하게 한 "철천지 원쑤"가 되었고, 민족해방투쟁은 오직 "위대한 수령의 령도 밑에 올바른 투쟁목적을 세우고 투쟁할 때만 승리"할 수 있는 것으로 정립되었다.[43] 인민들의 투쟁에 대해서는 노동자들이 계급적으로 성장하

---

41 관련 내용은 다음과 같다. "조선민족해방운동의 탁월한 지도자이신 김형직 선생님께서 무으신 조선국민회의 투쟁강령이 널리 퍼지고 그의 활동이 힘 있게 벌어짐에 따라 빼앗긴 나라를 되찾고 독립을 이룩하려는 열망과 반일 기제는 그 어느 때 보다도 불타올랐다.", "평양 인민들의 봉기에서는 조선민족해방운동의 탁월한 지도자이신 김형직 선생님의 혁명적 영향을 받은 청년학생들과 애국적 인사들이 중요한 역할을 하였다.", "3 · 1인민봉기의 불길은 만경대와 칠골에서도 세차게 타올랐다. 만경대와 칠골 인민들은 진보적이며 혁명적인 교육자이신 강돈욱 선생님과 열렬한 반일혁명투사이신 강진석 선생님의 지도밑에 남자와 려자, 늙은이, 어린이 할 것 없이 모두 시위에 떨쳐나섰다. 그들은 '조선독립만세!'를 힘 있게 웨치면서 평양성으로 물밀 듯이 밀려들어갔다. 이때 경애하는 수령 김일성원수님께서는 여덟살되는 어리신 몸으로 반일시위대렬에 참가하시여 30여리나 되는 평양 보통문밖까지 가시었다."(림학선 · 서정숙 · 전일재 · 리기정, 『조선력사-고급중학교 제4학년용』, 교육도서출판사, 1981, 154-155쪽).

42 림학선 · 서정숙 · 전일재 · 리기정, 위의 책, 155-156쪽.

지 못하여 옳은 투쟁강령을 세우지 못했고, 시위도 평화적인 시위나 산발적인 폭동의 범위를 벗어나지 못하였다고 하여 1964년의 『조선력사』에 비해 인민의 역할에 대해 과소평가하는 서술로 퇴조하였다. 수령의 영도를 강조하면서 오히려 인민의 역량에 대해 과소평가하는 결과를 낳은 것이다.

1990년대가 되면 김일성의 교시는 위대한 수령 대원수님의 교시로, 김정일의 교시는 친애하는 지도자 김정일 선생님의 교시로 곳곳에 등장한다. 『조선력사(고등중학교 4학년용)』(1994)에서는 노동자, 농민들의 상황에 대한 예시를 들어 독자들이 정서적으로 공감하고 분노하도록 하였으며, 유랑민 수 등 각종 수치에 대해 구체적인 숫자를 적시함으로써 객관적인 서술이라는 생각을 갖도록 했다.[44] 또한 국제적 고립 상황에서 북의 군사력 강화를 반영하듯 1910년대의 민족주의운동 중 독립군운동이 강조되기 시작했다. 3 · 1운동에서 김일성의 행적이 하나둘 추가되었고,[45] 평양뿐 아니라 각 지역의 운동에 대해서도 상세히 기술하였다. 그 과정에서 일제의 잔혹한 탄압과 견결히 싸우는 인민들의 상을 제시함으로써 일제에 대한 적개심과 투철한 민족의식을 갖도록 했다.[46] 이는 단지 역사적인 사건에 대한 해석에 그치지 않고 사회주의권이 몰락하고 국제적 제재가 강화되는 가운데 김일성, 김정일을 중심으로 내부적인 단합을 꾀하려는 시도와 맞닿아 있었다.

---

43 림학선, 서정숙, 전일재, 리기정, 앞의 책, 158쪽.

44 리구숙 · 리인형, 『조선력사(고등중학교 제4학년용)』, 교육도서출판사, 1994, 104-117쪽.

45 추가된 내용은 다음과 같다. "어리신 대원수님께서는 이때에도 군중에게 마실 물과 해불로 쓸 겨릅대를 날라가시느라고 바쁘신 어머님을 따라 만경봉에 올라가 만세를 부르시며 밤늦게까지 계시다가 내려오군 하시였다."(리구숙 · 리인형, 위의 책, 115쪽).

46 "나어린 한 녀학생은 기발을 들었던 바른팔을 놈들의 칼에 잘리우자, 왼손에 기발을 바꿔 쥐었고 왼팔마저 떨어져 더는 움직일 수 없는 순간까지도 걸음을 멈추지 않고 '조선독립만세!'를 불러 일제 군경들을 공포에 떨게 하였다."(리구숙 · 리인형, 위의 책, 116쪽).

2000년대 들어서 『조선력사』(2000)는 3 · 1운동 서술에서 몇 가지 중요한 변화를 보인다. 첫째, 서기력을 버리고 주체 연호를 사용하기 시작했다. 둘째, 지금까지 종교계 인사들과 학생들이 함께 준비했다고 했던 '3 · 1인민봉기'를 학생들이 주도하고 종교계가 합세한 것으로 정리했고, 과소평가했던 인민들의 투쟁을 혁명적 진출로 다시 복원했다. 셋째, 부르주아민족주의운동의 쇠퇴에 일정한 지면을 할애하고, 이들의 상층부가 결국 자치론과 임시정부의 파벌싸움 등 매국매족의 길로 나아갔음을 적시했다. 넷째, '3 · 1인민봉기'후 대중운동이 장성하고 초기 공산주의운동이 전개되었음에도 불구하고 초기 공산주의운동 역시 종파주의의 문제로 결국 올바른 지도를 할 수 없었음을 강조했다.[47] 그 이전에는 3 · 1운동 이후의 운동으로 분리했던 부르주아민족주의운동의 쇠퇴와 초기 공산주의운동을 3 · 1운동의 영역으로 가져와서 이들의 한계를 분명히 하는 가운데 3 · 1운동의 정통성이 결국 인민에 기반한 김일성의 항일혁명역사에 있음을 명확하게 주지시키려는 의도였다. 2008년의 『조선력사』에서도 이러한 기조는 그대로 유지되고 있다.[48]

4. 통일을 위한 집합기억 만들기

1) '어긋난 민족사'의 재구성

통일이 남북 주민과 코리언디아스포라가 함께 만들어 가는 미래 기획이라고 할 때, 남북과 코리언디아스포라의 분열된 역사를 그대로 두고 통일의 미래를 열어 갈 수는 없을 것이다. 그렇다면 식민과 분단, 전쟁과

---

47 리인형 · 제갈명 · 장청욱, 『조선력사(고등중학교 제4학년용)』, 교육도서출판사, 2000, 107-123쪽.

48 저자미상, 『조선력사(중학교 6학년)』, 교육도서출판사, 2008, 19-39쪽.

오랜 기간의 적대로 인한 민족사의 어긋남을 극복하기 위해서는 무엇이 필요한가? 남북 분단의 현실을 사는 우리가 어떻게 하면 분단을 극복하고, 통일의 미래로 나아갈 수 있을까?

이를 위해서 필자는 '역사 연대'라는 개념을 제안하고자 한다. '역사 연대'란 일제의 식민지배와 남북 국가의 필요에 의해 찢겨지고 갈라진 코리언의 수난의 역사를 기억하며, 그 역사 속에서 분투해 온 코리언의 노력을 우리 모두의 자산으로 껴안고자 하는 노력이다.[49] 그것은 코리언의 수난의 역사를 "공통의 역사"로 기억하고 연대하며 미래를 열어 가고자 하는 적극적인 역사투쟁이다.[50]

해방 후 지금까지 남북 주민과 코리언디아스포라의 집합기억을 분열시켜 온 것은 좌우/남북에 의한 3 · 1운동에 대한 집합기억의 '공식기억'으로의 전유였고, 우리를 가로막고 있는 것은 분단의 실재성이었다. 하지만 오랜 분단으로 인해 고착된 '공식기억'은 역으로 평화로운 남북관계를 만들어 가는 데 장애 요소로 작동할 수 있다. 어긋난 민족사가 통일의 도정에서 걸림돌이 되지 않게 하려면 민족사를 재정리하고 미래로 가는 길을 찾아야 한다. 역사 기억이란 개인과 민족을 묶어 주는 정체성의 고리이며, 남북 주민의 상생과 화합의 중요한 기반이 되기 때문이다.

그렇다면 통일의 미래를 건설하기 위해 어긋난 민족사를 재구성하고 '역사 연대'를 이루기 위한 첫걸음은 무엇일까? 필자는 남북 주민과 코리언디아스포라가 함께 가르치고 배울 수 있는 통일을 위한 역사 교육을 제안한다. 이 과제를 달성하기 위해서 먼저 우리는 다음과 같은 몇 가지 문제에 대한 공감대를 만들어 가야 한다.

---

49 정진아, 「코리언의 문화통합과 역사교육의 방향」, 『한민족문화연구』 제63집, 2018, 제2장 2절 민족사의 재정리와 '역사 연대'의 필요성 참조.

50 서경식은 코리언의 정체성이 선험적으로 규정된 혈통과 언어가 아니라 일제 강점과 분단이라는 고난을 헤쳐 온 구체적인 역사적 경험 속에서 만들어졌다고 주장했다(서경식, 『언어의 감옥에서-어느 재일조선인의 초상』, 돌베개, 2011, 415-416쪽).

첫째, 남과 북의 주민 모두가 식민과 분단으로 인한 '역사의 조난자'[51] 라는 인식을 가지고, 대한민국과 조선민주주의인민공화국의 역사를 절대화하는 의식에서 벗어나야 한다. 즉, 『한국사』와 『조선력사』가 식민과 분단으로 인한 반쪽짜리 역시라는 점을 자각하고 자신의 역사를 상대화하며, 『한국사』와 『조선력사』, 조선족 · 고려인 · 재일조선인의 역사 등 민족 구성원들의 경험을 겸허히 수용하는 것과 연결되어 있다. 그럴 때 코리언이 축적해 온 역사 연구의 성과와 한계가 객관적으로 시야에 들어올 수 있을 것이다.

둘째, 일원적이고 단선적인 역사 인식에서 벗어나 역사의 다양한 측면을 이해할 수 있도록 시야를 확장해야 한다.[52] 남북은 오랜 기간 국정교과서를 통해 일원적인 역사만을 진실로 승인해 왔다. 이는 역사적 사실이 가지고 다양한 측면을 이해할 수 없도록 했을 뿐만 아니라 '올바른' 역사를 내세우며 이데올로기에 따른 소모적인 진실 공방을 양산해 왔다. 역사적 사실에 대한 다양한 해석이 경합하는 과정에서 오히려 역사적 진실에 가까이 다가갈 수 있다는 점을 이해해야 한다.

셋째, 국가의 역사 전유에서 벗어나 자유로운 역사 서술과 해석을 담을 수 있는 역사 교재를 만들어 나가야 한다. 『한국사』 교과서가 국정에서 검인정 체제로 변화하면서 국가의 '공식기억'에 균열이 생기고, 역사 해석의 다양성이 확대되었음은 주지의 사실이다. 그럼에도 불구하고 지금의

---

51 박선영, 「사회통합을 위한 국민 범위 재설정」, 『저스티스』 134-2, 한국법학원, 2013, 405쪽. 박선영은 근현대사에서 나라가 주권을 잃으면서 버려지고 잊힌 사람들을 '역사의 조난자'라고 규정했다. 필자는 일제 강점과 분단으로 남북 주민 역시 온전한 역사의식을 갖지 못하고 파편화된 존재라는 점에서 남북 주민과 코리언디아스포라 모두가 '역사의 조난자'라고 생각한다.

52 아쿠타카와 류노스케가 쓴 『라쇼몬』이라는 소설에서는 하나의 살인사건을 목격한 7인의 목격자가 저마다 다른 사실을 주장한다. 이는 명징한 것처럼 보이는 사건도 보는 사람의 관점에 따라 얼마나 다르게 해석될 수 있는 지를 극명하게 보여 준다(아쿠타카와 류노스케, 『라쇼몬』, 민음사, 2014 참조).

역사교과서는 국정이든 검인정이든 국가의 집필 가이드라인을 벗어날 수 없다. 목차와 내용 구성의 자율성이 보장되지 않는 역사교과서로는 국가의 '공식기억'이 지배해 온 역사의식의 한계를 벗어날 수 없다. 학문적으로는 엄밀하지만 자유롭게 구성과 해석의 묘미를 살릴 수 있는 역사 교재들을 만들어서,[53] 비판하고 경합하며 상호 보완할 수 있는 역사 논의의 장을 열고, 다양한 통일 교육의 공간에서 활용해 나가야 한다.

2) 통일을 위한 역사 교재의 방향

위에서 필자는 남북 주민과 코리언디아스포라가 함께 가르치고 배울 수 있는 역사 교육을 통해 어긋난 민족사를 재구성할 것을 제안하였다. 이는 분단된 기억을 통일을 위한 집합기억으로 만들어 가는 과정이 될 것이다. 그렇다면 통일 역사 교육을 위한 교재는 어떠한 구성과 내용을 갖추어야 할까? 필자는 현재 남북 역사교과서의 3 · 1운동 서술을 비판적으로 검토하는 가운데 그 방향을 제시해 보고자 한다.

첫째, 정치사 · 운동사 중심으로 서술되어 있는 현재의 3 · 1운동 서술을 사회경제적 배경과 국제적 맥락, 지역과 인물을 포함하는 내용으로 풍부화시켜 나가야 한다. 지금의 교과서는 대한민국과 조선민주주의인민공화국의 정통성을 3 · 1운동에서 끌어오고자 하였고, 그러한 점에서 정치사적, 운동사적 흐름이 강조되었다.[54] 이제는 3 · 1운동과 대한민국/조

53 이런 점에서 독일 프랑스의 공동 역사교과서 실험이 주목된다. 『독일 · 프랑스 공동 역사교과서: 1945년 이후 유럽과 세계』는 동일한 내용을 다루면서도 억지로 내용을 통일시키지 않았다(독일 · 프랑스 공동역사교과서편찬위원회, 『독일 · 프랑스 공동 역사교과서: 1945년 이후 유럽과 세계』, 휴머니스트, 2008 참조).

54 이신철은 통일을 위한 민족사 서술에서 가장 먼저 필요한 것은 서로에 대한 이데올로기적 편견을 벗어던질 수 있는 인식의 일대 전환이고, 그것은 일방적이고 배타적인 정통성에 대한 고집을 버리는 것으로 시작해야 한다고 주장했다(이신철, 「한국사 교과서 속의 '북한', 그리고 통일을 위한 민족사 서술 모색」, 『한국교과서의 희망을 찾아서』, 역사비평사, 2003, 25-27쪽).

선민주주의인민공화국의 정통성을 직결시키는 서술 기조에서 벗어나 3·1운동이 가진 의미를 다양한 맥락 속에서 폭넓게 이해할 필요가 있다.[55]

둘째, 남과 북, 코리언디아스포라가 쌓아 온 성과를 통합해 나가야 한다. 남북의 3·1운동 연구는 반쪽짜리의 불구적인 것이라는 한계를 가지면서도 민족주의적 관점에서 혹은 사회주의적 관점에 집중하면서 의미 있는 성과를 거두었다. 남에서는 임시정부와 광복군, 실력양성운동에 대한 연구가 축적되었고, 북에서는 노동자·농민들의 계급투쟁과 무장투쟁에 대한 연구가 활성화되었다. 해석과 기억에 대한 선악의 이분법을 거두고, 남북이 거둔 성과를 존중함으로써 3·1운동에 대한 기억을 풍성하게 만들어 가야 한다. 더불어 여기에 포함되어야 하는 내용이 코리언디아스포라의 3·1운동이다. 3·1운동은 조선인이 사는 거의 모든 지역에서 일어났다. 일본 각 지역과 만주, 연해주, 미주는 그 주축이 되었던 지역이었다.[56] 코리언디아스포라가 분포되어 있던 지역의 3·1운동과 주동 인물, 그것을 지원하고 연대했던 세력에 대한 연구까지 시야가 확장되어야 한다.

셋째, 전 민족적 항쟁으로서 3·1운동을 기억하면서도 "폐쇄적인 민족

55 한국과 중국, 일본의 역사학자들이 함께 쓴 『한중일이 함께 쓴 동아시아 근현대사 2』의 사례를 참고할 수 있다. 한중일의 학자들은 한중일 3국의 국가 체제와 상호관계의 구조적 변동을 동아시아 국제관계 속에서 바라보는 것에 유의하면서도, 구조적 변동을 서술하다 보면 그 안에 살고 있는 민중의 구체적인 모습이 묻혀 버릴 우려가 있다는 점에 주의하였다. 그래서 1권에서는 한중일 3국 근현대사의 구조적 변동을 시대 순으로 다루면서도, 제2권에서는 3국 민중의 생활과 교류를 주제별로 집필했다(한중일3국공동역사편찬위원회, 『한중일이 함께 쓴 동아시아 근현대사 2』, Humanist 서문, 2012 참조).

56 한상도, 「독립운동 세력의 3·1운동 인식과 계승의식-중국관내지역을 중심으로」, 『한국독립운동사연구』 제13집, 독립기념관 한국독립운동사연구소, 1999; 반병률, 「3·1운동과 만주·노령지역 민족운동」, 같은 책; 김도형, 「3.1운동기 미주 한인사회의 동향과 대응」, 『한국근현대사연구』 제50집, 한국근현대사연구회, 2009 참조.

주의"에 바탕한 자민족 중심의 논리가 아니라 주체의 성장과 민주주의, 반제국주의 연대에 주목하는 미래 지향적, 개방적 관점을 가지도록 해야 한다.[57] 그간 『한국사』와 『조선력사』는 모두 현실의 적을 악마화하거나 희생양을 설정하는 기법을 사용해서 민족의 대단결, 혹은 민족에 대한 충성과 복종을 강요해 왔다.[58] 3 · 1운동을 민족의 관점에서 고찰할 뿐만 아니라 개인 및 계급적 주체의 성장이라는 관점에서, 민주주의의 확산이라는 관점에서, 제국주의에 반대하는 아시아의 반제국주의적 연대라는 관점에서 재조명하려는 노력이 필요하다.

넷째, 3 · 1운동의 정통이 정권이나 핏줄로 계승되는 것이 아니라 실천으로 계승된다는 점을 자각하고,[59] 3 · 1운동의 정신이 어떻게 역사적으로 계승되어 왔는지를 밝혀 나가야 한다. 재일조선인 역사학자 박경식은 현재 조선 민족의 최대의 과제는 남북통일이고, 3 · 1운동 연구는 통일을 방해하는 외부 세력과 국내의 반민족적 세력을 배제하는 동시에 주체적 역량의 성장을 역사적, 체계적으로 분석해서 현실의 실천적 과제와 결합하는 과정이 되어야 한다고 갈파한 바 있다.[60] 3 · 1운동의 정신이 어떻게 실천적으로 계승되어 왔는지를 연구하는 작업 역시 게을리 하지 말아야

---

57 마석한은 동서독 통일과 역사교육의 방향 문제를 다루면서, 미래지향적인 역사교육은 지역, 민족, 대륙, 인류를 종합하고 그 속에서 조화를 이룰 수 있는 아이덴티티를 키워주는 방향으로 나가야 한다고 주장했다. 따라서 역사교육은 항상 자유로운 대화가 가능하도록 개방적인 방향을 향해 역동적으로 움직이는 것이 되어야 한다고 주장했다(마석한, 「동서독 통일과 역사교육학-역사학의 흡수통일?」, 『동국역사교육』 제5집, 동국역사교육회, 1997, 142쪽).

58 지수걸, 「제7차 교육과정 '한국근현대사 준거안'의 문제점」, 『역사교육』 제79집, 2002, 184-186쪽. 지수걸은 이 글에서 일제시기의 서술에서는 일제가 현실의 적으로, 사회주의 세력이 희생양으로 지목되었다고 지적했다.

59 지수걸, 「3 · 1운동과 국내 공산주의 계열의 민족해방운동-일제시기 조선인 공산주의자들의 역사 만들기」, 『한국독립운동사연구』 제13집, 독립기념관 한국독립운동사연구소, 1999, 19-20쪽.

60 朴慶植, 『朝鮮三 · 一獨立運動』, 平凡社, 1976, 14-15頁.

한다.

다섯째, 3 · 1운동의 역사에 대한 '메타 역사적 시각'을 획득하도록 해야 한다. 그것은 3 · 1운동 자체에 대한 해석뿐 아니라 남북이 3 · 1운동을 전유하고 활용해 온 역사까지 비판적으로 성찰할 수 있어야 한다는 의미이다. 이를 바탕으로 우리는 역사라는 창을 통해 '남북 역사학의 역사'를 이해하고, 우리를 둘러싸고 있는 남북 분단의 상황과 분단 극복의 과제에 대한 종합적인 이해에까지 도달할 수 있을 것이다.

5. 맺음말

지금까지 남북의 역사교과서가 3 · 1운동에 대해서 어떠한 서술 기조와 내용을 가지고 분단된 집합기억을 만들고 있는지를 살펴보았다. 그리고 어긋난 민족사를 재정리하고 통일을 위한 집합기억을 만들기 위한 역사 교재에는 어떠한 내용을 담아야 하는지 그 방향을 탐색해 보았다.

위와 같은 과제의 해결을 위해 무엇보다도 먼저 추진되어야 하는 것이 3 · 1운동에 대한 기초 자료 전수 조사와 정리 작업을 남북, 코리언디아스포라가 공동으로 추진하는 일이다.[61] 지금까지 남북은 민족주의/사회주의적 관점에서 3 · 1운동을 해석해 왔을 뿐 아니라 지역적으로도 남은 서울과 남쪽 지방, 북은 평양과 북쪽 지방을 3 · 1운동의 중심 지역으로 설정해 왔다. 3 · 1운동에 대한 지엽적 시각을 넘어 한반도와 코리언이 살고 있는 모든 곳으로 시야를 넓혀야 한다. 각 지역의 연구자들과 연계하여 각 지역의 시위 상황과 전개 과정, 결과 및 영향, 인물과 조직에

61 남북을 아우르는 과업으로 설정된 것은 아니지만 이정은은 3 · 1운동 100년을 반추하면서 3 · 1운동 인식의 재확대를 위해서는 이념적 틀에서 벗어난 기초 자료 조사가 필요하다고 주장하였다(이정은, 「3 · 1운동 연구 100년-인식 재확대를 위하여」, 『유관순 연구』 제20호, 백석대학교 유관순연구소, 2015, 22-23쪽).

대한 자료를 빠짐없이 수집하고, 그를 바탕으로 3·1운동에 대한 학문적 성과를 축적함으로써 3·1운동이 우리에게 남긴 성과를 다각적이고 풍부하게 이해할 수 있도록 해야 한다. 이를 바탕으로 남북, 코리언디아스포라가 함께 참가하는 3·1운동 공동심포지엄을 기획하여 3·1운동에 대한 연구 지평을 넓혀 가야 한다.

기초 조사와 학자들의 연구를 통해 3·1운동에 대한 풍성한 내용이 마련되면, 다음으로는 그것을 역사 교재에 담아내고 역사 교육의 현장에서 적극 활용해 나가야 한다. 통일을 위한 집합기억 만들기에서 가장 중요한 것은 역사 교육 및 재교육의 몫이 될 것이기 때문이다. 통일을 위한 집합기억을 만들어 가기 위한 다양한 역사 교육의 장을 마련하는 작업이 필요하다.

마지막으로 통일 교육의 현장에서 열린 토론이 가능하도록 역사 교재에서는 자료와 해석의 다양한 준거들을 제시할 뿐, 해석과 토론은 교수자와 학습자의 몫으로 돌려야 한다. 지금까지 남북의 역사교과서는 〈과제〉, 〈수행평가〉 항목을 두어 교과서의 내용을 심화 학습하도록 했다. 그러나 그 방향은 남북의 '공식 기억'을 암기하는 방향이 되어 왔다. 미래 통일시대를 준비해 나가는 우리는 민족과 국가에 머물지 않고, 개인과 사회, 지역과 세계, 인류의 문제를 함께 고민하고, 그 속에서 당면한 현실의 문제와 과제를 이해할 수 있도록 비판적이고 종합적이며 열린 사유를 갖추어야 한다. 역사가 박제화 된 역사에 머물지 않고 살아 있는 역사가 되기 위해서는 많은 사람들이 역사 속으로 걸어 들어와서 과거를 거쳐 현재와 미래로 나아가야 하기 때문이다.

참고문헌

1. 자료 – 교과서

군정청 학무국, 『초등 국사교본-오륙학년용』, 군정청 문교부, 1946.

진단학회, 『국사교본』, 군정청 문교부, 1946.

유홍렬, 『우리나라 역사』, 조문사, 1954.

역사교육연구회, 『중등국사』, 정음사, 1956.

문교부, 『실업계 고등학교 국사』, 대한교과서주식회사, 1970.

문교부, 『중학교 국사』, 한국교과서주식회사, 1975.

문교부, 『인문계 고등학교 국사』, 국정교과서주식회사, 1978.

문교부, 『고등학교 국사(하)』, 대한교과서주식회사, 1982.

교육부, 『고등학교 국사(하)』, 대한교과서주식회사, 1990.

김한종 외, 『고등학교 한국근 · 현대사』, (주)금성출판사, 2003.

한철호 외, 『고등학교 한국근 · 현대사』, 대한교과서(주), 2003.

주진오 외, 『고등학교 한국근 · 현대사』, (주)중앙교육진흥연구소, 2003.

김종수 외, 『고등학교 한국사』, (주)금성출판사, 2015.

김일성종합대학 편, 『조선민족해방투쟁사』, 김일성종합대학, 1949.

교육성 편, 『조선력사-고급중학교용』, 교육도서출판사, 1955.

총련중앙상임위원회 교과서편찬위원회, 『조선력사』, 학우서방, 1964.

림학선 · 서정숙 · 전일재 · 리기정, 『조선력사-고급중학교 제4학년용』, 교육도서출판사, 1981.

리구숙 · 리인형, 『조선력사(고등중학교 제4학년용)』, 교육도서출판사, 1994.

리인형 · 제갈명 · 장청욱, 『조선력사(고등중학교 제4학년용)』, 교육도서출판사, 2000.

저자 미상, 『조선력사(중학교 6학년)』, 교육도서출판사, 2008.

2. 연구논저

김구, 『삼일운동과 대한민국 임시정부 투쟁사』, 계림사, 1946.

김도형, 「3 · 1운동기 미주 한인사회의 동향과 대응」, 『한국근현대사연구』 제50집, 한국근현대사연구회, 2009.

김승화 저 · 정태수 역. 『소련한족사』, 대한교과서주식회사, 1989.

김하경 편, 『대한독립운동과 대한민국 임시정부투쟁사』, 계림사, 1946.

노경채, 「'임시정부'의 이념과 노선」, 『바로잡아야 할 우리 역사 37장면』, 역사비평사, 1993.

독일 · 프랑스 공동역사교과서편찬위원회. 『독일 · 프랑스 공동역사교과서 : 1945년 이후 유럽과 세계』, 휴머니스트, 2008.

동아일보사 편, 『3 · 1운동 50주년 기념논집』, 동아일보사. 1969.

마석한, 「동서독 통일과 역사교육학-역사학의 흡수통일?」, 『동국역사교육』 제5집, 동국역사교육회, 1997.

朴慶植, 『朝鮮三 · 一獨立運動』, 平凡社, 1976.

박명규, 「탈식민 과정에서 '3 · 1운동'의 문화적 재구성-기억, 지식 그리고 권력」, 『1919년 3월 1일에 묻다』, 성균관대학교출판부, 2009.

박선영, 「사회통합을 위한 국민범위 재설정」, 『저스티스』 134-2, 한국법학원, 2013.

박윤재, 「1920년대 초 민족통일전선운동과 국민대표회의」, 연세대학교 사학과 석사학위논문, 1995.

반병률, 「3 · 1운동과 만주 · 노령지역 민족운동」, 『한국독립운동사연구』 제13집, 독립기념관 한국독립운동사연구소, 1999.

서경식, 『언어의 감옥에서-어느 재일조선인의 초상』, 돌베개, 2011.

아쿠타카와 류노스케, 『라쇼몬』, 민음사, 2014.

윤덕영, 「3 · 1운동과 1910 · 20년대 부르주아민족운동」, 『북한의 한국사 인식 Ⅱ』, 한길사, 1990.

윤해동, 「3 · 1운동과 그 전후의 부르조아민족운동」, 『남북한 역사인식 비교강의(근현대편)」, 일송정, 1989.

이신철, 「한국사 교과서 속의 '북한', 그리고 통일을 위한 민족사 서술 모색」, 『한국교과서의 희망을 찾아서』, 역사비평사, 2003.

이정은, 「3 · 1운동 연구 100년-인식 재확대를 위하여」, 『유관순 연구』 제20호, 백석대학교 유관순연구소, 2015.

전우용, 「3 · 1운동 관계 주요 자료 논저 목록」, 『3 · 1민족해방운동연구』, 청년사, 1989.

정진아, 「코리언의 문화통합과 역사교육의 방향」, 『한민족문화연구』 제63집, 2018.

조철행, 『국민대표회 전후 민족운동 최고기관 조직론 연구』, 고려대학교 박사학위 논문, 2011.

중앙일보사 부설 동서문제연구소, 『북한인명사전』, 중앙일보사, 1990.

지수걸, 「3 · 1운동과 국내 공산주의 계열의 민족해방운동-일제시기 조선인 공산주의자들의 역사만들기」, 『한국독립운동사연구』 제13집, 독립기념관 한국독립운동사연구소, 1999.

지수걸, 「제7차 교육과정 '한국근현대사 준거안'의 문제점」, 『역사교육』 제79집, 2002.

최병택, 「해방 후 역사 교과서의 3 · 1운동 관련 서술 경향」, 『역사와 현실』 제74호, 한국역사연구회, 2009.

한상도, 「독립운동 세력의 3 · 1운동 인식과 계승의식-중국관내지역을 중심으로」, 『한국독립운동사연구』 제13집, 독립기념관 한국독립운동사연구소, 1999.

한승훈, 「'3 · 1운동의 세계사적 의의'의 불완전한 정립과 균열」, 『역사와 현실』 제108호, 한국역사연구회, 2018.

한중일3국공동역사편찬위원회, 『한중일이 함께 쓴 동아시아 근현대사 2』, Humanist, 2012.

홍종욱, 「북한 역사학의 3 · 1운동 인식-주요 통사류의 관련 서술 분석」, 『서울과 역사』 제99호, 서울역사편찬원, 2018.

냉전기 미소음악교류로 본 남북문화교류 모델 제안:
1958년 차이코프스키 음악대회의 시사점

도지인

1. 서론: 냉전연구와 문화

2018년 현재 남과 북은 평화와 공존의 새로운 관계를 정립하기 위해서 노력하고 있다. 대화국면의 상징으로 문화교류가 점차 활기를 띄고 있다. 2018년 개최된 남북합동공연 '우리는 하나'는 그동안 멀게는 분단이후부터, 더 가깝게는 2008년 출범한 이명박 정부 이래 남북교류가 중단되면서 쌓인 상대방에 대한 고정관념을 하나씩 무너트리고 마음의 거리를 좁히는 감동적인 순간이었다. 9.19평양공동선언 채택 이후 백두산을 방문한 문재인 대통령, 김정은 위원장 부부가 가수 알리와 함께 〈아리랑〉을 부르는 장면은 통일에 대한 기대와 희망을 더 높여주었다. 올해 진행되었던 문화 교류만으로도 여전히 남과 북의 사람들이 함께 공감할 수 있는 공동의 문화적 기반이 있음을 볼 수 있었다.

정치 · 군사적으로 대립하고 있는 체제간의 화해를 모색할 때 왜 우리는 먼저 문화에 주목하게되는가? 가장 일차적인 이유는 동서 양진영간 외교적 교류에 앞서 문화예술의 교류가 적지 않은 역할을 하는 경우를 이미 다수 경험했기 때문이다. 대표적인 사례로 1956년 미국 보스턴심포니가 소련을 방문하고 1955년 서독과의 수교를 앞두고 소련공산당 서기장 흐루시초프(Nikita Khrushchev)가 아네나워(Konrad Adenauer)총리를 모스크바로 초청해 오페라 로미오와 줄리에트를 함께 관람하면서 대화의 실마리를 풀었던 일화 등이 있다. 또 후술하겠지만 1958년에 열린 차이코프스키 음악대회(International Tchaikovsky Competition)에서는 미국의 피아니스트 밴 클라이번(Van Cliburn, 1934-2013)이 피아노 부문의 우승자가 되면서 미소 문화 교류의 본격적 시초이자 상징이 되었다. 냉전의 가장 격렬한 대립이 일어졌던 1950년대와 1960년대에도 동서 양진영간에는 음악공연, 미술전시, 패션 등의 분야에서 교류가 산발적이지만 틈틈이 이루어졌다.[1]

1970년대 데탕트를 거쳐 1980년대부터는 소련과 동유럽권, 그리고 중국문화권을 막론하고 이념의 시대로부터 탈이념의 시대가 도래 하면서 양 체제간의 문화적 접촉이 더욱 활발해졌다. 이 때부터 동유럽 사회주의 체제에서 정치적 자유화가 시작되고 중국에서 개혁개방이 속도를 내기 시작했다. 물론 동유럽의 경우와 중국의 경우는 외부문화가 미친 영향의 양상과 그 의미, 결과가 다르다. 소련 및 위성국가(대표적으로 폴란드, 체코, 동독)에서는 서구의 예술 창작, 특히 팝음악이나 재즈에 대한 사회주의권 젊은 세대의 동경과 갈망을 막을 길이 없었다. 예를 들어서 영국가수 데

---

1 Sabina Mihelj, "Negotiating Cold War Culture at the Crossroads of East and West: Uplifting the Working People, Entertaining the Masses, Cultivating the Nation," *Comparative Studies in Society and History*, Vol. 53, No. 3 (2011), p. 510.

이빗 보위(David Bowie)는 1977년 발표한 〈히로어(Heroes)〉라는 노래는 동서독으로 갈라진 연인의 아픔과 상실, 절망을 표현했다. 이 가사의 동독에 대한 반체제적 비판과 저항의 메시지는 자명했다. 그럼에도 불구하고 1987년 8월 6일 베를린의 의회(Reichstag)에서 열렸던 보위의 콘서트는 인근의 동독주민들도 지켜보면서 보위의 무대에 환호했다. 동독주민들이 자신들의 체제를 비판하는 적대진영 출신 영국 가수의 노래에 열광했던 것은 마치 동독체제의 몰락을 예견하고 상징하는 것 같다. 이 콘서트 일 주일 뒤, 레이건(Ronald Reagan)대통령이 베를린을 방문해 고르바초프(Mikhail Gorbachev)에게 베를린 장벽을 제거할 것을 촉구("Mr. Gorbachev, Tear Down This Wall!")하였다. 보위의 콘서트와 레이건의 연설은 2년 뒤 일어난 1989년 베를린 장벽붕괴와 독일통일의 전조로 회자되고 있다.

그러나 중국의 대만가수 등려군(Teresa Teng)에 대한 중국인들의 반응은 좀 다르다. 1980년대 중반부터 동남아뿐만 아니라 중국에서도 너무나 큰 인기를 누리게 된 등려군은 공산당 당국이 "1930년대의 퇴폐적인 데카당풍을 조장하는 가수"라고 비난하면서 엄격한 통제와 단속을 가했다. 그럼에도 불구하고 홍콩과 마카오를 통해 밀수입되고 중공 어부들을 통해서도 계속 밀반입되어 2억 개가 넘게 팔린 것으로 당국은 추정했다.[2] 등려군의 인기는 대만당국으로서는 심리전의 무기로 활용되었지만, 이것은 대만체제의 우월성이나 힘을 나타내는 것은 아니었다. 더구나 중국 사람들은 단순히 이 심리전의 대상이 되어서 등려군을 좋아하게 된 것이 아니다. 등려군이 불렀던 노래 그 자체가 감동적이었고, 또 그 미모를 사람들이 흠모했기 때문에 공산당의 온갖 제약에도 불구하고 대륙 전역으로 퍼져나갔던 것이다. 중국 사람들이 등려군의 노래를 따라 부르게

2 "두 중국의 제한 접촉," 『동아일보』 1985년 5월 13일, 5면.

된 것이 대만의 문화적 우월성을 나타낸 것도 아니고, 중국의 문화적 패배를 상징하는 것도 아니었다. 사회주의체제 안에서 국가통제형 인간과 개인주의적 인간이 공존할 수 있으며, 이것이 양 체제의 문화적 수렴이 기반이 된다는 것을 이 사례를 통해서 알 수 있다.

그러나 단순히 외교, 정치, 또는 군사 협상의 디딤돌을 놓는 의미로 문화교류의 의의는 제한되지 않는다. 정치 · 군사적 갈등과 문화교류 사이의 관계를 더 세밀하게 분석하자면, 문화가 의미가 있는 이유는 바로 국가 간의 대립과 경쟁 가운데서도 개인들 사이의 소통을 야기하는 의도하지 않은 공통성의 매개가 될 수 있기 때문이다. 사실 우리가 지금 현재 바로 목도하고 있듯이 정치나 군사, 경제 문제는 남북 간의 갈등, 논쟁, 또는 경쟁이 중간지대로 수렴될 수 있는 가능성이 극히 희박하다. 예를 들어서 비핵화의 문제가 그렇다. 북한이 강조하는 "조선반도 비핵화," 그리고 그와 대립되는 "북한 비핵화"의 양극단을 현재 문재인 정부가 아무리 조정해보려고 해도, 결과적으로 한쪽이 양보를 먼저, 또 많이 해야지만 결론이 날 수 밖에 없다. 또 어떤 결론이 되더라도 대내적으로 정치적 대가가 있다. 더구나 한국에서 또는 전 세계적으로도 "한반도 비핵화"라는 말을 썼다가는, 비록 이 표현이 2005년 6자회담 9.19공동성명에도 명시되어있다고 하더라도, 북한을 옹호하고 대변한다는 말을 듣기가 아직도 너무 쉽지 않은가? 경제는 어떤가? 북한에서 시장화 확산, 자본주의 확산이라는 것은 북한 사회주의의 패배처럼 보여질 수도 있는 것이다. 그리고 한국의 일각에서는 북한의 시장화로 결국은 한국 주도의 통일을 예견하는 논리로 이어질 수 있는 것이다. 정치와 경제의 문제에서는 양 체제가 정치 경제적으로 공존하는 "창조"의 영역보다는 한 쪽의 체제가 일방적으로 우세를 점하는 "승리"의 프레임에서 벗어나기가 매우 어려운 것이 여전한 현실이다.

그렇지만 정치경제적 접근의 한계를 넘어서는 통일인문학적 접근은 남북이 서로 공존할 수 있는 "창조"의 영역을 만들어나가고 지속해나가기 위해서 문화의 역할에 초점을 맞추기를 주문한다.[3] 문화는 상호 경쟁의 수단이면서도 소통과 화해를 야기할 수 있다는 점에서 냉전사적으로도, 남북관계사 차원에서도 매우 특수한 이중적 역할을 해왔다. 문화의 영역에서도 남과 북은 경쟁하면서 우월성의 근거로 삼고자 했다. "민족"과 "전통"이라는 개념들도 사실은 공통성의 기반이 될 수 있을 것 같지만, 사실은 누가 진정한 "민족"과 "전통"을 고수하고 발전시켰는가의 의미로 쓰여 온 경우가 많았기 때문에 남북 동질감을 오히려 저해할 수도 있다. 또 한국의 입장에서는 북한에서 쓰이는 "조선민족" "아리랑민족" "태양민족" "김일성 민족"이라는 용어들이 주는 거부감은 본능적으로 깊다. 그럼에도 불구하고 함께 전통음악 공연을 관람하고 즐기는 경험을 통해서 접촉이 확대되고 상호 이해가 넓어지는 효과가 가능하다.

문화에 초점을 맞춘 남북교류에 대한 연구는 통일인문학적 접근의 측면에서 의미가 있을 뿐만 아니라 더 폭넓게는 냉전사 연구 안에서 이루어지고 있는 "문화적 전환(cultural turn)"과 연관시켜서 논의할 필요를 제기한다.[4] 문화에 대한 관심이 높아진 이유는 주로 네 가지로 설명할 수 있다. 첫째, 선전과 심리전(psychological war)은 대외적으로 뿐만 아니라 대내적으로도 이루어졌기 때문이다. 둘째, 냉전 당시 일반 사람들이 실제 가졌던 생각에 대한 관심이 높아졌기 때문이다. 셋째, 소련체제 내부의 일반적인 정통성의 위기에 따른 갑작스럽고 평화적인 냉전종식은 생각/발상(idea)이 가지는 영향에 대한 관심을 불러일으켰기 때문이다. 넷째, 더 잘 알려진 양진영간의 차이와 갈등뿐만 아니라 양 진영 간의 공통성

---

3 김성민 · 박영균, 「인문학적 통일담론과 통일인문학: 통일패러다임에 관한 시론적 모색」, 『철학연구』 제 92집, 철학연구회, 2011, 143-172쪽.

4 Gordon Johnson, "Revisiting the Cultural Cold War," *Social History*, Vol 35, No. 3 (August 2010), p.299.

(commonality)과 공동경험(shared experiences)에서부터 알 수 있는 교훈이 있기 때문이다.

다시 말해서 문화적 접근은 국가를 분석단위로 하는 정치 · 경제적, 또는 국제정치학적 접근의 한계를 넘어 개인의 다양하고 양면적이며 때로는 모순될 수 있는 경험에 주목하는 것이다. 그러나 소련체제가 붕괴한 이후 구사회주의권 사료들이 공개되면서, 근래의 연구들은 미소 양 진영의 일상 문화의 정치를 다루게 되었다.[5] 이러한 연구들은 사회주의 체제 연구가 국가 vs. 대중, 억압 vs. 저항, 공식 vs. 비공식 문화라는 이분법적 구분으로 제약될 수 없다는 것을 보여주었다. 왜냐하면 이 체제 안의 개인들은 "통제(control), 강압(coercion), 소외(alienation), 두려움(fear), 도덕적 진퇴양난(moral quandary)과 함께 동시에 이상(ideal), 공동체적 윤리(communal ethics), 존엄(dignity), 창의성(creativity), 미래에 대한 관심(care for the future)"을 가지고 있었기 때문이다.[6]

개인이 분석의 단위로 국가만큼이나 의미가 있는 이유는 냉전 속에 살더라도 반드시 친소/친미 (친북/반북)의 이분법적 시각으로는 충분히 포착될 수 없는 감수성과 경험, 인상, 느낌이 있기 때문이다. 미소 양진영간의 갈등보다도 훨씬 더 오래 분단을 겪고 있는 남북의 주민들의 경험과 감정도 다양하고 복합적이다. 특히 공통성을 발견하고 회복하는데 있어서 음악교류가 선도적인 역할을 했다. 그러나 이러한 교류는 지난 시기동안 늘 일시적이었고 산발적이었다는 점에서 한계가 있었다. 4.27판문점

---

5 Stephen J. Whitfield, *The Culture of the Cold War*(Baltimore: Johns Hopkins University Press, 1991); Frances Stonor Saunders, *Who Paid the Piper? The CIA and the Cultural*(London: Granta, 1999); Walter L. Hixson, *Parting the Curtain: Propaganda, Culture and the War, 1945-1961*(New York: St. Martin's Press, 1996); Shiela Fitzpatrick, *The Cultural Power and Culture in Revolutionary Russia*(Ithaca: Cornell University Press, 1992); Stephen Kotkin, Magic *Mountain: Stalinism as a Civilization*(Berkeley: University of California Press, 1997).

6 S, Mihelj, *op.cit.*, p.510.

선언과 9.19평양공동선으로 이제 남북관계가 전혀 새로운 궤도에 올랐다고 본다면, 남북교류도 정례화 되고 보다 창의적인 형식과 내용을 모색할 필요가 있다. 이를 위해서 본 연구는 남북의 문화교류가 정례화 될 수 있는 가시적인 플래트폼을 제안하기 위해서 1958년부터 소련에서 개최된 차이코프스키 음악대회를 모델로 한 남북한 공동 주최의 전통음악대회 개최를 제의한다.

2. 1958년 차이코프스키 음악대회와 "미국 스푸트닉(American Sputnik)"의 탄생

문화가 상호 경쟁의 수단이면서도 소통과 화해를 야기할 수 있는 가장 대표적인 사례로 1958년 소련에서 창설된 차이코프스키 음악대회와 피아노 부문 우승자인 미국 출신 피아니스트 클라이번을 빼놓을 수 없다. 차이코프스키 음악대회는 1958년 창설된 이래 4년마다 열리는 클래식 음악계의 최고 권위를 가진 대회로 현재는 성악, 피아노, 바이올린, 첼로 경합으로 구성된다. 이 대회는 벨기에 퀸엘리자베스 콩쿠르, 폴란드의 쇼팽 콩쿠르와 함께 세계 3대 클래식 음악대회로 불린다. 한국에서는 최근 년에 들어서 각광받는 피아니스트 조성진이 2011년 참가하여 3등을 한 것이 널리 알려져 있다. 더 거슬러 올라가자면 소련과 아직 수교가 없었던 1974년 미국 국적으로 정명훈이 참가하여 피아노 부문에서 2위를 차지했다. 그 전에 정명화가 1966년 참가를 희망했으나 공산권 국가에 대한 방문 자체가 문제가 되어 무산되었다. "어린 소녀가 아무런 보장도 없이 소련에 갔다가 신변에 이상이 있거나 공작의 대상이 된다면 그 책임은 누가 질 것인가?"라는 식의 문제제기는 사실 당시로서는 필연적이었을 것이다.[7]

그러나 1958년 차이코프스키 음악대회가 창설될 때 이는 처음부터 국제 대회, 즉 동서진영 모두에게 열려있는 경쟁으로 시작하였다. 그 이유는 소련공산당이 1956년 이 대회를 계획할 때부터, 사회주의 문화예술의 우월성을 대내외적으로 과시하고자 했기 때문이다. 왜 1958년의 시점에서 소련은 문화적 우월성을 과시하고자 했는가? 왜 이 시점부터 서방진영에 대한 교류 확대를 제안했는가? 한편으로 이는 자신감의 표현일 수도 있지만, 다른 한편으로는 열등감과 공포의 결과이기도 했다.

1956년을 기점으로 소련의 대내외정책은 탈스탈린화(de-stalinization)와 미·소 평화공존(peaceful coexistence)을 중심으로 정책적, 이념적으로 완전히 재편되었다.[8] 동년 2월 개최된 소련공산당 제20차 당대회에서 흐루시초프가 선언한 탈스탈린화와 평화공존정책은 기본적으로 미국의 군사적(New Look Doctrine의 핵 우위)강세와 동유럽위성국에서 일어나고 있었던 반소저항에 대한 대응책이었다.[9] 사회주의의 필연적 최후 승리를 "평화적"으로 이루겠다는 의미였고,[10] 미국과의 군축협상으로 군비를 축소하고 인민경제 생활 발전에도 박차를 가하겠다는 선언이었으며, 탈스탈린화 이후 확산되고 있는 동유럽 위성국가에서 개혁과 자유화에 대한 열망을 억제하면서 관계를 개선하고 제3세계 비동맹·중립국에 소련의

---

7 "신중을 요하는 공산권행," 『동아일보』 1966년 4월 1일, 3면.

8 "New Look Doctrine"에 대해서는 John Lewis Gaddis, *Strategies of Containment: A Critical Appraisal of American National Security Policy during the Cold War*(Oxford: Oxford University Press, 2005), pp.132-142. Amardeep Athwal, "The United States and the Sino-Soviet Split: The Key Role of Nuclear Superiority," *Journal of Slavic Military Studies*, Vol. 17, No. 2, 2004, pp. 271-279.

9 Vladislav Zubok, *A Failed Empire: The Soviet Union in the Cold War from Stalin to Gorbachev*(Chapel Hill: University of North Carolina Press, 2009), pp. 123-124.

10 Vladislav Zubok and Constantine Pleshakov, *Inside the Kremlin's Cold War: From Stalin to Khrushchev*(Cambridge, MA: Harvard University Press, 1996).

이미지와 리더쉽을 새롭게 각인시키겠다는 결정이었다.

이에 대해 미국의 반응은 어떠했는가? 군사대결의 장에서 경제, 정치, 그리고 문화로 대결의 장이 확대되었음으로, 아이러니하게도 평화공존을 외치는 흐르시초프의 소련은 스탈린 시대보다도 더 상대하기 어렵고, 복잡하고, 위협적인 상대로 아이젠하워(Dwight Eisenhower) 정부는 인식했다.[11] 여기에다가 1957년 소련이 미국에 앞서 최초의 인공위성 스푸트닉(Sputnik)과 대륙간탄도미사일(ICBM)발사에 성공하자, 아이젠하워 정부로써는 소련과 "미사일 갭(missile gap)"를 우려해야하는 상황에 처했고 서둘러 미항공우주국(NASA)의 설립을 발표했다.[12] 미국과 소련은 동유럽 위성국가 내부에서 일어나고 있는 반소운동에 대한 개입여부를 둘러싸고 정치적으로 대립하고 있었다.[13] 따라서 한편으로 소련은 군사 과학적으로 이룬 발전으로부터 자신감을 가지게 되었다고 볼 수도 있지만, 또 다른 한편으로는 여전히 정치적으로 미국의 개입을 두려워하는 입장이었으며 경제적 열세는 말할 것도 없는 수준이었다.

결정적으로, 1957년 스푸트닉의 성공이 같은 해 모스크바에서 개최된 세계 청소년학생 페스티발(World Festival of Youth and Students) 기간 동안 확인된 소련 청소년과 대학생들의 체제에 대한 실망과 반감 및 자유화에 대한 열망과 너무나 극명한 대조를 이루었다. 당시 거의 제한 없이 이루어진 서방 진영 청소년들과의 접촉 속에서 소련 청소년층은 미국의

---

11 Robert MacMahon, "The Illusion of Vulnerability: American Reassessments of the Soviet Threat, 1955-1956," *The International History Review*, Vol. 18, No. 3 (August 1996), pp.591-619; Christopher J. Tudda, "Reenacting the Story of Tantalus: Eisenhower, Dulles, and the Failed Rhetoric of Liberation," *Journal of Cold War Studies*, Vol. 7, No. 4 (Fall 2005), pp.3-35.

12 J. Gaddis, *op.cit.*, pp.162-192.

13 Borhi Laszlo, "Rollback, Liberation, Containment or Inaction: US Policy and Eastern Europe in the 1950s," *Journal of Cold War Studies*, Vol. 1, No. 3 (Fall 1999), pp.67-110.

화장품,청바지, 자동차, 담배, 그리고 음반을 구매하기 위해 암시장을 찾았다. 심지어 모스크바 대학교 학생들이 "재즈와 팝 리코딩과 섹스를 교환하기도 했다"는 말이 돌고 있을 정도였다.[14] 특히 인기가 있었던 것은 VOA(Voice of America)채널의 Time for Jazz라는 프로그램이었다.[15] 공산당의 시각에서는 젊은층에서 사회주의의 성과에 대한 회의론이 높아지고 있다는 이러한 징표들은 충격적일 수 밖에 없었다. 소련사람들은 이전에 미국 사람들에 대해서 헐벗고 굶주린 빈곤층, 또는 타락한 부르주아의 이미지만 갖고 있었지만, 이 대회를 계기로 자유롭고 세련된 젊은 사람들이라는 것을 알게 되었고, 이 배경 속에서 고르바초프를 포함한 이후 개혁가 세대, 또는 정치적 반대파 세대가 성장하게 되는 것이다. 따라서 이 대회는 흐르시초프의 1956년 비밀연설만큼이나 중대한 기념비적인 사건이었다.[16]

소련 공산당은 미국의 문화적 침투를 막아내고 소련의 우월성을 과시할 수 있는 방법이 절실해졌다. 1950년대 중반은 미소가 군사대결(핵과 미사일) 뿐만 아니라 정치, 경제, 그리고 문화 모든 방면에 걸쳐 가장 첨예하게 대립하고 있는 시점이었다. 그렇기 때문에 1950년대 중후반부터 이루진 미소간의 "상위 문화(high culture)"의 교류는 체제홍보와 선전, 문화외교를 기본적인 목적으로 하고 있음을 부인할 수 없다.[17] 특히 경제적 부유함을 무기로 미국은 우월한 생활양식을 자랑할 수 있었다. 전체주의의 억압과 "부족의 경제 (shortage economy)"로 고통 받고 있는 소련 인민

---

14 Nigel Cliff, Moscow Nights: The Van Cliburn Story-How One Man and His Piano Transformed the Cold War (New York: Harper Collins, 2016), p.93.

15 V. Zubok, *op.cit.*, p.174.

16 V. Zubok, *ibid.* p.175.

17 Marilyn S. Kushner, "Exhibiting Art at the American National Exhibition in Moscow, 1959: Domestic Politics and Cultural Diplomacy," *Journal of Cold War Studies*, Vol. 1, No. 1 (Winter 2002), p.6; G. Johnson, *op.cit.*, p.299.

들에 대해서 미국이 각인시키고자 한 이미지는 자유롭고 평화를 사랑하면서 현대적인 물질적 편리함을 향유하는 미국 시민이었다.[18] 이에 대해 소련의 기본적인 인식은 비록 미국이 물질적으로 앞서있다고 하더라도 그것은 소련의 문화적 우월성에 비하면 야만적인 수준에 불과하다는 것이었다.[19] 이것이 1956년부터 조직위원회를 구성하고 차이코프스키 음악대회에 착수하면서 가졌던 공산당 지도부의 생각이었다. 작곡가 쇼스타코비치(Dmitri Shostakovich)를 위원장으로 하여 피아니스트 길레스(Emil Gilels)와 바이올리니스트 오이스트라흐(David Oistrakh)도 포함되었다. 이들은 모두 각 분야에서 더 이상 설명이 필요도 없는 당대 최고명성을 가진 예술가들이었다.

소련에서 평화공존론이 제기된 가운데 2차대전 종전 후 처음으로 미국의 보스턴 심포니가 소련을 방문해서 콘서트를 가졌다. 미국의 문화예술 수준을 폄하했던 소련의 전문 예술인들은 미국 연주자들의 재능에 큰 감동과 충격을 받고 경각심을 갖게 되었다. 당대 최고의 첼리스트 로스트로포비치(Mstislav Rostropovich)는 "조화를 잘 이루는 연주"라고 평했다고 한다.[20] 이러한 자각이 있었기 때문에 어쩌면 차이코프스키 음악대회에서 미국인이 우승할 수 있었을지 모른다. 미 텍사스 주에서 출생한 클라이번은(1934-2013)은 36명의 피아니스트 중에 1등으로 우승하였다. 당시 4명의 미국인을 포함, 출전자들은 동서양진영을 막론하고 여러 국가로 구성되었다. 아르헨티나, 불가리아, 캐나다, 중국, 체코슬로바키아, 에콰도르, 프랑스, 헝가리, 이스라엘, 일본, 멕시코, 폴란드, 포르투갈, 서독 등이 있었다. 또 심사자 역시 다양한 국가 출신으로, 소련, 오스트리아,

---

18 M. Kushner, *ibid.*, p.7.

19 Stuart Isacoff, *When the World Stopped to Listen: Van Cliburn's Cold War Triumph and Its Aftermath*(New York: Random House, 2017), p.62.

20 S. Isacoff, *ibid.*, p.63.

벨기에, 브라질, 프랑스, 이태리, 폴란드, 루마니아를 포함했다. 클라이번은 러시아 제국 출신으로 미국으로 이주한 이후 피아노 교수로써 큰 명성을 얻은 레바인(Rosina Lhevinne)의 제자였다.

클라이번이 연주한 차이코프스키 피아노 협주곡 1악장은 8분의 기립박수를 받았고, 흐르시초프가 "그가 최고인가? 그렇다면 1등상을 주라"는 최종 확인이후 1등상이 수여되었다. 물론 이 결정은 소련 공산당 지도부로써는 어려운 결정이었다. 미국인인 클라이번의 대중적 인기가 거의 광적인 수준에 달하고 있었기 때문에, 그의 승리를 인정하는 것은 단순히 음악적 패배 뿐만 아니라 인민 대중의 자유에 대한 갈망(더 나아가서 어쩌면 서방세계에 대한 동경)을 인정하는 것이었다.[21] 그러나 미국인이라고 해서 클라이번의 자명한 재능을 무시한다면 차이코프스키 대회는 체제 선전의 도구로 전락하게 되는 것이었다. 클라이번에게 1등상을 수여함으로써 소련 공산당 지도부는 오히려 서구와의 경쟁을 두려워하지 않다는 것을 보여주었으며 동시에 흐르시초프의 평화공존론에 신뢰감을 더 할 수 있었다.[22]

당시 클라이번의 감성적인 연주는 소련 대중, 특히 여성들의 큰 관심과 사랑을 받아, 요즘 용어로 할 것 같으면 소위 팬덤이 형성될 정도였다. 이 현상을 두고 미국 언론에서는 클라이번을 "클래식계의 엘비스(Elvis Presley)"로 부르기도 했고, 심지어 "미국 스푸트닉(American Sputnik)"이라는 표현도 등장했다. 마치 소련의 스푸트닉 발사를 클라이번의 우승이 만회라도 하는 것처럼 앞 다투어 보도하면서 특히 "정복(conquer)"의 언사가 난무했다. 가장 대표적으로 1958년 당시 타임(Time)紙 표지에는 "러시아를 정복한 택사스인(The Texan Who Conquered Russia)"이라는 표현

21 N. Cliff, *op.cit.*, p.161.

22 N. Cliff, *ibid.*, p.164.

이 등장했다.

비록 양 진영 간의 음악 교류는 국가간의 경쟁의 틀을 벗어나지 못했지만, 밴 클라이번이 남긴 다음과 같은 말은 시대의 한계를 뛰어넘는 보편적인 감성을 담고 있었다. "지금과 같은 스푸트닉의 시대에는 우리는 모두 서로 사랑해야 한다. 그리고 나는 달을 방문하는 첫 번째 피아니스트가 되고 싶다."[23] 클라이번은 러시아 작곡가들의 예술성과 그 진가를 알아보는 러시아 대중들에 대한 깊은 애정을 드러냈다.[24] 그리고 "정복"을 운운하는 미국 언론에 대해서 겸손과 러시아인들에 대한 감사를 담아 다음과 같이 말했다. "정복이라는 것은 예술에서 가능하지 않다. 내가 정복한 것은 아무것도 없다. 만약 있다면, 러시아인들이 나의 마음을 정복했다."[25]

클라이번은 대회 우승 이후 아라우(Claudio Arrau, 1903-1991), 호로위츠(Vladimir Horowitz 1903-1989), 리히터(Sviatoslav Richter 1915-1997), 그리고 길레스(Emil Gilels 1916-1985)등 과 함께 20세기 가장 명성 있는 피아니스트 반열에 들게 되었다. 그러나 무엇보다도 그는 2013년 별세 할 때까지 미소 평화공존의 상징으로 남았다. 그가 별세 했을 때 오바마 대통령은 클라이번이 "국제 정치의 도전을 초월했고 냉전 관계에서 뜻하지 않은 해빙에 기여했다"고 평가했다. 푸틴 대통령의 성명은 "클라이번은 영원히 러시아인들의 진정하고 진실된 친구"라고 애도했다. 미소음악교류의 본격적 신호탄이 된 1958년 차이코프스키 음악대회는 체제과시용으로 계획되었지만 이념과 정치의 제약을 뛰어넘은 개인들 간의 소통과 공감이라는 의도하지 않은 결과를 가져왔다.

---

23 S. Isacoff, *op.cit.*, p.168.

24 N. Cliff, *op.cit.*, p.141.

25 "Iconic Pianist Credited for Spreading Peace through Music," 『*Korea Times*』 2013년 3월 4일, 5쪽.

3. 남북음악교류와 민족공통성의 회복

1) 남북 음악교류의 시초-1985년 예술단 방문

한국에서도 공산권과의 접촉과 교류의 필요성이 1960년대부터 논의되었다. 그러나 실제 예술공연의 방북이 이루어지기 까지는 20년 넘은 시간이 더 필요했다. 공산권과의 학술교류, 체육교류, 문화교류는 1960년대 중반부터 매우 조심스럽고 제한적으로 그 필요성이 제기되었다. 박정희 정부가 표방한 "실리외교" "신축외교" "다변외교"의 배경 속에서 학자들을 중심으로 공산권 국가에서 열리는 학술대회 또는 체육 문화 행사에 한국이 참여할 필요가 있다는 주장이 있었다. 그러나 이는 주로 북한의 대표성과 정통성을 국제무대에서 배격한다는 차원에서, 즉 대한민국이 한반도의 유일합법정부라는 "하나의 한국"정책을 고수한다는 차원에서, 또 북한이 국제사회에서 일으키는 정통성에 대한 도전에 대응한다는 차원에서 논의된 것이었다.

1970년대 데탕트 시대를 맞아서 박정희 대통령은 북한을 사실상 실체로 인정하고 이를 바탕으로 해서 남북간 협상, 교류와 협력을 통해 평화통일의 여건을 다져가겠다는 평화통일구상을 발표하고 이는 7 · 4남북공동성명으로 귀결되었다. 더구나 1980년대 들어서 사회주의권의 변화조짐이 두드러지면서, 한반도에서는 정통성을 놓고 국제무대에서 대결을 하기 보다는 각자의 체제의 공고화를 바탕으로 상호 인정과 안정적인 공존이 남북관계에서의 과제로 대두되었다. 1981년 출범한 제5공화국정부는 광주민주화운동의 유혈진압으로 인한 정통성의 심각한 문제에 대한 돌파구로서 적극적으로 남북관계문제를 다루고자 했다. 민족화합을 이루기 위한 실천적 조치로서 1982년 2월 1일 '20개 시범실천사업'이 제안되었고, 2월 25일에는 남북고위대표회담을 제의하였고, 1984년 8월에는 경제 분야에서의 유대회복과 공동번영을 이루기 위해 남북간 교역과 경제

협력을 실시할 것을 제의하였다. 동년 11월 15일에는 남북경제회담이, 11월 20일에는 적십자회담 예비접촉이 이루어졌으며, 1985년 5월 28일에는 제8차 남북적십자회담이 열리게 되었다.

다양한 대화가 이루어졌음에도 실질적인 진전은 없었으나, 의미 있는 것은 이 시기 이산가족 고향방문단 및 예술공연단의 동시교환 방문이 분단 40년 만에 처음으로 이루어졌다는 것이다. 당시의 예술방문단에는 가수 김정구, 나훈아, 하춘화, 김희갑 등으로 구성되었다. 분단 40년만에 처음으로 예술단 교류가 이루어진다는 감동은 매우 뜨거웠다. 〈눈물젖은 두만강〉의 김정구(당시 69세)는 함경남도 원산 출신으로 20대 청년으로 북쪽에서 부르던 노래 〈눈물젖은 두만강〉을 다시 부르게 된 감회가 남다르다며 "몸도 마음도 다 늙었지만 한 평생 고향을 그리워하며 불러온 노래인 만큼 온몸으로 다시 불러보고 싶다"면서도 "북한 사람들은 40여년 동안 제대로 들어보지 못한 진짜 옛날 노래를 참으로 오랜만에 듣고 깊은 감회에 빠져들 것이라고 믿는다"고 했다.[26] 김희갑(당시 62세)은 "북한 사람들이 아무리 막혀 있어도 혈육간의 끊을 수 없는 정을 생각하면 내 노래에 감동할 것이라고 믿는다"고 했다. 이렇듯 첫 예술단의 방북의 감격은 상당했지만, 북쪽 사람들과 그들의 문화에 대한 편견의 벽은 견고했다. 즉 북한에서의 예술은 당의 정책을 구현하거나, 공산주의적 인간개조, 노동의욕 제고, 또는 김일성 및 김정일 우상화를 뒷받침 할 뿐이라는 시각이 압도적이었다. 당시 문화 교류는 "학예회 같다 (남쪽의 반응)", "자본주의적 퇴폐냄새가 난다 (북쪽의 반응)" 식의 차가운 반응만 남기고 끝났다.[27]

---

26 "40년 만에 찾는 혈육-뜬눈으로 밤을 지샌 고향방문단 · 예술공연단의 표정," 『동아일보』 1985년 9월 20일, 3면.

27 "통일로 가는 길-문화교류 선전탈피 동질성 갖도록," 『동아일보』 1991년 1월 5일, 2면.

2) 1990년 범민족통일음악제-전통음악을 통한 공통성 회복의 시도

1990년 들어 국제정세와 남북관계가 급변하는 가운데 문화교류를 재개하게 되었다. 1990년대에 들어서 북한은 소련체제 붕괴와 전환, 한국의 공산권과의 국교 수립등과 같은 급변한 대외정세에 직면하였다. 1988년 2월에 출범한 제6공화국 정부는 비록 군사정권의 맥을 이었지만, 전향적인 대북정책을 선언했다. 1988년 7월 북한을 '동반자'로 간주하고, 민족공동체적 관계로 발전시킨다는 내용의 '7.7 특별선언(민족자존과 통일번영을 위한 특별선언)을 발표한데 이어, 1989년 9월 '한민족공동체 통일방안'을 발표했다. 1990년 2월 정부는 남북문화교류원칙 5개항을 발표, △분단전 전통문화 우선교류 △남북간 경쟁심 유발 교류 배제 △전통음악 원형변경지향 △쉽고 작은 일부터 시작 △공동실행을 위한 지속적 노력을 한다는 방침을 발표했다. 1990년 8월에는 남북 교류를 촉진하는 '남북교류 협력에 관한 법률"을 제정 시행하면서 실질적인 교류의 토대를 만들어 나갔다.[28] 9월 서울에서 제1차 남북고위급회담이 개최되었다.

1991년 '남북 사이의 화해와 불가침 및 교류 · 협력에 관한 합의서'(남북기본합의서)의 채택을 앞두고 북측의 '하나의 조선론'과 남측의 '분단 현실 인정 및 두 실체 간의 관계 개선론', 북측의 '정치 군사 문제 우선론'과 남측의 '교류 협력 우선론'은 계속 대립하고 있었지만, 정세는 북한에게 불리하게 되었다. 한국은 절대적인 우위의 입장에서 남북관계를 추진 할 수 있게 되었다. 특히 남북이 유엔에 동시 가입하면서 그 동안 북측이 주장해온 '하나의 조선'과 즉각적인 '2체제 연방제 통일'은 설 자리를 잃었고 대외적으로는 한반도에 2개 국가의 존재를 인정하게 되었다.[29] 이뿐

---

28 이화여자대학교 통일학연구원, 『남북관계사: 갈등과 화해의 60년』, 이화여자대학교 출판부, 2009, 414쪽.

29 임동원, 「남북기본합의서와 6.15남북공동성명」, 『역사비평』 제97호, 역사비평사, 2011, 119쪽.

아니라 북측은 남북이 화해 협력을 통해 점진적, 단계적으로 통일의 과정을 밟아나가자는 우리 측 통일 방안에 접근해올 수밖에 없게 되었다. 이러한 환경에서 1985년의 이루어졌던 예술단의 방문과 그 성격을 달리하여 남북이 민족 고유의 정서와 전통을 바탕으로 민족공동체를 회복하고자 하는 시도로 범민족통일음악회가 1990년에 10월에 열리게 되었다.

1985년 남북 예술단의 교환은 공연한 직후 이 공연에 대한 공연평들이 단적으로 각각 체제우월성을 내세우고, 서로가 학습 받은 체제에서 상대를 비교하려는 '대결의 예술단'이었다.[30] 그러나 범민족통일음악제는 이러한 한계를 넘어서, "화해의 예술단"으로써의 의미를 갖는 최초의 민족음악축제였다. 범민족통일음악회를 구상했던 것은 독재정권과 민족분단에 맞서 싸웠던 작곡가 윤이상(1917-1995)이다. '정치가는 음악을 할 수 없지만 음악가는 정치를 할 수 있다'고 생각했던 윤이상은 통일을 향한 그 첫 걸음으로서 남북 화해와 민족의 통일을 위한 음악제를 구상하였다.[31] 그는 1987년 9월 25일 일본 마이니치신문(毎日新聞)과의 인터뷰에서 남북정부에 38도선 상에서 평화 음악 축전을 열 것을 제의했고, 1988년 7월 1일 남북 양 정부에 정식으로 민족 합동 음악축전을 제안하였으나 당시에는 무산되었다. 그러나 여러 우여곡절 끝에 1990년 10월 18일 황병기 교수를 단장으로 한 서울전통음악연주단이 분단 45년 만에 휴전선을 넘어 북으로 갔고 범민족통일음악회는 윤이상의 개막연설과 함께 개최되었다. 윤이상은 '남과 북 해외 동포 음악가들이 함께 출연하는 음악회를 구상하였다. 윤이상은 개막당시 "45년 전에 우리의 의사에 반해 외국 사람들이 국토를 갈라놓았다. 그러나 때가 왔다. 민족의 비운 속에서 조그마한 희망이라도 보게 되었다"고 즉흥시를 낭송하기도 했다.[32] 이후

30 이수자, 『나의 남편 윤이상』, 창작과 비평사, 1998, 162쪽.

31 정유하, 「윤이상의 교성곡 〈나의 땅, 나의 민족이여!〉에 관하여」, 『민주주의와 인권』 7권 1호, 전남대학교 5.18연구소, 2007, 261쪽.

윤이상은 11월에 남북양측의 민속음악인이 참가하는 민속통일음악회를, 12월초에는 남북이 오케스트라단원이 동수로 참여하는 민족통일합동교향악단의 남북순회공연을 갖자는 제의를 하기도 하였다.[33] 범민족통일음악회는 결국 재외한국인에 의해서 이루어진 것으로, 통일문제에서 한인 다이아스포라의 위치와 의미를 보여주었다.

10월 18일부터 24일까지 열린 범민족통일음악회에 참석한 인사는 작곡가이자 이화여대 교수인 황병기, 소프라노 윤익숙, 전통가곡의 인간문화재 김월하, 서도소리의 기능보유자 오복녀, 서도소리 전수자 김광숙, 민속대금연주자 정철수, 판소리 창자인오정숙, 사물놀이 연주단체 김덕수패 사물놀이의 김덕수(장구), 이광수(꽹과리), 강민석(북), 김운태(징)등 전통음악인들이 주를 이루었다. 아울러 미국에서 활동하고 있는 지휘자 곽승(텍사스 오스틴교향악단)도 참가를 승낙하였다.[34] 음악회에 참여한 예술 단체는 이와 같이 남과 북만이 아니라 일본, 미국, 캐나다, 중국, 소련, 독일 등지의 해외동포 음악가들이었다. 한국의 서울전통음악연주단, 북의 조선평양음악단, 미국동부지역 조선음악가 대표단, 미국 서부지역 조선음악가 대표단, 미주민족문화예쑬인협회 음악가 대표단, 재캐내다 조선음악가 대표단, 재독일 조선음악가대표단, 소련 따슈껜뜨 도라지 예술단, 까자흐스딴 국립조선극장 아리랑가무단, 까자흐스딴 국립조선극장 메아리음악단, 소련연변해강 조선음악가 대표단, 소련 사할린주 고려예술단, 소련 하바로프스크 조선민족문화쎈터 대표단, 모스끄바 아소크음악가 일행, 소련 까자흐스딴 까라간다 조선음악가 일행, 재중조선음악가 대표단, 재일조선음악가 대표단 등이 참여하였다.[35] 〈표정만방지곡〉 〈거

32 "분단의 외피에 스며든 고유가락," 『경향신문』 1990년 10월 24일, 4면.

33 "통일음악회 성과와 의미," 『동아일보』 1990년 10월 24일, 5면.

34 "10월 평양개회 '범민족통일음악회'에 남한 음악인 10여명 초정," 『한겨레신문』 1990년 8월 29일, 2면.

문고산조〉〈남도민요〉 등이 연주되고 황병기의 〈침향무〉 합주, 창극 〈심청의 부녀 상봉 눈뜨는 장면〉이 연주되었다.[36] 오정숙이 판소리 〈심청전〉중 심봉사가 눈뜨는 장면을 열창할 때는 북한 주민들도 박수를 보내기도 했다.[37]

순수 민간인으로 구성된 단체가 처음으로 판문점을 통과하여 민간교류의 장을 열었다는 사실만으로도 중요한 의미를 가졌다. 당시는 정치군사 문제가 풀리지 않은 상황이었음에도 불구하고, 북한 당국자들은 서울전통음악연주단을 '통일음악사절' '민간통일사절'로 환영하였다.[38] 그러나 우리 측은 전통음악을 위주로 공연을 구성한 반면 북측의 공연은 「피바다」와 같이 혁명이념을 주제로 한 것이어서 한계를 드러내기도 했다. 또 예술행사임에도 불구하고 모든 행사 도중 「위대하신 수령 김일성...」이란 말만 나오면 상단하가 일제히 감전한 것처럼 기립하는 경직성이라든지 예술을 선전도구로 생각하는 체제, 그리고 이번 음악회 참가자 전원에게 발급된 ID카드를 「남측」, 「북측」으로 표시하는 등 세심한 배려를 했으나 카드 뒷면의 「조국은 하나다」가 아닌 「조선은 하나다」라는 선전문구등은 예술 교류의 한계를 엿보게 했다.[39]

남측 음악인들의 공연에 대한 답방의 차원에서 북측 공연단이 12월에 서울에서 공연을 열게 되었다. 90송년 통일전통음악회는 예술의 전당과 국립극장에서 12월 9일, 10일 각각 한 차례씩 개최되었다. 조선음악가동맹 부위원장 성동춘을 단장으로 하였다. 성동춘은 한국의 대학가에도 널리 알려진 북한의 통일노래 〈조선은 하나다〉를 만든 작곡가로 〈조선의

---

35 이수자, 앞의 책, 163쪽.

36 이수자, 위의 책, 163쪽.

37 "통일음악회 성과와 의미," 『동아일보』 1990년 10월 24일, 5면.

38 "민간 통일운동의 새장," 평양음악회 결산 『한겨레신문』 1990년 10월 25일, 6면.

39 "분단 외피에 스며든 고유가락," 『경향신문』 1990년 10월 24일, 3면.

별〉, 〈춘향전〉등 영화음악과 〈피바다〉, 〈꽃파는 처녀〉, 〈밀림아 이야기하라〉 등 5대 혁명가곡 작곡에도 참여하바 있다. 성악부문에는 북한에서 손꼽히는 관서 명창으로 김진명, 김관보가 참여 하였다. 김진명은 1930년대 초 〈도라지타령〉과 〈신도라지〉를 빅터레코드를 통해 녹음한바 있어 해방 이전 세대에 잘 일려진 민요가수이다. 당시 78세인 김진명은 서도민요의 국보급원로로 10월 범민족통일음악회 때 남한측인간문화재 오복녀와 40녀연만에 해후를 해 관심을 모으기도 했다.[40] 김관보는 월북작가 조명암의 부인이다. 평양민족음악단이 선보인 노래는 〈평양영변가〉〈노들강변〉〈양산도〉 (여성민요독창), 〈산천가〉, 〈영천아리랑〉, 〈배따라기〉 (남성민요독창), 〈신고산타령〉 (남성민요3중창), 등 민요 13곡과 단소 독주, 옥류금독주 등으로 구성되었다.[41]

음악교류의 새로운 모델: 전통음악대회 공동주최

1990년 당시 국악인들의 평가는 남북의 전통국악이 서로 다른 환경에서 발전해온 까닭에 음악의 본질성과 악기 개량 등에 다소 차이를 보이고 있으나 이것은 오히려 서로의 단점을 보완할 수 있는 좋은 계기가 될 수 있다고 지적하였다.[42] 물론 당시 황병기 단장의 인터뷰에서도 보듯이 한국이 민속음악의 "원형"을 보존하고 있고 북한은 그것을 변형시켜 다소 아류의 민속음악을 연주한다고 보았던 것 같다. "북한은 우리 전통음악을 많이 변형시켜 연주하고 있기 때문에 우리 전래의 전통음악을 원형대로 북한의 일반주민에게 소개했던 것"에 범민족통일음악회의 의미를 부여하였다.[43] 인터뷰를 진행했던 동아일보 기자의 질문도 이와 비슷했다. "장

40 "전통 선율에 통일염원 실고," 『경향신문』 1990년 12월 8일, 4면.

41 "통일음악회 북쪽 공연내용," 『한겨레신문』 1990년 12월 4일, 5면.

42 "분단 외피에 스며든 고유가락," 『경향신문』 1990년 10월 24일, 3면.

43 "북한 문화기행-본보기자 심층취재," 『동아일보』 1990년 11월 19일, 3면.

기적으로 볼 때 북한이 우리 전통음악을 수용할 가능성이 높은 것으로 느껴지기도 했는데?"라는 질문에 대해 황병기 단장은 아래와 같이 대답했다.

> 85년에 있었던 남북 예술단 공연후 북한의 「조선문학」은 남한의 순수한 전통음악을 신랄하게 비판했습니다. 당시 장상이라는 사람이 그 글을 썼는데 "그것이 유산 이라고 하여 인민들이 좋아하건 말건 그대로 재현한다면 창조를 본령으로하는 예술이 무슨 소용이 있는가"라고 쓸 정도였습니다. 따라서 그렇게 비판했던 전통음악을 이번에는 아무 소리 없이 받아들였다는 것은 일단 큰 변화가 있었음을 보여주는 사건입니다. 앞으로의 전망도 같은 맥락에서 볼 수 있겠습니다.[44]

비슷한 예는 가야금 연주자의 경우에서도 찾을 수 있다. 가야금산조 창시자 김창조 가야금을 전수한 김죽파의 수제자이며 가야금산조 준인간문화재인 양승희(김창조 3대 제자)는 1990년 연길에서 평양음대민족음악부에서 가야금을 전공한 연변출신의 김진(연변예술학교 교수)과 합동연주회를 가졌다. 김진은 김창조의 제자 안기옥에게서 가야음을 배웠다. 양씨의 설명에 따르면 "분단 이전 가야금줄은 명주실로 된 12줄이었으나 북한은 55년부터는 13줄, 70년부터는 철사로 된 21줄"로 바뀌었다. 북한이 이처럼 21줄 가야금을 사용하게 된 것은 피아노등 서양음악연주를 위해 개발한 것이다. 그러나 줄이 쇠줄이기 때문에 조금만 건드려도 비브라토가 심해 깊이가 없는 취약점이 있는데다가, 왼손의 농현을 쓸수가 없어 전통음악을 표현하는데 애로가 많아 보였다고 설명했다.[45] 그러나 율조는 의외로 남한쪽과 공통점이 많으며 남북한의 가야금의 피는 같다는 것을 확인했다는 소감을 밝혔다.[46]

---

44 "북한 문화기행-본보기자 심층취재,"『동아일보』 1990년 11월 19일, 3면.

45 "북한 가야음은 철사21줄,"『동아일보』 1990년 8월 13일, 2면.

통일을 정치와 경제의 영역으로만 제한하지 않고 사람의 통일로 구상한다면 음악을 통한 소통, 특히 전통예술을 기반으로 교류와 접촉이 지속적으로 이루어져야 한다는 것은 자명하다. 현재 다시 남북관계 개선이 이루어지면서 각 분야별로 대북접촉, 교류를 재개하기 위한 사업들에 대한 제안들이 부상하고 있는 중이다. 올해 취임한 임재원 국립국악원 신임 원장은 "최근 남북 국악 공연과 학술대회에 관한 실무 접촉을 (북측에) 타진하는 등 남북 전통음악 교류를 추진하고 있다"며 "이를 통해 한반도 평화 조성에 기여 하겠다"고 말했다.[47] 이어 "올해는 북한의 가극에 대한 학술회의와 자료 발간 등을 진행 중"이라고 설명했다. 국립국악원은 2015년부터 북한의 기악 성악 무용에 대해 연구를 진행해 왔다. 지난 8월에는 사할린에서 국립국악원과 통일예술안(모란봉 · 삼지연악단)이 전통음악을 중심으로 화합의 무대를 펼치기도 했다. 국립국악원은 현재 한국에 전승되고 있는 북한지역 전통 민요 '서도소리'와 진도의 대표적 전통무용인 '진도북춤'을 선보였다.[48] 임재원 원장은 고사가 우려되는 북한지역 토속민요 공동연구를 위한 남북 학술대회를 계획하고 있다고도 밝혔다.[49]

그러나 이러한 제안들과 과의 사례들은 모두 일회성 이벤트나 접촉에 불과하다. 정례적으로 열리는 공동개최 민속음악대회를 발족시키고 유지할 수 있다면, 이는 정치적 변화에 영향을 최소화하면서 전통유산을 바탕

---

46 "북한 가야음은 철사21줄," 『동아일보』 1990년 8월 13일, 2면.

47 "임재원 국립국악원장-올해 북한가극사업 추진," 『연합뉴스』 2018년 5월 17일, http://www.yonhapnews.co.kr/bulletin/2018/05/17/0200000000AKR20180517149000005.HTML?input=1195m.

48 "북 통일예술단-국립국악원 사할린서 합동 공연 펼친다," 『매일경제』 2018년 8월 14일, http://news.mk.co.kr/newsRead.php?year=2018&no=510348.

49 "사라질 위기 북 토속민요, 남북공동으로 음원화 추진," 『동아일보』 6월 19일, http://news.donga.com/3/all/20180619/90645030/1.

으로 한 소통 · 치유 · 통합과 탈분단의 문화교류를 위한 새로운 플래트폼이 될 수 있다. 남북공동 개최 전통음악대회는 다음과 같은 효과를 가질 수 있다. ① 우리의 전통음악을 다룬다는 차원에서 남북 양측이 모두 권위를 가지는 심사위원들을 참여 시킬 수 있고, 그동안 각자 이루어온 전통음악에서의 성과를 공유하고 인정하는 과정에서 공통성을 회복할 수 있다. ②한국의 대중가요, K-pop이 북한에 대해서 가질 수 있는 체제위협적인 함의로부터 거리를 둘 수 있다. K-pop의 확산을 남북음악교류의 핵심으로 생각할 수 있지만, 이는 일방적이며 상호 교류가 아니라는 점에서 문제가 있다. 그렇다고 해서 북한의 대중음악이 한국에서 인기를 얻게 될 가능성은 그동안의 문화적 관용에 대한 제약을 감안할 때 비현실적이다. ③차이코프스키 음악대회와 같이 4년 정도의 기간을 두고 개최함으로써 정치적인 요인에 영향을 최소화 할 수 있다. ④전통음악대회 기간중에 학술 교류, 공연, 등과 같은 다채로운 행사로 남북음악교류와 전통음악의 대중화와 교육을 동시에 추진할 수 있다. ⑤해외 각 지역에서 전통음악을 구사하고 연구하는 해외한인 연구자 또는 연주자들까지 포괄할 수 있는 진정한 한민족의 소통을 위한 플래트폼으로 역할을 할 수 있다. 이러한 효과들을 감안할 때, 음악이 체제우월성 과시의 도구가 되지 않고 남북간 신뢰회복의 기반이 될 수 있도록 하기 위해서는 남북공동 주최로 정례적으로 개최되는 전통음악대회의 창설이 필요하다.

4. 결 론

70년간 지속된 분단으로 인해서 문화적으로 정서적으로도 남북은 단절되었다. 그 가운데 탈분단의 문화를 만들어가기 위해서 문화의 교량자들이 특별한 역할을 해왔다. 국내외 정세에 따라 교량자들이 기여할 수 있는 공간과 여지는 차이가 있었지만, 누구도, 어떤 형식이나 방법으로도, 체제와 이념의 제약을 근본적으로 넘어설 수는 없었다. 그렇기 때문에 아직도 단발성 공연이나 접촉에 의미를 둘 수 밖에 없는 실정이다. 그리고 아무리 부인하려고 하더라도, 우리의 무의식 속에는 문화 분야에서도 한국의 우월성, 정통성을 북한에 각인시키려는 의도가 자리할 수밖에 없다. K-pop, K-드라마, K-패션의 북한에 대한 확산은 모두 북한을 "정복"한다는 의미에서 사료된다.

1990년대 중반이후 북한에서 시장화가 확산되면서 북한에도 외부문화의 유입이 본격화되고 특히 드라마와 음악과 같은 분야에서 한류가 인기를 얻게 된지 벌써 오랜 시간이 흘렀다. 일각에서는 한류의 증가를 북한 내부의 문화적 저항의 징표, 더 나아가서는 미래의 북한의 붕괴와 연결짓고 있다. 팝뮤직, 록앤롤, 재즈와 같은 서구 음악이 동구권 구사회주의 체제에서 가졌던 체제저항적인 성격을 상기시켜 본다면 이러한 분석이 잘못된 것만은 아니다. 그렇지만 북한은 체제전환의 비교적 관점에서 본다면, 정치 · 경제적 전환을 동시에 겪은 동구권 사회주의 체제와도, 또 사회주의 통일을 소련에 의지하지 않고 자체적으로 이룬 여건에서 경제적 개혁개방에 초점을 맞춘 중국이나 베트남과도 다른 독특한 북한식 변화를 만들어갈 가능성이 더 크다. 따라서 북한 사람들이 한류를 즐기게 된다고 하더라도 그것은 남한에 대한 북한의 문화적 패배를 의미하게 될지 불분명하며, 한류를 즐기는 북한 사람들이 많아진다고 해서 체제저항적인 성격이 더 두드러지게 된다고 볼 수도 없는 것이다.

한국의 북한에 대한 "정복"의 프레임을 벗어나서 북한의 특수한 체제가 유지된다는 전제 하에서 앞으로의 남북 문화교류를 모색해야 한다. 2018년 들어 남북정상간 채택된 합의는 남북 간의 상호 인정과 평화적 공존에 관한 것이다. 1957년 흐르시초프는 인공위성을 발사하고 ICBM을 발사하고 "미국을 따라잡자"는 경제 개혁 드라이브(경공업 소비재 발전)

를 걸었다. 지금은 믿기 어렵지만, 흐르시초프는 "세계에서 젤 잘산다는 미국의 경제적 성과는 100년이 걸린 것이지만 사회주의는 상당히 압축적으로 그러한 성과를 따라잡을 수 있을 것"이라고 확신에 찬 발언을 울브리히트(Walter Ulbricht)에게 말한 적도 있다.[50] 이를 위해서 긴장완화가 필요 했고 평화공존론을 주장했다. 차이코프스키 음악대회에서 미국인의 우승을 인정한 흐르시초프는 이듬해 1959년 미국을 방문해 아이젠하워 대통령과 정상회담을 가졌다. 1958년 소련은 핵실험 유예를 선언했고 1959년 미국 방문시 흐르시초프는 "일반적이고 완전한 군축"을 위한 계획을 제시했다. 물론 흐르시초프가 주도했던 미국과의 평화공존과 탈스탈린화가 가져온 문화적 자유화에 대한 국내 정치적 반발은 매우 거셌다. 실제로 소련공산당 중앙위원회의 상당수는 중소관계를 악화시킬 위험에도 무릎쓰고 미국과의 "특별한 관계"를 지속할 필요가 있는지 의문을 제기했다. 더 심각한 문제는 국내정치적으로 반대파의 등장이었다. 특히 지식인층은 이때부터 분열되었고 그들 사이에 나타나고 있는 개인주의, 서구중심주의, 미국 음악의 인기, 다원주의적 태도는 대다수 공산당 지도부가 보기에는 극히 우려스러운 것이었다.[51]

현재 김정은 위원장이 취하고 있는 입장은 흐르시초프와 비슷한 면이 많은데, 특히 그 비일관성과 상호 모순되는 측면들이 그렇다. 경제개혁과 핵개발을 동시에 추진하면서 대외관계를 개선시켜보겠다는 노선이 흡사하다. 또 외부에 대한 개방이 이루어지면서 그 사회적 효과도 비슷하다. 그것이 성공할 수 있을지, 지속적으로 유지될 수 있을지 현재로써는 알 수 없다. 그러나 국가/체제간의 갈등과 경쟁가운데서도 개인들 사이에는 소통과 통합의 여지가 열려있다. 이미 북한에서도 사회주의 집단주의에

50 V. Zubok, *op.cit.*, p.177.

51 V. Zubok, *ibid.*, p.190.

는 균열이 생겼다. 남북의 사람들은 모두 한국사람 북한사람이기 이전에 한 인간이기 때문에, 창의적으로 자유롭게 개성을 표현하고 싶은 욕망을 갖고 있다. 따라서 문화적인 소통과 공감의 기반은 이미 존재한다. 이제는 구체적 방법에 있어서 신축성과 창의성이 필요하다.

참고문헌

김성민 · 박영균, 「인문학적 통일담론과 통일인문학: 통일패러다임에 관한 시론적 모색」, 『철학연구』 제92집, 철학연구회, 2011.

이수자, 『나의 남편 윤이상』, 창작과 비평사, 1998.

이화여자대학교 통일학연구원, 『남북관계사: 갈등과 화해의 60년』, 이화여자대학교출판부, 2009.

임동원, 「남북기본합의서와 6.15남북공동성명」, 『역사비평』 제97호, 역사비평사, 2011.

정유하, 「윤이상의 교성곡 〈나의 땅, 나의 민족이여!〉에 관하여」, 『민주주의와 인권』, 제7(1), 전남대학교 5.18연구소, 2007.

한병진, 「김정은의 비교대상으로서 흐루시초프」, 『사회과학논총』, 제33(1), 숭실대학교 사회과학연구소, 2014.

A. Athwal, "The United States and the Sino-Soviet Split: The Key Role of Nuclear Superiority," *Journal of Slavic Military Studies*, Vol. 17, No. 2, 2004.

Laszlo, Borhi, "Rollback, Liberation, Containment or Inaction: US Policy and Eastern Europe in the 1950s," *Journal of Cold War Studies*, Vol. 1, No. 3, 1999.

T. Brown, "Music as a Weapon: 'Ton Stein Scheren' and the Politics of Rock in Cold War Berlin," *German Studies Review*, Vol. 32, No. 1, 2009.

N. Cliff, *Moscow Nights: The Van Cliburn Story-How One Man and His Piano Transformed the Cold War*, Harper Collins, 2016.

J. L. Gaddis, *Strategies of Containment: A Critical Appraisal of American National Security Policy during the Cold War*, Oxford University Press, 2005.

S. Isacoff, *When the World Stopped to Listen: Van Cliburn's Cold War Triumph and Its Aftermath*, Random House, 2017.

G. Johnston, "Revisiting the Cultural Cold War," *Social History*, Vol. 35,

No. 4, 2010.

M. Kushner, "Exhibiting Art at the American National Exhibition in Moscow, 1959: Domestic Politics and Cultural Diplomacy," *Journal of Cold War Studies*, Vol. 1, No. 1, 2002.

R. McMahon, "The Illusion of Vulnerability: American Reassessments of the Soviet Threat, 1955-1956," *The International History Review*, Vol. 18, No. 3, 1996.

S. Mikkonen and P. Suutari, eds., *Music, Art and Diplomacy: East-West Cultural Interactions and the Cold War*, Routledge, 2016.

U. Poiger, "Rock 'n' Roll, Female Sexuality, and the Cold War Battle over German Identities," *The Journal of Modern History*, Vol. 68, No. 3, 1996.

S. Reid and D. Crowley, eds., *Style and Socialism: Modernity and Material Culture in Post-War Eastern Europe*, Berg, 2000.

D. Tompkins, *Composing the Party Line: Music and Politics in Early Cold War Poland and East Germany*, Purdue University Press, 2013.

M. Sabina, "Negotiating Cold War Culture at the Crossroads of East and West: Uplifting the Working People, Entertaining the Masses, Cultivating the Nation," *Comparative Studies in Society and History*, Vol. 53, No. 3, 2011.

C. Tudda, "Reenacting the Story of Tantalus: Eisenhower, Dulles, and the Failed Rhetoric of Liberation," *Journal of Cold War Studies*, Vol. 7, No. 4, 2005.

V. Zubok and C. Pleshakov, *Inside the Kremlin's Cold War: From Stalin to Khrushchev*, Harvard University Press, 1996.

V. Zubok, *A Failed Empire: The Soviet Union in the Cold War from Stalin to Gorbachev*, University of North Carolina Press, 2009.

통일한반도 소통을 위한 평화상징과 공공디자인

전영선

1. 들어가는 말

2018년 평창동계올림픽을 계기로 남북은 새로운 관계로 접어들었다. 이후 남북정상회담과 북미정상회담을 비롯한 관련 국가의 정상회담이 이어지면서 냉전시대를 청산하고, 한반도 평화 전환의 시대로 접어들었다. 특히 4월 27일에 있었던 '판문점 선언'을 계기로 조성된 한반도의 평화모드는 남북 평화와 번영의 가능성을 높여주고 있다.

한반도 평화 전환과 새로운 한반도 체제로의 전환은 한반도 남북에 살고 있는 모든 구성원을 비롯하여 해외 한민족의 평화로운 관계 정립이라는 역사적 의미를 담고 있다. 그러나 그 역사적인 의미에도 불구하고 분단된 한반도에서 70년을 넘게 살아온 신체적 아비투스는 일상의 평화를 온전하게 체감하기 어렵게 한다. 신체적 관행, 사유적 관행은 상황과 적지 않은 시차가 있다. 한반도 평화가 어떤 상황으로 나아갈 지에 대한 확신도 부족하다. 미래에 대한 상상력을 펼치기에는 지나온 분단 역사의 경험이 너무도 선명하다. 관행적으로 지나온 분단 상황이 낳은 신체적 아비투스를 인식하고, 탈분단의 불안을 극복해야 하는 새로운 과제도 남아 있다.

한반도에서 진행되고 있는 평화 전환의 과정은 지금까지의 삶과는 다른 새로운 시대의 전환을 의미한다. 하지만 평화 시대가 가져 올 새로운 상황이 어떤 것인지를 예감하고, 상상하기에는 아직 많은 것이 부족하다. 평화 전환에 대한 구체적인 준비도 부족하고, 평화 전환에 대한 불안감도 온전히 해소된 것도 아니다.

새로운 시대에 맞는 평화를 일상에서 체감하고 가치를 공유할 수 있는 평화 상징을 공유하는 것이 필요하다. 상징은 넓은 의미에서 인간이 생산하는 모든 기호를 의미한다. 사회 속에서 살아가는 인간의 가장 기본적인 활동은 곧 상징의 끊임없는 생산과 재생산, 그리고 이에 대한 상호작용의 과정이라고 할 수 있다.[1] 상징은 집단의 결속과 사회통합에서 중요한 역할을 한다. 개인의 경험과 기억을 하나로 모을 수 있는 상징이 필요하다. 특히 변화된 남북 관계에 맞추어 한반도 평화를 상징하고 공유할 수 있는 상징이 필요하다.

분단 70년을 지나온 한반도에서 평화는 흔히 비둘기로 각인되어 왔다. 평화 역시 지키는 자와 빼앗으려는 자로 양분되었다. 남북은 상호 간에 평화를 지켜야 한다는 강박이 있었다. 이제는 한반도 평화와 공동 번영을 상징하는 상징물을 창출하고, 의미를 공유해 나가야 한다.

남북의 화해와 협력, 한민족을 상징하는 상징물로는 한반도기와 아리랑[2]이 있었다. 한반도기는 남북 공동 행사에서 사용된 이후 한반도를 상

---

1 정영철, 「남북한 대립 상징의 구조와 변화」, 『북한연구학회보』 제11권 제1호, 북한연구학회, 2007, 303쪽.

2 정영철 · 정창현, 『평화의 시선으로 분단을 보다』, 유니스토리, 2017, 24-25쪽 : "사실, 한국전쟁 이전부터 38선을 사이에 두고 남과 북은 무력으로 충돌하고 있었다. 마치, 한국전쟁의 전야제라도 치르듯이 국군과 인민군은 38선을 부지런히 오고면서

징하는 상징물로 자리 매김하였다. 한반도기는 한반도와 부속 도서의 영토적인 의미를 상징한다. 남북이 사용하는 한반도에서는 국제스포츠 무대에서 독도 표기 문제로 이어지기도 하였다. 한반도와 부속 도서의 지리적 영토의 상징을 넘어 남북 화해와 협력의 시대적 상징과 의미를 담은 상징 작업이 필요하다.

이 글에서는 한반도 평화 정착과 통일 문제에 대한 공공디자인의 개념을 도입하여, 통일문제에 대한 국민적 소통과 통일친화적 마인드 형성을 위한 평화 상징의 가능성을 모색하고자 한다. 통일 문제에 대한 공공디자인 개념이 필요한 것은 통일을 보다 긍정적이고, 발전적인 측면에서 고민하기 위한 출발이다. 통일공공디자인은 단순한 디자인의 영역이 아니라 사용자 중심에서 소비자 중심으로 친화적 구성을 통해 통일에 대한 긍정적인 인식을 형성하는 데 필요하다.

구체적으로 통일공공디자인은 남북이 공유할 수 있는 통일 상징을 분석하여, 가능성을 열어나가고자 한다. 주요 분석 대상으로는 남북 사이에 공통으로 사용되고 있는 한반도 단일기, 아리랑이다. 또한 새롭게 주목받고 있는 다양한 통일 관련 상징물이나 통일 관련 굿즈 분석, 동독의 신호등에서 통일 독일의 상징이 된 암펠만(Ampelmann) 사례 등을 통해서 통일 심볼의 의미와 가치 창출, 통일 공공디자인의 방향을 제시하고자 한다.

2. 남북의 국가 상징

인간은 상징의 동물이라고 할 정도로 상징을 생산하고, 상징이 생산한

상대방을 공격하였고, 때로는 상대방 지역을 일정 기간 동안 점령하기도 하였다. 작은 소규모 부대에서부터 때로는 대대급, 연대급 이상의 전투가 벌어지기도 하였다. 38선은 이미 적과 아를 가르는 선이었고, 꼭 지켜야 할 선이자 동시에 또 꼭 없애야 할 선이 되었다."

가치를 공유한다. 인간의 기본적인 활동 역시 상징의 생산과 반복을 통해 이루어진다고 할 수 있다.[3] 상징은 사회구성원을 통합하는 긍정적인 기능이 있다. 사회구성원을 통합하는 상징은 동시에 다른 사회의 구성원에 대해서는 배타적인 자세를 갖게 한다.

막스 베버(Max Weber)는 "정권의 안정성은 국민들의 세속적인 동기나 관습상의 신성함에 호소함으로써 상징적으로 촉진된다"고 하면서, "어떤 체계도 그 체계의 존속을 보장받기 위한 근거를 마련하려고 물질적이거나 감정적이거나 이상적인 동기에 호소한다. 뿐만 아니라 그러한 권력체계는 모두 그 조직의 '정당성'에 믿음을 쌓게 하고 믿음을 촉진시키려 애쓴다"고 지적하였다.[4] 권력자들은 이런 이유로 정치적 정당성을 얻기 위해서 여러 가지 기제를 활용하고자 하였다.

국가의 상징은 내적으로는 국민의 일체감을 조성하고 대외적으로는 국가의 이미지를 부각시키는 데 기여한다. 국가 상징은 국가 정체성을 상징하는 동시에 상대와 구분한다. 남에서는 북한의 국가 상징을 인정하지 않았다. 법적으로 규정한 특수한 관계는 남북을 글자 그대로 '특수한 관계'로 규정하였다. 남북이 활용한 상징은 적대적인 상징이었다. 남북 사이에는 분단 이후 적대적이고 배타적인 분단 상징으로 적과 나를 경계지어 왔다.[5]

광복 이후 남북은 각각의 체제에 맞추어 국가 상징을 제정하였다. 국가 차원에서 제정된 상징물은 국가의 자기 연출과 관련되어 각각의 정체성을 상징한다. 근대 국가 이후 국가들은 국호(國號), 국기(國旗), 국가(國

---

3 유영옥, 『상징과 기호의 정치행정론』, 학문사, 1997, 43쪽.

4 조은희, 「북한의 김일성시대 문화상징으로서 공간 : '혁명전통'관련 공간을 중심으로」, 『한민족문화연구』 제27집, 한민족문화학회, 2008, 135쪽.

5 정영철, 「남북한 대립 상징의 구조와 변화」, 『북한연구학회보』 제11권 제1호, 북한연구학회, 2007, 303-304쪽.

歌), 국장(國章), 국화(國花) 등의 인공적 상징물을 통해 대외적으로는 다른 국가와 구별하고, 국가 내부의 구성원들의 통합을 도모하였다.

북한의 상징은 헌법에 규정되어 있는 국가 상징, 헌법에 규정하지는 않았지만 국가 상징으로 명시한 상징, 최고지도자 상징, 사회적 상징으로 나누어 볼 수 있다. 남북의 국가 상징이 달라지기 시작한 것은 1948년이었다. 북한은 1948년 이후부터 최근까지 국호, 국기, 국가, 국장, 수도, 국화 등을 제정하고, 헌법에 이를 명시하였다. 최근에는 국가 상징물을 확장하여 국수(國樹), 국조(國鳥), 국주(國酒), 국풍(國風) 등을 새롭게 제정하여 인민교양에 활용하고 있다. 북한에서도 국가를 상징하는 상징 이외에도 최고지도자와 관련한 초상휘장, 김일성화, 김정일화, 효성화, 충성화 등 최고지도자와 관련한 상징화, 상징목 등을 통한 상징정치를 통해 일상의 정치화를 이루고 있다. 북한은 상징국가라고 할 수 있을 정도로 상징이 많은 나라이다. 북한에서 상징물은 인민들의 충성을 유도하는 방식으로 유용하게 활용되고 있다.[6]

북한에서 국가 상징을 헌법으로 규정한 것은 첫 헌법이 제정된 1948년부터였다.[7] 헌법은 "국가의 정치적 이념과 정신을 담고 있는 최상의 규범

---

6 정교진, 「북한 독재정권의 정치적 상징조작 유형연구」, 『북한학보』 40집 2호, 북한연구소 · 북한학회, 2015, 114쪽 : "북한의 김정일성은 권력을 활용한 후, 정치적 상징조작을 강도높게 활용하여 '일인독재체제'를 구축했고, 더 나아가 개인 우상화로 신의 위치까지 도달했다. 권력을 승계하고 유훈통치를 표방한 김정일도 이 상징조작을 이용, 정치적 · 종교적 카리스마를 십분 발휘했다. 현, 김정은 정권도 이 정치적 상징조작을 통해 후계 승계의 정당성 확보 및 권력을 장악하려고 애쓰고 있다."

7 북한에서 헌법이 처음 제정된 것은 1948년이었다. 1948년 9월 8일 최고인민회의 제1기 제1차 회의에서 헌법제정을 결의하고 헌법을 제정하였다. 북한 헌법은 이후 몇 차례 수정되었다. 가장 큰 변화는 1972년 12월 27일 최고인민회의 제5기 제1차회의에서 채택된 '사회주의 헌법'이다. 북한에는 우리의 제헌절에 해당하는 북한의 헌법절이 12월 27일인데, 바로 1972년 12월 27일에 채택된 '사회주의 헌법'을 기념하는 날이다. 그 만큼 중요한 의미를 갖는다. "조선민주주의인민공화국은 맑스-레닌주의를 우리 나라의 현실에 창조적으로 적용한 조선로동당의 주체사상을 자기 활동의 지도적지침으로 삼는다"(제4조)라는 조항 때문이다. 1972년 이후의 헌법 개정은 사회

체계, '상징자본의 독점체'로서 국가의 이데올로기적 장을 벗어날 수 없다."[8] 북한의 첫 헌법 이후 개정과정에서 국가 상징에 대해서 규정하였다. 북한 헌법에서 규정한 국가 상징과 관련한 내용은 2016년 개정헌법 제7장 '국장, 국기, 국가, 수도'에 그 내용이 규정되어 있다.

첫째, 국호(國號)이다. 남북은 분단 이후 '대한민국'과 '조선민주주의인민공화국'으로 갈리었다. 북한 헌법에서 규정한 국호는 '조선민주주의인민공화국'이다. 북한의 국호는 1948년 헌법 제1조에 "우리나라는 朝鮮民主主義人民共和國이다"라고 명시하였다. 국호에 조선을 넣은 것은 한반도 최초의 국가를 이룬 고조선의 정통성에 대한 지향 때문이었다. 북한은 역사적으로 우리 민족이 세운 첫 국가를 조선으로 규정한다. 한민족의 유구한 역사 속에서 세운 최초의 국가였던 조선의 역사성을 이어받은 상징을 담고 있다. '조선'은 '밝은 아침의 나라'라는 의미로 사회주의를 시작하는 나라라는 의미가 있다.[9]

둘째, 국기(國旗)이다. 북한도 1945년 광복되었을 때 남북은 태극기를 사용하였다. 김일성이 평양공설운동장에서 연설했던 사진을 보면 뒤편에

주의 헌법의 기본 틀을 유지한 상태에서 부분적인 내용을 수정 보충하였다. 1992년, 1998년, 2010년, 2013년, 2016년에 내용을 보완하였다.

8 박영균, 「통일헌법의 딜레마와 제헌으로서 통일」, 『통일한반도의 헌법적 이념과 구현방안(통일인문학 제35회 국내학술심포지엄자료집)』, 건국대통일인문학연구단, 2018년 9월 14일, 7쪽.

9 이후 북한의 국호는 동일하였지만 국가 성격에 대해서는 해석이 조금씩 달라졌다. 1972년 헌법개정에서는 '자주적인 사회주의 국가'로 성격을 규정하였다. '자주적인 사회주의'란 최초의 사회주의 국가로 마르크스 레닌주의를 기초로 한 소련과는 다른 독자적인 사상이라고 하는 주체사상을 토대로 한 사회주의 국가를 상징한다. 김일성이 사망한 이후인 1998년 개정 헌법인 '김일성 헌법'에서는 "위대한 수령 김일성동지의 사상과 령도를 구현한 주체의 사회주의조국"으로 규정하였다. 북한의 체제 근거와 국가 목표, 활동 지침은 주체사상에 근거하고 있다는 것을 명시한 것이다. 김정일이 사망한 이후에 개정된 2016년 개정 헌법인 '김일성-김정일 헌법'에서는 "위대한 김일성동지와 김정일동지의 사상과 령도를 구현한 주체의 사회주의조국"으로 바뀌었다.

강원도 인제 38로에 게양된 태극기(좌), 태극문양을 사용한 정부 상징(우)

태극기가 게양되어 있다. 태극기라고 한 것은 국기에 태극(太極)이 있기 때문이다. 태극기에는 우주 만물의 생성 원리인 태극과 8괘(八卦) 중에서 하늘(乾)과 땅(坤), 물(坎)과 불(離)을 의미하는 4괘(四卦)가 들어 있다. 태극기는 태극과 4괘를 기본으로 청홍백으로 이루어져 있다.

북한의 국기는 홍람오각별기이다. 붉은색과 푸른색을 바탕으로 오각형의 별이 있어서 '홍람오각별기'라고도 한다.[10] 1945년 광복되었을 때 남북은 태극기를 사용하였다. 김일성이 평양공설운동장에서 연설했던 사진을 보면 뒤편에 태극기가 게양되어 있다. 1948년 국기를 제정하면서, '홍람오각별기'가 국기로 확정되었다. '공화국기'라고도 하는데, 조선민주주의인민공화국 기발이라는 의미이다.

셋째, 국가(國歌)이다. 남북의 국가는 모두 애국가이다. 모두 나라를 사랑하는 노래라는 의미를 담고 있지만 다른 노래이다. 북한 국가는 2016년 헌법 제 171조에 "조선민주주의인민공화국의 국가는 『애국가』이다"로 규정되어 있다. 시인 박세영이 작사하였고, 김원균이 작곡하였다. 북한에서 진행되는 모든 공식 행사는 애국가로 시작한다. 최근에는 다양

10 2016년 개정 헌법 "제170조: 조선민주주의인민공화국의 국기는 기발의 가운데에 넓은 붉은 폭이 있고 그 아래우에 가는 흰폭이 있으며 그 다음에 푸른 폭이 있고 붉은 폭의 기대달린쪽 흰 동그라미안에 붉은 오각별이 있다. 기발의 세로와 가로의 비는 1 : 2이다."

북한의 국기와 국장

무궁화 국회의원 배지

무궁화의 외형과 저울의 이미지를 활용한 변호사 배지

한 버전으로 부른다.

넷째, 국장(國章)이다. 국장(國章)은 국가를 상징하는 문양이다. 대한민국은 무궁화를 기본 문양으로 한다. 국회의원 배지를 보면 무궁화 문양에 '국'자가 들어가 있다. 북한의 국장은 국호인 '조선민주주의인민공화국'이라는 글자와 수력발전소, '혁명의 성산'이라고 하는 '백두산'과 북한 국기에 그려진 '오각별'로 구성되어 있다. 1948년 국장이 처음 만들어졌을 때부터 오각별이 들어가 있었다.[11]

다섯째, 수도이다. 2016년 헌법에서 규정한 북한의 수도는 '평양'이다.[12] 처음부터 평양을 수도로 한 것은 아니었다. 1948년 헌법을 제정할 때는 "朝鮮民主主義人民共和國의 首府는 서울市다"라고 하였다. 헌법에서 명시한 수도(首都)는 1972년 사회주의 헌법으로 개정하면서, '평양'으로 바뀌었다. 한반도 전체를 국가의 영토 개념으로 두었던 것에서 벗어나 실질적인 영향이 미치는 한반도 북부를 영역으로 수정하면서, 수도를 '평양'으로 하였다. 평양은 북한 정권 수립 직후인 1946년 9월로 평안남도에서 평양시를 분리하여 직할시가 되었다.

---

11 2016년 개정 헌법 "제169조: 조선민주주의인민공화국의 국장은 『조선민주주의인민공화국』이라고 쓴 붉은 띠로 땋아올려 감은 벼이삭의 타원형테두리안에 웅장한 수력발전소가 있고 그우에 혁명의 성산 백두산과 찬연히 빛나는 붉은 오각별이 있다."

12 2016년 개정 헌법 "제172조: 조선민주주의인민공화국의 수도는 평양이다"

민족적긍지와 자부심을 더해주는 조선의 국화－목란꽃

국화로서 목란을 소개한 『로동신문』

여섯째, 국화(國花)이다. 북한의 국화는 헌법으로 규정하지는 않았다. 북한의 국화는 목란이다. 광복 직후에는 남북이 모두 무궁화를 국화로 사용하였다. 그러다 북한이 1964년 목란을 국화로 지정하였다. 목란은 산목련과에 속하는 함박꽃이다. 북한에서 '함박꽃'이 '목란'으로 불리게 된 것은 김일성과 관련이 있다. 김일성이 함박꽃을 보고는 '좋은 꽃나무를 그저 함박꽃나무라고 부른다는 것은 어딘가 좀 아쉽다'고 하면서 예로부터 우리 민족은 아름다운 꽃에는 '란'이라고 하였는데, 나무에 피는 아름다운 꽃이라는 뜻에서 꽃나무의 이름을 목란이라고 불렀다.

헌법에서 규정한 것은 아니지만 2017년 이후로 국가주의를 강조하면서 국가 상징물에 대한 교육을 강화하고 있다. 새롭게 강조하는 국가 상징으로 국수(國樹), 국조(國鳥), 국견(國犬), 국주(國酒) 등이 있다.

국수(國樹) 즉 국가를 상징하는 나무이다. 북한의 국수, 즉 북한을 상징하는 나무는 소나무이다. 북한에서 소나무는 특히 김일성의 아버지인 김형직과 특별한 인연이 있는 나무로 생각한다.[13] 헌법에서 국수를 따로 규정하지는 않았다. 2015년 평양출판사에서는 출판한 『조선의 국수 : 소

민족의 슬기와 용맹한 기상이 어린 조선의 국조－참매

북한의 국수(國樹)를 소개한 책자 『조선의 국수』(평양출판사, 2015),
국조 참매에 대한 기사가 실린 『로동신문』 2018년 12월 9일.

나무』라는 책에서는 소나무에 대해서 "소나무는 오랜 옛날부터 우리 겨레와 각별한 인연을 맺어온 나무이다. 눈뿌리 아득한 기암절벽에도 억센 뿌리를 박고 산천초목이 백설에 묻힌 엄동설한에도, 사나운 광풍이 불어쳐도 사시장철 푸르청청한 빛을 잃지 않고 꿋꿋이 서있는 소나무. 우리 선조들은 억세고 변함이 없으면서도 그 모습이 장중하고 매력적이기도 한 소나무를 민족의 기상과 정기를 상징하는 나무로 여기며 특별한 애정을 기울여왔다"[14]고 설명한다.

국조(國鳥)는 참매이다. 북한의 공군 1호기, 즉 김정은 국무위원장이 타는 전용기도 참매호이다. 국견(國犬)은 풍산개이다. 국주(國酒)는 평양소주이다.

---

13 『조선의 국수 : 소나무』, 평양출판사, 2015, 7쪽 : "위대한 김일성주석의 아버님이신 우리 나라 반일민족해방운동의 탁월한 지도자 김형직선생님께서는 대를 이어 싸워서라도 기어이 조선독립의 새봄을 안아오려는 철석의 신념과 의지를 모진 비바람에 시달리고 눈서리에 파묻혀도 변함없이 청청한 빛을 뿌리며 새봄을 맞는 소나무의 억센 기상을 담아 시 『남산의 푸른 소나무』를 손수 지으시였다."

14 위의 책, 7쪽.

3. 남북 화해의 상징으로서 한반도기와 〈아리랑〉

남북 분단을 극복하고, 화해와 협력의 공감대를 형성하기 위해서는 남북이 공유할 수 있는 오브제가 필요하다. "오브제는 의식과 감각의 대상으로 등장하는 것으로서, 우리의 인식과 행위의 대상뿐만 아니라 관념적인 대상과 객체, 물체, 실체 또는 단순한 사물을 의미"한다. 대상이나 개념, 인식과 관련한 시각적인 형태에 대해 이미지를 갖게 갖는데, 특히 이러한 인간의 정신작용, 즉 심상을 강하게 불러일으키게 되는 요소가 오브제이다.[15] 남북과 관련한 오브제 혹은 상징은 분단과 갈등의 지난 역사를 이해하는 목적으로 활용되는 것이 대부분이다. 새로운 시대적 상황, 평화의 시대적 의미와 부합되는 오브제가 필요하다.[16]

기억은 구체적인 매개체가 있어야 한다. 알박스는 '집단기억'의 개념을 도입하면서, '집단기억'은 "개념과 이미지가 결합된 양태를 보여주며 특정한 '공간'을 통해서 실체화된다"고 하였다. 집단기억은 공간을 창조함으로써 공고해지는데, 이때의 공간이란 "단지 상호작용의 장(場)일 뿐 아니라 특정집단의 정체성이 구체화되는 장소"[17]로 규정하였다. 한반도 평화를 지향하는 경우에도 한반도 평화와 번영의 기억을 매개하는 물리적인 매개가 있어야 한다.

현재 남북의 통일과 화해를 상징하는 상징물로는 한반도기와 〈아리랑〉이 있다. 한반도기가 처음 논의된 것은 1990년이었다. 1990년 7월 27일부터 8월 3일까지 북경에서 개최된 극동 4개국 다이너스컵 축구대

15 김채영, 「공간재활용을 통한 문화 창작 공간 디자인 연구-스토리텔링 공간 표현 중심으로-」, 이화여자대학교 디자인대학원 석사학위논문, 2012, 20쪽.

16 통일전시 공간과 오브제에 대해서는 김성민 외, 『통일 공간의 재구성 : 분단극복과 인문학적 비전의 소통공간으로』 IHU Report 제6호, 건국대학교 통일인문학연구단, 2018 참고.

17 전진성, 『역사가 기억을 말하다』, 휴머니스트, 2009, 49쪽.

2018년에 있었던 '판문점선언 이행을 위한 남북노동자 통일축구대회' 앰블런과 입장권(좌) 입장식 행사에서 사용된 한반도기(중), 2018년 자카르타 장애인아시안 게임의 남북 단일팀을 상징하는 한반도기의 부채와 깃발(우)

회에 김용균 체육부 차관은 대회에 참가하고 있던 북한 국가체육위원회 강득춘 부위원장에게 경평축구와 싸이클 대회를 제안하였다. 이에 대해 북한에서 긍정적인 입장을 전달했고, 마침내 북경에서 남북체육회담이 성사되었다. 이후 몇차례의 회담을 거치고, 분단 44년 만에 남북통일축구경기가 10월 11일 평양 '5.1경기장'에서, 10월 23일 서울 잠실올림픽경기장에서 개최되었다. 이를 계기로 남북 단일팀 논의가 진전되었다. 몇 차례 회담을 거친 끝에 1991년 2월 12일 판문점에서 제41회 세계탁구선수권대회와 제6회 세계청소년축구선수권대회 남북 단일팀 구성에 합의하였다.

이 과정에서 남북은 선수단 호칭과 단수단 단기, 선수단 단가 문제에 합의하였다. 이때 선수단 호칭은 '코리아'(영문으로는 KOREA)로, 선수단 단기는 '흰색 바탕에 하늘색 한반도기'로 선수단 단가는 1920년대 아리랑으로 합의하였다.

이후 '흰색 바탕에 하늘색 한반도기'는 국제스포츠 행사나 국제 문화행사, 국제 예술제에서 〈아리랑〉과 함께 남북의 화해와 협력을 상징하는 상징물로 자리 잡았고, 점차 영역을 확장해 나가고 있다. 흰색 바탕에 파란색으로 그려진 한반도가 남북의 통일을 상징한다. 한반도기는 남북의 화해와 협력, 통일을 상징하는 거의 모든 상징에 사용되고 있다.

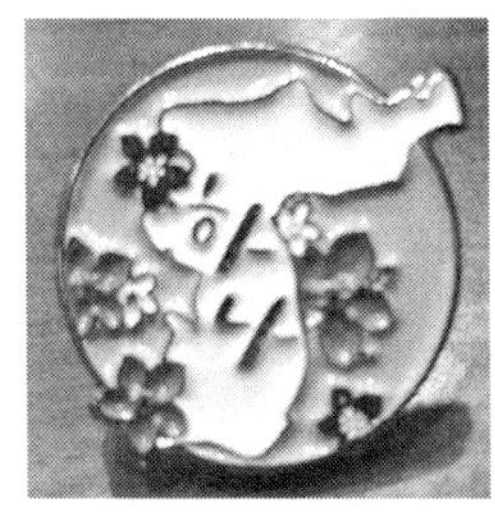

남쪽 단체의 상징으로 사용한 한반도

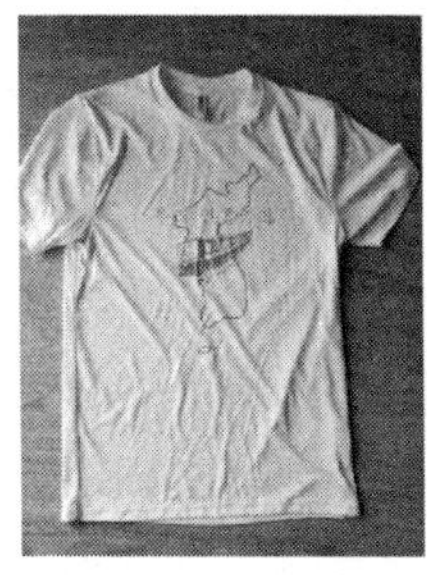

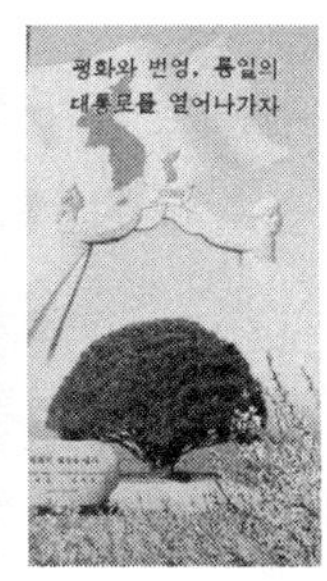

북한에서 만든 기념티셔츠, 대집단체조와 예술공연 〈빛나는 조국〉 팜플릿 내지 10.4선언 기념 축하공연 판플릿내지(우)

흰 바탕에 푸른 한반도 기는 남북 공동 행사나 국제 대회, 국내외의 통일 관련 단체나 행사의 기본 도안으로 활용되고 있다.

한반도기는 남한에서 뿐만 아니라 북에서 사용한다. 북한에 만든 기념 티셔츠에는 한반도 지도와 남북으로 갈라진 한반도가 하나가 되자는 의미로 열차로 연결되어 있는 이미지를 담고 있다. 아래 그림은 남북에서 한반도기를 활용한 상징물 사례이다.

한반도기가 남북을 상징하기는 하지만 한계 또한 분명하다. 한반도기는 당초 남북 단일선수단을 상징하는 선수단기였다. 울릉도와 독도를 포함하여 한반도 지형을 상징하는 지형적인 상징을 근간으로 한다.

남북이 공동으로 사용하는 '아리랑'은 남북이 함께 부르는 노래가 분명하다. 한반도에는 여러 가지 아리랑이 존재한다. 아리랑이 언제부터 어떤 의미로 사용되었는지를 확인하기는 쉽지 않다. 아리랑은 오랜 역사를 지닌 우리 민족의 노래이다. 세월이 지나면서 세계로 흩어진 민족을 따라서 지역으로 흩어지면서 상황에 맞는 다양한 사설들이 남녀노소 사이에서 불렸고, 조금씩 개조되는 과정을 통해 〈아리랑〉의 정서는 곧 민족이 공유하는 정서가 되었다고 보고 있다.

1920년대 〈아리랑〉은 1926년 춘사 나운규가 각본 · 감독 · 주연 · 제작한 영화 〈아리랑〉에서 불렸던 아리랑이다. 춘사 나운규가 각본 · 감독 · 주연 · 제작한 영화 〈아리랑〉이 공존의 히트를 기록하면서였다. 영화가 큰 인기를 모으면서 당연하게 영화 주제가였던 '아리랑'도 민중들 사이에 널리 퍼지면서, 아리랑은 민족의 수난을 상징하는 노래가 되었다.[18] 북한에서 〈아리랑〉을 긍정적으로 평가하는 것은 민요 〈아리랑〉이 '민족적 정서와 수난은 인민들 당하던 쓰라린 고통과 설음, 통치배에 대한 원한, 행복한 생활에 대한 지향과 염원'이 담겨 있다고 보기 때문이다.[19]

남북이 상징적으로 사용하고 있는 한반도기와 아리랑은 남북이 공유할 수 있는 상징성이 높은 것은 사실이다. 하지만 한반도 평화와 미래 지향적인 가치, 인간적인 가치로서 의미는 제한적이다. 한반도기는 남북의 주민이면 누구나 인지할 수 있는 상징이지만 국제 사회에서 한반도 지도가 남북을 상징한다는 것을 인식시키기에는 부족한 점이 있다. 특히 남북이 지형적인 상징을 넘어 공통의 가치를 상징하는 가치 개념의 상징물이

---

18 '아리랑'『문학예술사전』, 과학백과사전출판사, 1993, 154 쪽 : "아리랑 노래들은 기본적으로 남녀간의 사랑의 감정을 표현하면서도 당대 인민들의 이러저러한 생활적 감정들이 반영되고 있다. 즉 아리랑의 민요군가운데서 〈신아리랑〉에는 일제의 조선 감정시기에 체험하고있던 우리 인민들의 암담한 생활감정이 반영되고있으며 〈긴아리랑〉에는 살길을 찾아 이국만리로 떠나는 사람들의 슬픔과 울분이 담겨져있다."

19 엄하진, 『조선민요의 유래 1』, 예술교육출판사, 1992, 191쪽 : "『아리랑』은 … 적지 않은 변종들을 가지고 있으나 그 바탕에 흐르고 있는 내용에는 거의 모두가 사랑의 감정을 기본으로 하면서 버리고간 님에 대한 애정과 원망 그리고 미래에 대한 희망과 결부되어 있는 것이 공통적이다. 얼핏보면 단순한 사랑의 노래로 볼수 있지만 그 바탕에는 해당 시기 우리 인민들이 당하던 쓰라린 고통과 설음, 통치배에 대한 원한 그리고 행복한 생활에 대한 지향과 념원이 절절하게 반영되어 있다."

필요하다. 한반도 평화를 위한 공공 디자인에는 사회의 내재화된 규범이나 가치 등이 반영되어야 한다.

3. 한반도 평화의 공공디자인

1) 공공디자인과 예술의 사회 참여

공공디자인은 "공공기관이 조성·제작하여 설치·운영 및 관리하는 공공의 공간이나 시설·용품·정보 등을 공공디자인 정책에 의해 심미적·상징적·기능적으로 가치를 높인 행위의 결과물이라고 해석된다."[20] 남북 사이의 분단은 이데올로기라는 문화적 상징을 통해 간접적이고 심리적인 형태의 문화적 폭력이 이루어져 왔었다.

하지만 남북 사이에서 이루어지는 새로운 관계는 화해와 협력의 상징을 만들어야 하는 시기가 되었다. '서로의 보여주기'를 넘어서서 '공통의 것을 만들기'가 되어야 할 단계에 있다. '공통의 것 만들기'는 강제적 동질성 회복을 의미하지 않는다. 공통의 것을 만들어내기 위해서는 대립을 지속하는 정체성의 화해와 협력으로 이어져야 할 것이다. 즉, 남북한 대립을 해소하고 보다 나은 화해와 협력의 길을 가기 위해서는 '남북한 화해 상징'을 만들어내야 할 필요성이 커지고 있다."[21]

인간은 상징의 동물이다. 인간의 가장 기본적인 활동은 곧 상징의 끊임없는 생산과 재생산, 그리고 이에 대한 상호 작용의 과정으로 볼 수 있다. 상징은 집단의 결속과 사회통합의 기능을 한다. 상징이 사회 질서

---

20 이경희, 「공공디자인에 기반한 도시이미지 형성에 관한 연구-부산센텀시티 도시경관과 스카이라인 분석을 중심으로-」, 부경대학교 산업디자인학과 석사학위논문, 2017, 16쪽

21 정영철, 「남북한 대립 상징의 구조와 변화」, 『북한연구학회보』 제11권 제1호, 북한연구학회, 2007, 326-327쪽.

의 유지와 통일의 중요한 수단이 된다. 개인을 보다 큰 정치질서와 연결시켜주고, 서로 다른 개개인의 다양한 동기를 수렴 또는 일치시키며, 집단행위를 가능하게 해주는 역할을 한다. 때로는 반대의 기능을 하기도 한다. 상징은 현존 사회질서와의 통합에서 긍정적 기능만을 수행하는 것은 아니다. 상징을 믿는 그룹과 믿지 않은 그룹 사이에 갈등을 확산하기도 한다. 대립상징 혹은 저항상징은 현존 질서나 가치에 대해서 부정적인 가치와 신념을 대변할 수도 있다.

상징의 정치 사회적 기능이 사회질서와 사람들의 내면세계의 통합이라고 했을 때, 상징은 전통, 민족주의 등과 쉽게 결합하게 된다. 그리고 그 상징은 해당 구성원들의 시원, 존재 이유, 삶의 정당성 등을 합리화하는 기능을 담당한다. 미국의 정치학자 찰스 메리암은 정치에 적용, 미란다(miranda, 동일시의 상징)와 그레덴다(credenda, 합리화의 상징)로 분류하여 지배자의 권력 유지 모형을 제시했다. "미란다(miranda)는 '피통치자가 정치권력을 무조건적으로 신성시하고 자엄하며 칭찬할 만한 것으로 느끼고 예찬하는 비합리적인 상황'을 가리키는 말로 인간의 정서적, 비합리적 측면에 호소하여 지배자를 찬미하게 하는 것이다." "그레덴다(credenda)는 마란다와 대비되는 것으로, 정치권력의 자기유지수단의 하나이다. 이는 정치권력이 합리화되고 정당화될 수 있는 상황의 조성을 의미하는 것으로, 인간의 이성적, 합리적 측면에 호소하여 지배자를 신뢰하게 하는 것이다."[22]

상징을 디자인하는 과정에서 우선적으로 고려되어야 할 요소는 공공성이다. 요즘 국내에서도 화두로 떠오른 Social Design(사회적 디자인)이 있다. 사회적 디자인은 디자인을 통해 보다 나은 세상 즉, 사회혁신을 이루기 위한 것으로 빅터 파파넥(Victor Papanek)이 주장해 온 인간을 위한 디자인이나 사회 및 환경에 책임을 다하는 디자인을 말한다.[23] 이를 통일

22 정교진, 「북한 독재정권의 정치적 상징조작 유형연구」, 『북한학보』 40집 2호, 북한연구소 · 북한학회, 2015, 117쪽.

문제, 한반도 평화 문제와 연결할 수 있다. 한반도 분단 극복과 화해협력을 위한 지속 가능한 Public Interest Design(공익디자인)으로서 인간 중심의 실천적 디자인으로서 기능에 주목해야 한다.

사회 참여와 관련한 예술, 즉 예술의 사회 참여에 대해서는 "관계 미학(relational aesthetics)이나 공동체 예술(community art) 또는 협업예술(collaborative art), 참여예술(participatory art), 대화예술(dialogic art), 공공예술(public art) 등으로 불려왔다."[24] 현실 사회의 문제와 관련한 상징이나 예술이 사회적 의미를 획득하기 위해 반드시 필요한 것은 '확장성'이다. "예술집단과 예술계 외부에 존재하는 참가자들을 아우를 수 있는 확장성이다." 참여자 예술집단과 예술계 이외의 참여자들이 서로 다른 정보를 갖고 있거나 동기나 결과가 다르게 되면 받아들이기 어려워진다.[25]

2) 공공디자인 사례

사회적 공감대를 얻어 상징물로 정착된 공공디자인 사례로는 세월호를 상징하는 옐로우 리본, 일본군 성노예와 관련한 평화의 소녀상, 제주 4.3

---

23 이경희, 「공공디자인에 기반한 도시이미지 형성에 관한 연구-부산센텀시티 도시경관과 스카이라인 분석을 중심으로-」, 부경대학교 산업디자인학과 석사학위논문, 2017, 23쪽.

24 안지언 · 장혜미, 「사회참여적 예술의 심볼의 효과-옐로우 리본을 중심으로」, 『한국사회학회 사회학대회 논문집』, 한국사회학회, 2014.06, 206쪽.

25 안지언 · 장혜미, 위의 논문, 208쪽 : "옐로우 리본의 의미는 무사생환을 바라는 마음을 옐로우 리본을 나뭇가지에 매다는 것으로 표현했던 미국의 관습에서 차용된 것이다. 그런데 이러한 옐로우 리본이 한국사회에서는 '노란색'의 정치적 의미 때문에 논란의 여지가 있기도 했다. 故노무현 대통령을 상징하는 색깔이 노란색이었기 때문이다. 세월호 사건의 책임을 정부에게 묻는 사람들과 반대로 정부를 옹호하는 사람들로 나눠지게 되면서 옐로우 리본은 정부에게 책임을 묻는 사람들의 정치적 성향을 보여주는 상징으로 간주되는데, 이 때문에 사회구성원들 사이의 갈등이 유발되었다. 이를 가장 극명하게 보여주는 예는 '일베'가 만든 변형된 옐로우 리본이라 할 수 있겠다. 또 몇몇 정치인들이 옐로우 리본 착용을 거부하는 사례도 그러한 맥락에서 이해할 수 있다."

촛불집회를 상징하는 상징탑(좌), 보건복지부에서 제작한 임산부 배지

과 관련한 동백꽃 등이 있다. 이들 상징물은 존재와 소통의 상징물로서 강력한 메시지(Message)나 이미지(Image)를 전달한다. 상징물이 의미를 갖는 것은 상징을 매개로 한 의미 전달이 지속적으로 커뮤니케이션(Communcation)이 일어난다.

카카오 톡의 옐로우 리본은 세월호의 사건과 맞물려 희망의 상징으로 부각되었다. 세월호는 우리 사회의 총체적인 무기력 현상을 불러 일으켰다. 사회 지도층의 무기력, 안전불감증, 책임의식의 부재, 인간성 몰락이라는 사회 위기를 함축적으로 담고 있는 사건이었다. 세월호를 통해서 우리 사회가 가진 문제점이 고스란히 드러났다. 우리 사회 전체가 충격적인 소식을 접하면서, 집단 무기력에 빠져들었다. 노란 리본 달기는 세월호 희생자들에 대한 애도의 의미인 동시에 개인의 슬픔을 표출하는 분출구였다. 동시에 우리 사회에 많은 구성원들이 노란 리본 달기에 참여함으로써, 사회적 유대감을 향상시키는 계기가 되었다.

평화의 소녀상은 일본군 '위안부' 피해할머니를 기리고, 일본군 성 노예 문제의 정의로운 해결을 시민들이 뜻을 모아 1997년 경기도 광명 나눔의 집에서 처음 세워졌다. 피해 할머니들이 그린 그림을 모은 책 『못다

용산구청 앞에 세워진 소녀상(좌)과 대현동에 세워진 '대학생이 세우는 평화비' 국민대학교 소녀상 건립추진위원회 포스터 ⓒ 전영선

핀 꽃』에서 모티브를 가져온 최초의 동상은 댕기머리에 신발을 신고 있는 것이 특징이다. 이후 종로 주한일본대사관 앞에 '수요집회' 1000회를 기념하기 위해 두 번째 소녀상이 세워졌다. 이후 일본군 성 노예 피해 문제가 한일 양국 사이에 불거지면서 사회적 관심을 촉발하게 되었고, 지방자치단체나 단체에서 소녀상을 모티브로 한 다양한 동상을 건립하면서, 일본 정부의 공식적인 사죄와 전쟁 피해를 상징하는 상징물로 자리 잡았다.

소녀상이 국내 외에서 주목을 받으면서, 평화와 인권을 상징하는 상징물로 국내 외에 세워지고 있다. 전국에 세워진 소녀상의 모습은 동일 하지 않다. 뒷모습을 보이는 소녀상으로부터 다국적 소녀상까지 나름의 의미와 특징을 담고 있다. 2018년 국민대학교 소녀상 건립추진위원회에서 추진하고 있는 소녀상은 '우리', '당당함', '동백꽃'을 모티브로 하였다. 위원회에서는 '우리'는 일본군 '위안부' 문제는 할머니의 문제가 아니라 우리 모두의 문제라는 것이다. '당당함'은 "억울하고 모진 73년의 세월이었지만 할머님들은 누구보다도 꿋꿋하고 당당"하게 싸운 할머님들과 "대지에 깊이 박힌 바위처럼, 모진 시련에도 흔들림없이 걸어나갈 의지"를 형상한 것이다. 소녀의 발을 감싸고 있는 '동백꽃'은 국민대 학생들을 뜻한

2018년 9월 15일 보리출판사에서 진행한 『평화의 소녀상을 그리다』 (보리, 2018)의 저자 김세진 그림설명회 포스터(좌), 원화(중), 도서(우)

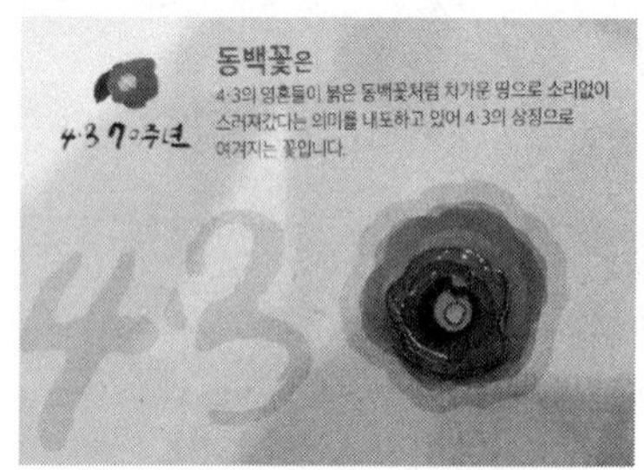

제주 4.3 70주년을 맞이하여 제작한 동백꽃 배지

다고 하였다.

2018년 작가 김세진씨는 전국 75곳에 세워진 평화의 소녀상을 수채화로 그린 원화 전시회와 설명회를 개최하였다.[26]

동백꽃은 제주 4.3 70주년을 맞이한 2018년에 제정한 상징물이다. 제주 4.3이 있었던 봄에 피어나 사라지듯 떨어지는 동백꽃의 이미지를 부여하였다. "동백꽃은 4.3의 영혼들이 붉은 동백꽃처럼 차가운 땅으로 소리없이 스러져갔다는 의미를 내포하고 있어 4.3의 상징으로 여겨지는 꽃입니다"는 설명에서 알 수 있듯이 4월에 떨어지는 동백꽃처럼 떨어진 희생자를 상징한다.

26 "세계 일본군 '위안부' 기림일(8월 14일)"을 맞이하여 보리출판사에서 발간한 『평화의 소녀상을 그리다』, 도서출판 보리, 2018.

4. 한반도 평화 상징(심볼)과 의미화

1) 남북의 통일(통합, 통일) 상징화 원칙

(1) 탈국가주의와 평화의 공공성

한반도 분단의 극복과 협력을 통한 화해 협력의 시대는 시대적 의미를 담은 공공디자인이 있어야 한다. 남북 사이에 일상이 된 분단과 적대의 상징을 넘어 남북 화해와 협력으로 나아가는 한반도 평화는 특정한 계층이나 집단의 이익이 아닌 대한민국의 발전과 인류평화를 위한 공공의 목표이며 가치로 의미를 갖는다. 한반도 평화는 특히 일상에서의 대립 상징의 극복은 남북 사이의 정치적인 협상, 경제적인 교류만으로는 해소되지 않는다. 보다 목적의식적으로 남북 화해와 협력의 정서를 소통하고, 극복하려는 노력과 의미의 공유과정이 필요하다.[27]

분단을 극복하고 평화를 열어가기 위한 공공의 영역으로 평화 디자인이 필요하다. 공공디자인은 공공 기관이 제공하는 공공의 공간으로부터 시설이나 용품, 정보 등을 디자인 정책에 의해 심미적, 상징적, 기능적으로 가치를 높이는 행위의 결과물이라고 할 수 있다. 공공디자인이 범위는 공공디자인의 개념을 어떻게 정의하는가에 따라서 범위가 크게 달라진다.[28] "일반적으로 공공디자인은 크게는 환경디자인에서부터 작게는 공

---

27 오병찬, 「지방중소도시 가로환경 공공디자인 실행체계에 관한 연구」, 홍익대학교 대학원 디자인 · 공예학과 박사학위논문, 2018, 14쪽 : "공공성의 사전적 정의는 "한 개인이나 단체가 아닌 일반 사회 구성원 전체에 두루 관련되는 성질"이다. 이 정의에 따르면, 공공성은 어떤 실체가 아니라 사생활이나 사적인 것 the private과 구분되는 공동체의common, 공동의 public, 널리 공개된 opened의 성질을 가리킨다. 구성원 각자의 생각과 이해관계가 다르기 때문에 공공성에서는 그 내용만이 아니라 성질을 밝히는 과정이 중요하다."

28 이경희, 「공공디자인에 기반한 도시이미지 형성에 관한 연구-부산센텀시티 도시경관과 스카이라인 분석을 중심으로-」, 부경대학교 산업디자인학과 석사학위논문, 2017, 16쪽 : "일반적으로 공공디자인은 크게는 환경디자인에서부터 작게는 공공성을 담보한 공공기관의 서류양식까지 그 범위가 실로 넓다. 그리고 견해에 따라서 디

공성을 담보한 공공기관의 서류양식까지 그 범위가 실로 넓다. 그리고 견해에 따라서 디자인의 정의에는 공공성이 전제되어 있어서 모든 디자인이 공공디자인이라 해도 과언이 아니다라는 주장도 있다. 즉, 공공성의 의미와 관계가 있는 것은 모두 공공디자인이라 말할 수 있다는 것으로 이는 공공디자인의 영역 및 가치와 역할이 얼마나 광범위한가를 보여준다." 공공디자인과 비슷한 개념으로 "Social Design(사회적 디자인)이 있다. 사회적 디자인은 디자인을 통해보다 나은 세상 즉, 사회혁신을 이루기 위한 것으로 빅터 파파넥(Victor Papanek)이 주장해 온 인간을 위한 디자인이나 사회 및 환경에 책임을 다하는 디자인을 말한다. 즉, 소수만을 위한 디자인이 아닌 소외되었던 제3세계 등의 다수를 위한 디자인을 의미하며 디자이너의 윤리의식과 전문능력을 바탕으로 사회문제를 해결하고 지역 경제에 기여하며 지속가능한 인간의 행복을 추구하고자 한다."[29]

한반도 분단의 정체성을 극복하고 평화로 나아가기 위한 매개체로서 공공의 상징이 필요하다. 이와 관련한 상징물이나 상징적인 공간은 많지 않다. 일반인들이 통일을 체험할 수 있는 공간의 대부분이 한반도 평화체제 구축과 미래를 위한 공간이 아니라 한반도 분단과 관련한 유적지, 기념시설, 통일 전시관, 통일전망대, 평화체험관 등의 분단 공간이다.

(2) 상징화의 스토리텔링

상징화 작업이 성공적으로 이루어지기 위해서는 다양한 요소가 유기적으로 결합되어야 한다. 상징은 문화 자산을 구체적인 대상물로 압축적으로 매개 한다. 성공적인 매개를 위해서 우선 필요한 것은 스토리텔링이다.

자인의 정의에는 공공성이 전제되어 있어서 모든 디자인이 공공디자인이라 해도 과언이 아니다라는 주장도 있다. 즉, 공공성의 의미와 관계가 있는 것은 모두 공공디자인이라 말할 수 있다는 것으로 이는 공공디자인의 영역 및 가치와 역할이 얼마나 광범위한가를 보여준다."

29 이경희, 위의 논문, 23쪽.

BBC그라마 닥터 후의 타티스(TARDIS)

상징은 창작의 과정보다 의미를 공유하는 과정이 더욱 중요하다. 상징은 문화공동체를 매개하는 매개물이기 때문이다. 스토리를 상징하는 것으로 영국 BBC 방송드라마로 세계적인 인기를 모은 '닥터 후'의 타티스(TARDIS)가 있다. 타티스는 예전에 영국에 있었던 파란색의 경찰 전화박스이다. 지금은 사라지고 없어졌지만 예전에 존재했던 공중전화 박스가 드라마 닥터 후에서 후의 전용 우주선이자 타임머신으로 이용되었다. '타티스(TARDIS)'라는 말은 'Time And Relative Dimension In Space'(시간과 상대적 차원의 공간)의 머리말로 만든 단어이다. BBC에서 닥터후를 방영하면서, 타티스의 인기도 높아졌고, BBC방송국에서는 경찰 전화 박스의 판권을 사기도 하였다.

드라마의 도구로 사용된 타티스는 현실에서는 불가능하지만 닥터 후의 인기에 힘입어 시간과 공간을 자유롭게 여행할 수 있는 관광 상품으로도 인기를 모았다.

스토리텔링이 반드시 서사일 필요는 없다. 상징과 의미를 공유할 수 있으면 그것이 스토리가 된다. '휴머니움(Humanium)'은 평화를 상징하는 금속이다. 휴머니즘과 금속을 의미하는 두 단어가 합성된 휴머니움은 소재는 총기류이다. 경찰에 압수된 총을 녹여 만든 금속이다. 총기사고로

출처 Humanium Metal 홈페이지

피해를 입은 사람들을 돕자는 취지로 총기를 녹여서 만든 새로운 금속이다. 스톡홀롬의 크리에이티브 에이전시인 '그레잇 웍스(Great Works)'와 '아케스탐 홀스트(Akestain Holst)'가 진행하는 캠페인으로 재탄생한 금속이다.

독일통일의 상징으로 애용하는 '암펠만(Ampelmann)'이 있다. 암펠만은 디자이너 칼 페글라우가 디자인한 동독의 신호등 속에 있는 인물 캐릭터이다. 독일어로 신호등을 의미하는 암펠(Ampel)과 사람이라는 만(mann)의 합성어이다. 지금은 동서독 통일의 상징으로 옷, 지갑, 가방 등의 일상용품에 없는 것이 없는 다양한 상품 캐릭터로 주목받고 있다. 나아가 암펠만 캐릭터와 부인 캐릭터, 자녀캐릭터까지 등장하였다.

구 동독의 신호등 캐릭터였던 암펠만이 통일의 상징이 된 것은 동독 주민의 노력 때문이었다. 1989년 동서독 분단의 상징이었던 베를린 장벽이 무너지고 독일이 통일되었고, 신호등 역시 서독 스타일로 바뀌었다. 하지만 암펠만이 없어지자 익숙한 캐릭터를 살리려는 동독 주민들의 '암펠만 살리기 캠페인'이 시작되었고, 베를린에 다시 등장하였다. 중절모를 쓰고 걸어가는 모습의 암펠만은 베를린의 상징으로 자리잡았고, 지금은 전세계인의 사랑을 받는 캐릭터가 되었다.

(3) 일상화의 원리

한반도 평화의 상징이 자리잡기 위해서는 상징의 일상화가 있어야 한다. 특별한 '사건'이나 거창한 역사보다 우리와 밀착된 '일상'이나 '생활'과 관련된 문제가 더욱 중요한 의미로 부각되는 시기이다. 통일문제에서도

베를린 신호등의 암펠만 ⓒ 전영선

동독의 신호등 캐릭터에서 통일독일을 상징하는 캐릭터가 된 암펠만 상점(우) ⓒ 전영선

일상성의 회복이 필요하다. 통일교육은 일상에서 접하는 생활이 아니라 특별한 사건이 되었다.

통일의 일상화, 평화의 일상화가 필요하다. 남북의 문화 자산을 활용한 평화 상징을 어떻게 만들어 나가야 할 것인가에 대한 문제를 제기한다. 일상에서 통일을 구체적으로 상상할 수 있다면 통일의 상징으로서 새로운 의미가 만들어질 수 있다.

통일과 관련해서는 남북 화해 모드가 조성되면서, 남북 철도연결에 대한 기대감이 높아지면서 서울-평양, 서울-파리간 가상 승차권을 발권한 적이 있었다. 유라시아 횡단열차 승차권은 실제 갈 수는 없지만 한반도

유라시아 횡단열차 가상 승차권(좌)과 철도청의 광고 보드

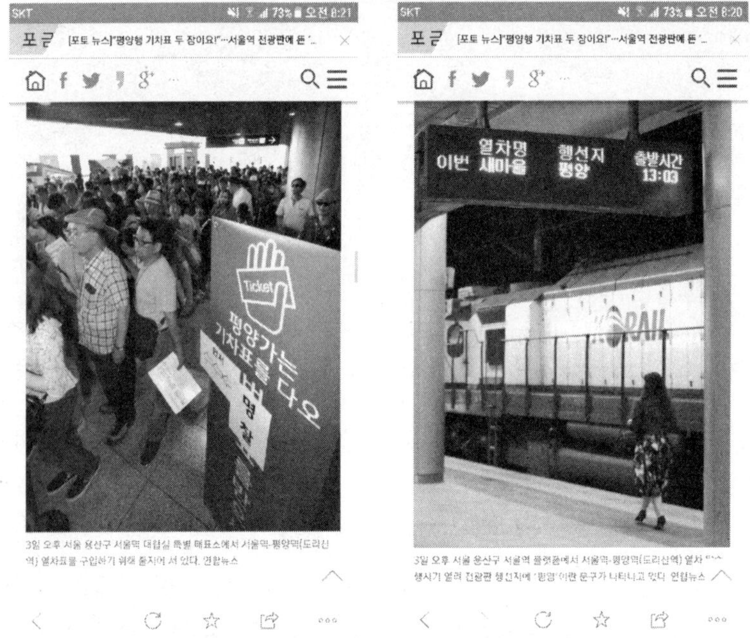

유라시아 횡단열차 판매를 보도한 기사

종단철도와 시베리아 횡단철도가 연결된다는 것을 가정하여 발행한 승차권이다. 2018년 남북정상회담의 성공적인 개최 이후 한반도 평화에 대한 기대감이 높아지면서 가상의 승차권을 발행하였는데, 엄청난 관심 속에

표를 구매하려는 사람들로 성황을 이루었다.

가상 승차권은 서울-평양 구간의 자유석 27,000원이, 서울-파리 구간은 자유석이 583,400원의 가격이 매겨져 있었다. 유라시아 횡단 승차권 판매를 남북정상회담의 성과를 기념하는 이벤트로 유라시아 철도의 관문인 서울역의 이미지를 각인하고, 통일이 되었을 때를 상상하는 이벤트로 관심을 모았다. 열차표를 구매하기 위한 시민들이 몰려들어 북새통을 이루기도 하였다.

5. 한반도 평화와 통일 상징 사례와 가능성

1) 남북정상회담 기념물과 굿즈

한반도의 평화와 통일을 기원하는 상징이 있었다. 특히 남북관계의 획기적 전환을 이룬 남북정상회담, 북미정상회담을 계기로 한반도 평화를 상징하는 다양한 굿즈가 만들어졌다.

남북정상회담과 관련한 기념물로는 기념주화와 굿즈 등이 있다. 기념주화는 화폐를 발행하는 은행에서 기념을 목적으로 만들어진 주화이다. 남북 정상회담과 북미정상회담이 끝난 이후 회담을 기념하며, 한국조폐공사에서는 '통일기금조성사업'으로 한반도 평화 기념메달을 싱가포르 조폐국과 공동으로 6종의 기념메달을 발행하였다.

한국조폐공사에서 발행한 남북정상회담 기념 메달은 한반도 평화 기념메달 "평화, 새로운 시작" 2018남북정상회담 기념 '금메달', '색채 은메달', '황동메달' 3 종류로 판매가격은 각각 1,190,000원, 89,000원, 32,000원이었다. 금메달은 한반도를 배경으로 남북 정상이 손을 맞잡고 있는 모습을 상징으로 하며, 은메달은 한반도를 배경으로 남북 정상이 손을 잡고 군사분계선을 넘는 것을 상징으로 하였다.

4.27판문점선언 기념 배지(우리겨레하나되기운동본부)와 정상회담 굿즈

남북정상회담 관련 굿즈(goods)는 2018년 4.27 남북정상회담을 기념하는 다양한 굿즈와 상징물이 나왔다. 이들 굿즈는 구체적이고 직접적인 방식으로 남북관계의 의미 변화를 상징한다. '한반도의 평화와 번영, 통일을 위한 판문점 선언'을 기념하기 위해 (사)우리겨레하나되기운동본부에서 제작한 배지(좌) 크라우드펀딩 플랫폼 텀블벅에 올라왔던 '평화, 새로운 시작 남북정상회담' 배지의 시안이다.

북한에서는 2018년 9월 남북정상회담을 기념하는 '제5차 북남수뇌상

봉과 회담 기념우표'를 발행하였다. '우리는 하나'라는 글자로 한반도를 새기고 가요 〈우리는 하나〉의 가사를 실었다. 남북 사이에 사용하던 흰 색 바탕에 그려진 한반도가 아니라 '우리는 하나'라는 글자 디자인으로 한반도를 그렸다. 단순한 지형의 형상을 본딴 것에서 나아가 한글을 통해서 남북이 하나라는 의미를 함께 달았다.

북에서 발행한 남북정상회담 기념 우표

2) 남북관련 상징

최근 등장한 통일 관련 상징은 새로운 가능성을 보여준다. 개성공업지구지원재단에서 개발한 개성공단 상징 배지와 기념물은 남북 상징의 새로운 가능성을 시사한다. 개성공단이라는 글자를 위, 아래로 배치하면서, 개성공단 글자 중에서 '성'과 '공'을 겹치게 하여 '성공'에 포인트를 두었다. 개성이라는 글자 옆에는 사람이 어깨를 나란히 하고 있는 모양을 넣어 남북이 어깨동무하면서, 개성공단을 성공시키자는 의미를 드러낸다.

개성공단을 상징하는 시계 모양의 컵 받침대이다. 남과 북을 상징하는 두 원형의 시계는 남과 북의 시계가 같이 돌아간다는 것을 상징한다. 남

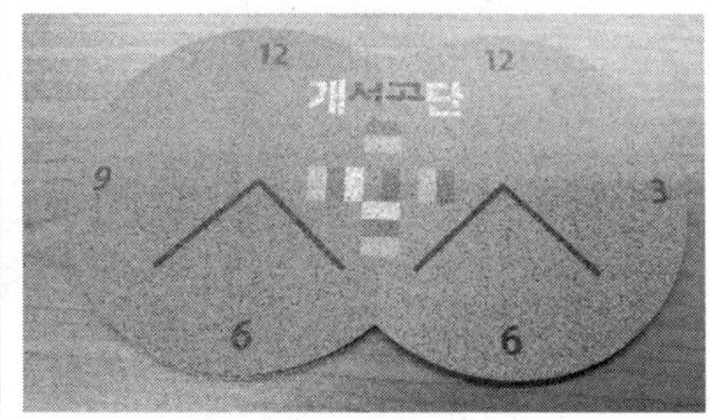

개성공단 상징 배지(좌), 개성공단을 상징하는 컵받침대(좌)

북이 공유하는 시간은 같다는 상징이다. 원형의 색은 남과 북을 상징하는 파랑과 주홍이다. 두 시계 사이에 있는 '개성공단'의 글자는 가운데 두 글자의 받침인 'ㅇ'에 상대편의 색을 넣었다. 즉 빨간색에 있는 '성'이라는 글자의 받침에는 파란색 동그라미로 파란색에 있는 '공'이라는 글자의 받침에는 빨간색 동그라미로 그렸다. 이렇게 포인트를 주면서 '성공'이라는 의미를 상징화하였다.

2018년 통일교육 주간에 등장한 '통일꽃피우다'는 남북이 전통적으로 사용하였던 한반도기를 사용하지 않았다. '통일꽃피우다'는 '통일 꽃을 피우다'와 '통일을 꽃 피우다'의 중의적 의미가 있는 상징이다.

북한의 상징 중에서는 도라지꽃이 주목된다. 2018년에 진행한 대집단체조와 예술공연 〈빛나는 조국〉 팜플릿에서는 흰색과 보라색의 도라지꽃으로 표지를 장식하였다. 도라지꽃은 한반도 전역에서 자라는 꽃으로 약재와 식용으로 이용하는 여러해살이풀이다. 북한에서 진행되는 공식 행사에서는 국화(國花)인 목란이나 김일성화, 김정일화가 등장하였다. 국화는 아니지만 가장 진달래가 아닌 도라지꽃을 사용한 것은 새로운 상징

2018년 통일교육주간을 기념하는 '통일꽃피우다' 티셔츠(좌),
도라지꽃을 전면에 배치한 2018년 대집단체조와 예술공연 〈빛나는 조국〉 팜플릿(우)

으로서 가능성을 보여준다.

2018년을 계기로 전환기에 들어선 남북관계는 이전과는 다른 새로운 관계를 형성해 나갈 것이다. 본격적인 평화체제에 맞추어 한반도 평화체제에 대한 정확한 이해를 통한 평화체제에 대한 국민적 공감대 확산이 필요하다. 한반도 평화체제로의 전환은 분단 70여 년 동안 일상의 삶과 인식을 지배했던 '분단 사유'를 극복하고 평화적 삶으로의 역사적 문이 열리는 역사적인 시기이다. 이러한 전환기에 어울리는 새로운 평화의 상징이 필요하다.

상징은 사회 질서의 유지에 도움이 되며, 개인을 보다 큰 정치 질서와 연결하고, 서로 다른 개개인의 다양한 동기를 수렴 또는 일치시키며, 집단행위를 가능하게 해주는 역할을 한다.[30] 정치적 동물로서 인간은 상징 혹은 상징체계를 통해 서로의 연대를 표시한다.[31] 상징은 다양한 차원에서 활용된다. 상징은 상징을 활용할 수 있는 정치권에서 정치적 목적으로 사용하였다.[32] 이런 이유로 남북관계를 상징하는 상징물의 대부분은 대립과 갈등을 의미하는 것이었다. 이러한 상징은 통일에 대한 부정적인 인식을 확산하고, 통일에 대한 공감대를 약화시킨다. 남북관계의 변화와 평화정착을 위해서는 평화를 매개할 수 있는 적절한 상징이 필요하다.

---

30 유영옥, 『상징과 기호의 정치행정론』, 학문사, 1997, 277쪽.

31 상징과 정치에 대해서는 조현수, 「상징과 정치 : 민주주의체제와 전체주의체제의 상징에 대한 비교 분석」, 『한국정치연구』 제19권 3호, 서울대학교 한국정치연구소, 2010.

32 이신재, 「북한의 기억의 정치와 푸에블로호 호명」, 『현대북한연구』 17권 1호, 북한대학원대학교 북한미시연구소, 2014, 161쪽 : "지배자들은 정책의 당위성을 입증하고 효율성을 제고시키기 위해 과거의 사건을 불러오기도 한다. 특히 상징적 과업(symbolic performance)을 통해 사건을 호명하곤 한다. 상징적 과업의 예로는 정치 지도자의 커뮤니케이션, 기념물, 기념일 등을 들 수 있다. 정치 지도자에 의한 대부분의 커뮤니케이션은 역사, 용기, 국가의 과거 위대성에 대한 호소 등의 형태를 취한다. 정부가 기념물을 건축하거나 공공 퍼레이드를 행하는 것, 또는 학교에서 교육을 실시하는 것도 간접적으로 그 정당성을 고양하기 위한 상징적 과업인 것이다."

6. 맺음말

이 글은 한반도 평화와 화해 협력의 차원에서 한반도 평화와 통일의 가치를 구연하는 공공디자인으로서 통일 상징에 대한 제안을 목적으로 하였다. 한반도는 늘 긴장과 갈등의 땅이었다. 제2차 세계대전의 종식과 함께 한반도는 독립을 맞이하였지만 온전한 독립이 아니었다. 한반도는 남북으로 갈라졌고, 다른 정치체제를 구축하였다. 이후 남북은 국가정체성을 규정하는 국가 상징을 만들어 나갔다. 북한은 1948년 헌법 개정 과정에서부터 국가 상징을 새롭게 제정하였고, 법적으로 규정하였다. 이후로도 지속적으로 국가 상징을 강화하였다. 특히 2017년을 계기로 '우리 국가제일주의'를 전면화 하면서 국가 상징을 대폭 확대하고, 국가상징 교육을 강화하였다.

국가 상징뿐만 아니라 남북은 분단을 근거로 한 다양한 적대적 문화 상징과 이미지를 만들어 냈다. 남북 분단의 시간이 길어지면서 한반도 곳곳에서는 분단과 적대의 상징과 의미들로 가득하다. 반공을 국시로 하던 시절의 교과서, 반공표어, 간첩신고 포스터, 반공글짓기와 웅변대회, 무장공비 침투로, 전적비 등 자산이 한반도 분단과 적대와 연관된 문화적 상징이 누적되었다.

남북이 공동으로 사용하는 상징으로는 국제스포츠 무대에서 남북 단일팀을 상징하는 한반도기와 국가를 대신하여 부르는 아리랑이 유이하다.

2018년을 계기로 남북이 새로운 상황을 맞이하였지만 한반도 평화를 체감할 수 있는 공간이나 상징은 많지 않다. 통일교육을 위한 실천공간으로서 통일관 역시 안보교육을 위한 목적과 기획으로 운영하는 곳도 적지 않다. 남북 분단의 역사에 대해서는 역사적인 차원에서 분명하게 평가되어야 할 부분이다. 동시에 한반도 미래를 위한 준비를 본격적으로 해 나가야 할 때이다.

한반도 분단과 냉전의 질서가 새로운 평화와 번영의 흐름으로 변환하는 시점에서 필요한 것은 미래 지향적이고, 가치 지향적인 매개물이다. 한반도 평화 전환의 시기에 맞는 평화와 공동 번영, 통일에 대한 공공디자인이 필요하다. 공공디자인은 단지 개인적인 차원이 아닌 공공을 위한 디자인이라는 개념을 넘어선다. 통일 분야의 공공디자인은 통일 문제에 대한 공급자의 입장을 떠나 주역으로서 국민의 입장에서 접근해야 한다는 개념이다. 한반도 분단의 문화적 폭력의 출발이었던 강요된 통일에서 나아가 즐거운 통일, 창의적 통일로 나가기 위한 제안이다. 교육대상이라고 생각했던 국민의 입장에서 통일 문제를 설계하고 기획하는 발상의 전환이다.

그리고 이를 위한 실천적 전략으로 통일심볼에 대한 논의를 시작하였다. 통일심볼은 대중 속에서 통일공간을 확장할 수 있는 새로운 담론적 실천으로서 통일문화 운동의 하나이다.[33] 즉 남북이 함께할 수 있는 가치중립적인 가치의 틀로서 심볼은 유용성을 갖는다. 지금까지 남북이 공유한 한반도기처럼 지형적인 형상을 넘어 새로운 가치로서 한반도 평화와 공동 번영의 평화 디자인이 일상으로 연결되고, 통일에 대한 스토리 텔링이 이루어질 수 있도록 우리 사회 전체가 분단 극복과 평화 지향의 공공디자인을 만들고 평화의 스토리를 공유해 나가야 한다.

33 통일문화는 문화를 통한 통일운동 전반을 아우르는 개념으로 남북의 분단이 남북의 문화 분단이라는 결과로 이어졌고, 상호 문화에 대한 배타성을 자연스럽게 배태(胚胎)하도록 하였다는 분단체제에 대한 성찰로부터 통일의 수단으로서 문화를 활용하는 것, 통일시대에 맞는 성숙한 문화에 이르기까지 폭넓게 개념할 수 있는 용어이다. 통일문화와 관련해서는 구자현 외, 『통일문화사업 활성화를 통한 국내통일기반 구축방안』, 유니세어 FLICA, 2015 참고.

참고문헌

1. 자료

『문학예술사전』, 과학백과사전출판사, 1993.

『조선의 국수 : 소나무』, 평양출판사, 2015.

2. 연구논저

구자현 외, 『통일문화사업 활성화를 통한 국내통일기반 구축방안』, 유니세어 FLICA, 2015.

김성민 외, 『통일 공간의 재구성 : 분단극복과 인문학적 비전의 소통공간으로』 IHU Report 제6호, 건국대학교 통일인문학연구단, 2018.

김세진, 『평화의 소녀상을 그리다』, 보리, 2018.

김채영, 「공간재활용을 통한 문화 창작 공간 디자인 연구 -스토리텔링 공간 표현 중심으로-」, 이화여자대학교 디자인대학원 석사학위논문, 2012.

박영균, 「통일헌법의 딜레마와 제헌으로서 통일」, 『통일한반도의 헌법적 이념과 구현방안(통일인문학 제35회 국내학술심포지엄자료집)』, 건국대학교 통일인문학연구단, 2018년 9월 14일.

서보혁 · 정욱식, 『평화학과 평화운동』, 모시는사람들, 2016.

안지언 · 장혜미, 「사회참여적 예술의 심볼의 효과-옐로우 리본을 중심으로-」, 『한국사회학회 사회학대회 논문집』, 한국사회학회, 2014.06.

엄하진, 『조선민요의 유래 1』, 예술교육출판사, 1992.

오병찬, 「지방중소도시 가로환경 공공디자인 실행체계에 관한 연구」, 홍익대학교 대학원 디자인 · 공예학과 박사학위논문, 2018.

유영옥, 『상징과 기호의 정치행정론』, 학문사, 1997.

이경희, 「공공디자인에 기반한 도시이미지 형성에 관한 연구-부산센텀시티 도시 경관과 스카이라인 분석을 중심으로-」, 부경대학교 산업디자인학과 석사학위논문, 2017

이신재, 「북한의 기억의 정치와 푸에블로호 호명」, 『현대북한연구』 17권 1호, 북한대학원대학교 북한미시연구소, 2014.

정교진, 「북한 독재정권의 정치적 상징조작 유형연구」, 『북한학보』 40집 2호,

북한연구소 · 북한학회, 2015.
정영철, 「남북한 대립 상징의 구조와 변화」, 『북한연구학회보』 제11권 제1호, 북한연구학회, 2007.
정영철 · 정창현, 『평화의 시선으로 분단을 보다』, 유니스토리, 2017.
조현수, 「상징과 정치 : 민주주의체제와 전체주의체제의 상징에 대한 비교 분석」, 『한국정치연구』 제19권3호, 서울대학교 한국정치연구소, 2010.

논문 출처

- 정영철, 「남북관계의 변화와 남남갈등」, 『한국과 국제정치』 제34권 제3호, 2018.
- 정창현, 「김정은시대 북한의 문화유산정책 변화와 남북교류」, 『통일인문학』 제77집, 2019.
- 강순원, 「분단의 벽은 학부모들의 통합교육 열망에 의해 무너질 수 있었는가?-북아일랜드 통합교육운동에서의 학부모 내러티브를 중심으로」, 『국제이해교육연구』 제11권 제2호, 2016.
- 정태헌, 「남북 역사학 교류현황과 발전을 위한 제언」, 『역사비평』 겨울호, 2003; 「남북역사학(자) 교류와 역사인식의 공존을 향한 전망」, 『국제고려학회 서울지회 논문집』 제12호, 2009의 내용을 최근 상황과 관련하여 수정, 보완.
- 정진아, 「3.1운동에 대한 남북의 분단된 집합기억을 통일을 위한 집합기억으로」, 『통일인문학』 제76집, 2018.
- 도지인, 「냉전기 미소음악교류로 본 남북문화교류 모델 제안: 1958년 차이코프스키 음악대회의 시사점」, 『통일인문학』 제76집, 2018.
- 전영선, 「'적대'의 이미지와 기억으로 본 북한」, 『문화와 정치』 제5권 제3호, 2018.

저자 소개

정영철

서강대학교 공공정책대학원 교수, 서울대학교 대학원 사회학과 박사. 주요 저서 및 논문으로 『서울과 도쿄에서 평양을 말하다』(2008), 『조선로동당의 역사학』(2008), 『김정일리더십연구』(2005), 『북한의 후계자론과 현실: 이론의 형해화와 현실의 계승』(2009), 『북한에서 시장의 활용과 통제: 계륵의 시장』(2009)이 있다.

정창현

서울대학교 국사학과와 동 대학원 박사과정을 수료했다. 1994년 중앙일보 현대사연구소(통일문화연구소)에 전문기자로 입사해 10년간 주로 남북 현대사, 남북관계 분야 기획 취재를 담당했다. 북한대학원대학교 · 국민대학교 겸임교수를 거쳐 현재 평화경제연구소 소장으로 재직하고 있다. 저서로 『KIM JONG IL OF NORTH KOREA』, 『남북현대사의 쟁점과 시각』, 『인물로 본 북한현대사』, 『평양의 일상』, 『키워드로 본 김정은시대의 북한』 등이 있다.

박성진

동아대학교 고고미술사학과 석사 졸업 후 북한대학원대학교에서 박사 과정을 수료했다. 2007년 문화재청 국립문화재연구소에 학예연구사로 입사해 지금까지 개성 만월대 남북공동발굴조사 등 민족문화유산 남북협력사업의 학술지원을 담당하고 있다. 주요 논문으로는 「고려궁성 정전 배치관계 연구」(2012), 「세계유산 '개성역사유적지구'의 보존 · 활용 방안 연구」(2013) 등이 있다.

강순원

한신대학교 심리아동학부 교수이며, 한국국제이해교육학회 회장(2011~2015)을 지냈다. 교육사회학, 평화교육, 인권교육, 국제이해교육, 세계시민교육 등에 관한 글을 쓰며 관련 활동을 하고 있다. 『한국교육의 정치경제학』(1990), 『평화 · 인권 · 교육』(2000), 『평화교육을 여는 또래중재』(2007), 『강순원의 대안학교기행』(2013) 등을 썼고, 『우리 시대를 위한 교육사회학 다시 읽기』(2011), 『극단주의에 맞서는 평화교육』(2014), 『정동적 평등: 누가 돌봄을 수행하는가』(2016) 등을 번역했다.

한용운

'겨레말큰사전 남북공동편찬사업회' 편찬실 실장으로 재직하고 있다. 『언어단위 변화와 조사화』, 『열흘이면 깨치는 한국어문규정』, 『한국학 사전 편찬의 현황(공저, 2013, 지식과 교양)』 등의 논저를 저술했다. 국립국어원에서 간행한 『표준국어대사전』 편찬에 참여하였고, 2005년부터 북한 학자들과 함께 『겨레말큰사전』을 편찬하고 있다.

정태헌

고려대학교 한국사학과 교수로 재직 중이다. 경제사 중심으로 한국근현대사를 연구하고 있으며 남북역사학자협의회 기획집행위원장과 부위원장을 맡으면서 남북교류도 중요한 연구테마로 설정하고 있다. 역사문제연구소 소장, 국제고려학회 서울지회 회장, 한국사연구회 회장, 문화재청 문화재위원회 위원(세계유산분과), 고려대학교 문과대학 학장을 역임했다.

김희정

2018년 인제대학교 통일학과에서 통일학 박사학위를 취득했다. 주요 연구로는 「재일동포사회의 통일문화운동 원코리아페스티벌」(디아스포라연구, 2018), 「統合的社会文化運動としてのワンコリアフェスティバル」(大谷大学文学部, 2014)이 있다. 석사학위논문인 "축제를 통한 재일코리안의 통합적 문화운동에 관한 연구: 원코리아페스티벌을 중심으로."로 재외동포재단 학위논문 장려상(2013)을 수상했다. 현재, 민주평화통일자문회의 해외상임위원과 사단법인 원코리아 이사장을 맡고 있으며 주요 관심분야는 디아스포라, 재일동포, 통일문화운동이다.

정진아

건국대학교 통일인문학연구단 및 대학원 통일인문학과 교수로 재직중이며, 한국역사연구회 편집위원, 역사문제연구소 연구위원을 맡고 있다. 해방 이후 한국인들이 만들어가고자 한 국가, 사회, 개인들의 모습에 관심이 많다. 특히 그 속에서 살았던 사람들의 생활상과 병리현상에 대해서 관심을 갖고 있다. 최근에는 남북 주민과 코리언디아스포라의 생활문화를 연구하고 있다. 주요 논저로는 『문화분단』(공저, 2012), 『냉전과 혁명의 시대 그리고 '사상계'』(공저, 2012), 『분단생태계와 통일의 교량자들』(공저, 2017), 『탈분단의 길』(공저, 2018) 등이 있다.

도지인

건국대학교 통일인문학연구단 및 대학원 통일인문학과 교수로 재직중이다. 2010년 북한대학원대학교 박사과정 10기로 입학해 2013년 "Reversing Friends and Enemies: The American Factor in the Sino-Soviet Split and North Korean Crisis Mobilization, 1962~1968",이라는 논문으로 박사학위를 받았다. 논문으로 "1960년대 한국의 중립국 및 공산권 정책 수정에 대한 논의", 한국과 국제정치 제 33권 4호(2017.12), "Loss Aversion and Risk Taking in North Korean Strategy, 1967~1968", Asian Perspective 제40권 3호(2016.7) 등이 있다.

전영선

건국대학교 통일인문학연구단 HK연구교수이며, 한양대학교에서 국어국문학과에서 문학박사학위를 받았다. 『북한의 사회와 문화』, 『영상으로 보는 북한의 일상』, 『북한의 언어: 소통과 불통 사이의 남북언어』, 『북한의 정치와 문학: 통제와 자율사이의 줄타기』, 『영화로 보는 통일 이야기』, 『북한 애니메이션(아동영화)의 특성과 작품세계』, 『문화로 읽는 북한』, 『북한의 대중문화』, 『북한 영화 속의 삶이야기』, 『북한을 움직이는 문학예술인들』, 『북한의 문학예술 운영체계와 문예이론』 등의 저서가 있다. 겨레말큰사전 남북공동편찬위원회 이사, 민주평화통일자문회의 사회 문화교류분과 상임위원, 통일부 통일교육위원, 민족화해협력범국협의회 정책위원, 북한학회 부회장, 북한연구학회 이사로 활동하고 있다.